JN044496

穴沢大輔・長井長信

入門経済刑法

◈ＵＲＬリンク集◈

左記のＱＲコード、または以下のＵＲＬから
本書記載のＵＲＬのリンク一覧が確認できます。

URL：https://hondana-storage.s3.amazonaws.com/95/files/
introduction-of-economic-criminal-law-url202110.docx

信 山 社

はしがき

　経済刑法は，刑事法の「応用」と位置付けられ，法学部や法科大学院での刑法総論や刑法各論の講義を履修したうえで学習されることが多い。経済分野に関連する法律は専門的な内容を伴うものであり，そこから生ずる刑事事件に対応するためにも，基本的な刑法（及び刑事訴訟法）の内容を知らなければ，その法律に規定されている罰則の適用について正しく理解することは難しい。その意味で，刑法の基本的事項を十分に習得したうえで，応用としての経済刑法を学ぶことが重要である。

　その一方で，法律への理解が及ばずに消費者トラブルに巻き込まれる若者がおり，法教育の重要性も指摘されるところである。そこではさらに，自分の知らないうちに刑事事件に加担してしまう若者も少なからずおり，そうした若者に対する「予防策」も必要であろう。また，法律学を学んだ人であっても専門的な経済分野に関する法律（刑罰法規）や事件を知らないまま社会人となる人も多いように思われ，一定の基本的な経済刑法の知識を身につけておくことは，将来を見据えると大切であろう。

　本書は，こうしたことをふまえ，①刑法を学んだ法学部生や法科大学院生には，経済分野における諸法律の基礎を知ったうえで，これまでに習得した刑法の知識を思い返しながら学んでもらうことを目指し，また，②経済分野に興味のある一般の大学生や経済活動に携わっている社会人のような刑法学の初学者や未習者の人々にも，経済犯罪の処罰の現況を知り，そこから刑法学の基礎を学んでもらうことを目指した経済刑法の入門書である。

　入門書という性格から，なるべく多くの人にわかりやすいように，「事例」を用いて，考えながら経済刑法を学べるように工夫した（各章の事例は基本的なものを挙げている）。とはいえ，経済刑法の取り扱う分野は多様であり，その中で生ずる事件は専門的で複雑な内容となることは避けられない。各章の中には理解しづらい「事例」もあるかもしれないが，自分自身で関連する事件についての報道等をリサーチしてみることなどもおすすめしたい。

はしがき

　本書の理解の助けとなるのが，インターネットで公開されている情報である。読者の皆さんは，本書のQRコードから信山社HPにある本書のリンク集で該当のウェブページを確認しながら，読み進めていただきたい（各章の中にある◇に来たら，それを開いて確認していただきたい）。データは日々更新されており，また，専門的な知識もわかりやすく，図表や動画等で解説されていることもある。

　さらに，本書では同じような説明が別のところで繰り返されていることがある。また，相互参照（⇒第○章○）が多く付されている。理解の一助になれば幸いである。

　本書は，明治学院大学で著者が経済刑法の講義を担当する中からできあがったものである。とくに，学生を含めた消費者の観点から構成されているが，それは，学内の消費者法研究会から多くの示唆を得たことによる。ここに，感謝と共に記載させていただく。

　本書の企画段階から快く理解を示していただき，また，著者二人のオンラインでの打合せにも（辛抱強く）お付き合いいただき，本書の出版を可能なものとしてくださった信山社の稲葉文子氏，今井守氏のお二人に，心より感謝申し上げたい。

　　　2021年9月

　　　　　　　　　　　　　　　　　　　　　　　　　　　　　著　者

iv

凡　例

　以下に，本書で参照を求めている主要な法令の通称・略語表記と正式法令名，および，判例・裁判例の引用表記を示す（並び順は，原則として通称・略語表記の50音順。ただし，法令名に変更のある場合は，現行法令を基準に配列した上で，その前後に旧〔または未施行の新〕法令名を示した）。

　なお，法令の最新状況については，「e-Gov 法令検索」（https://elaws.e-gov.go.jp/）などで確認されたい。

Ⅰ　法　令

買占め（等）防止法・買占め及び売り惜しみ防止	生活関連物資等の買占め及び売惜しみに対する緊急措置に関する法律（昭和48年法律第48号）
外為法（がいためほう）	外国為替及び外国貿易法（昭和24年法律第228号）
割販法（かっぱんほう）	割賦販売法（昭和36年法律第159号）
課徴金府令	金融商品取引法第6章の2の規定による課徴金に関する内閣府令（平成17年内閣府令第17号）
金商法	金融商品取引法（昭和23年法律第25号）
証取法	証券取引法〔金融商品取引法の旧名称〕
（旧）金融機関等本人確認法	金融機関等による顧客等の本人確認等に関する法律（平成14年法律第32号）
金融機関等本人確認法	金融機関等による顧客等の本人確認等及び預金口座等の不正な利用の防止に関する法律（平成16年法律第164号）
携帯電話不正利用防止法	携帯音声通信事業者による契約者等の本人確認等及び携帯音声通信役務の不正な利用の防止に関する法律（平成17年法律31号）
景表法・景品表示法	不当景品類及び不当表示防止法（昭和37年法律第134号）
健康増進法	健康増進法（平成14年法律第103号）
国税通則法	国税通則法（昭和37年法律第66号）
個人情報保護法	個人情報の保護に関する法律（平成15年法律第57号）
支給法・被害回復給付金支給法	犯罪被害財産等による被害回復給付金の支給に関する法律（平成18年法律第87号）
酒類業組合法	酒税の保全及び酒類業組合等に関する法律（昭和28年法律第7号）
資金決済法	資金決済に関する法律（平成21年法律第59号）
JAS法（じゃすほう）	日本農林規格等に関する法律（昭和25年法律第175号）
出資法	出資の受入れ，預り金及び金利等の取締りに関する法律（昭和29年法律第195号）

商先法	商品先物取引法（昭和25年法律第239号）
商取法	商品取引所法［商品先物取引法の旧名称］
商標法	商標法（昭和34年法律第127号）
食衛法	食品衛生法（昭和22法律第233号）
食管法（しょっかんほう）	食料管理法（昭和17年法律第40号）［1995〔平成7〕年11月1日廃止。⇒食糧法］
食糧法・主要食糧需給価格安定法	主要食糧の需給及び価格の安定に関する法律（平成6年法律第113号）［食管法の後継法］
食表法	食品表示法（平成25年法律第70号）
所得税法	所得税法（昭和40年法律第33号）
石油需給適正化法	石油需給適正化法（昭和48年法律第122号）
組織的犯罪処罰法	組織的な犯罪の処罰及び犯罪収益の規制等に関する法律（平成11年法律第136号）
著作権法	著作権法（昭和45年法律第48号）
テロ資金提供処罰法	公衆等脅迫目的の犯罪行為のための資金等の提供等の処罰に関する法律（平成14年法律第67号）
独禁法・独占禁止法	私的独占の禁止及び公正取引の確保に関する法律（昭和22年法律54号）
特商法・特定商取引法	特定商取引に関する法律（昭和51年法律第57号）
訪販法・訪問販売法	訪問販売等に関する法律（昭和51年法律第57号）［特商法の旧名称］
入札談合等関与行為防止法・官製談合防止法	入札談合等関与行為の排除及び防止並びに職員による入札等の公正を害すべき行為の処罰に関する法律（平成14年法律第101号）
犯収法・犯罪収益移転防止法	犯罪による収益の移転防止に関する法律（平成19年法律第22号）
物価統制令	物価統制令（昭和21年勅令第118号）
不競法	不正競争防止法（平成5年法律第47号）
不正アクセス禁止法	不正アクセス行為の禁止等に関する法律（平成11年法律第128号）
振り込め詐欺救済法	犯罪利用預金口座等に係る資金による被害回復分配金の支払等に関する法律（平成19年法律第133号）
法人税法	法人税法（昭和40年法律第34号）
麻薬特例法	国際的な協力の下に規制薬物に係る不正行為を助長する行為等の防止を図るための麻薬及び向精神薬取締法等の特例等に関する法律（平成3年法律第94号）
無限連鎖講防止法	無限連鎖講の防止に関する法律（昭和53年法律第101号）
薬機法（やっきほう）	医薬品，医療機器等の品質，有効性及び安全性の確保等に関する法律（昭和35年法律第145号）［旧薬事法］

有価証券規制府令	有価証券の取引等の規制に関する内閣府令（平成19年内閣府令第59号）
預託法（よたくほう）	特定商品等の預託等取引契約に関する法律（昭和61年法律第62号）
（改正）預託法	預託等取引に関する法律［預託法の新名称：未施行］
労基法	労働基準法（昭和22年法律第40号）

II　判例集

刑録	大審院刑事判決録
刑集	大審院刑事判例集，最高裁判所刑事判例集
民集	大審院民事判例集，最高裁判所民事判例集
集刑	最高裁判所裁判集刑事
裁時	裁判所時報
高刑集	高等裁判所刑事判例集
裁特	高等裁判所刑事裁判特報
判特	高等裁判所刑事判決特報
東高時報	東京高等裁判所時報（刑事）
下刑集	下級裁判所刑事判例集
刑月	刑事裁判月報
評論全集	法律評論全集
判時	判例時報
判タ	判例タイムズ
金商	金融・商事判例
金法	金融法務事情
新聞	法律新聞

■ウェブページ掲載の判例・裁判例

D1-Law	D1-Law.com（第一法規法律情報データベース）判例体系
LEX／DB	TKC ローライブラリー LEX／DB インターネット

公正取引委員会の審決・命令等については，公取委 HP：審決等データベース（https://www.jftc.go.jp/shinketsu/index.html）を利用されたい。

参 考 文 献

本書では，各章の末尾に《参考文献》を掲げた。

■**講義にむけて**では，下記Ⅱの3冊の概説書・体系書の関連箇所が示されている。授業を受けている読者の皆さんには，該当箇所をあらかじめ読んでいることが期待されているが，これら3冊は内容的にもかなり高度な記述となっていることもあり，本書を先に読んだうえでこれらの文献を読むことをお勧めする。「講義にむけて」とあるが，あまり順序にこだわらず，本書の内容に「肉付けする」といった意味合いで読み進んでいただきたい。

■**深化のために**では，各章における個別のトピック・テーマに関連する重要な基本文献が紹介されている。経済刑法は法改正の動きが激しい分野でもあることから，可能な限り最新の文献を示すことにした。

なお，本書では，本文のいたる所で各種ウェッブページ（ホームページ：HP）の参照を求めている。読者の皆さんには，本書の扉に表示されている QR コードないし URL から信山社 HP の『入門経済刑法』リンク集にアクセスして，関連する HP に飛んでみていただきたい。

以下で，経済刑法に関する主要な著書，特集および若干の雑誌論文を示す（50音順）。

■**深化のために**において紹介された文献と重なる場合もあるが，これらは，経済刑法研究に欠かせない重要な研究業績であることから，ここでまとめて紹介することにした。

この他にも重要な文献は多々あるが，入門書という性格から，法律雑誌や大学紀要等に掲載された文献は割愛した。読者の皆さんには，学習が進んだ段階で，「国立国会図書館サーチ」（https://iss.ndl.go.jp/）などで「キーワード検索」をするなどして，関心のあるテーマについて文献収集を試みていただきたい。最近では，すべてではないものの，「学術リポジトリー」という形でオリジナルの文献にアクセスすることが可能である（上記「国立国会図書館サーチ」では直接リンクが貼られている）。

Ⅰ　入門書

芝原邦爾『経済刑法〈岩波新書〉』（岩波書店，2000）
　　一般向けの入門的概説書であるが，内容はやや高度。今となっては記述に古い部分も見られるが，その価値は今も失なわれていない。経済刑法の全体を手短に見渡し体系的理解を深める上で有益である。

Ⅱ　概説書・体系書

斉藤豊治・浅田和茂・松宮孝明・髙山佳奈子編著『新経済刑法入門［第3版］』（成文堂，2020）
　　経済刑法のほぼ全領域にわたり詳細に概観した最新の体系書である。「入門」とうたってはいるが，それぞれの章の叙述はかなり読み応えのあるものとなっている。本書では斉藤ほか・入門として引用する

芝原邦爾・古田佑紀・佐伯仁志編著『経済刑法　実務と理論』（商事法務，2017）
　多数の実務家・研究者の共同執筆による経済刑法の体系的な論文集である。経済
　刑法の現状を分析するとともに，今後の規制のあり方も指し示す。本書では芝原
　ほか・経済刑法として引用する。
山口厚編著『経済刑法』（商事法務，2012）
　経済刑法といわれる法分野の個別の法律について，詳細に検討したもの。上記2
　冊のような経済刑法総論についての叙述はないものの，個別の法律について質の
　高い解説が加えられている。本書では山口ほか・経済刑法として引用する。

Ⅲ　判例集・判例研究など

芝原邦爾ほか『ケースブック経済刑法［第3版］』（有斐閣，2010）
　経済刑法に関する重要判例を収録した判例教材である。本書（『入門経済刑法』）
　で取り上げた判例・裁判例も多く掲載されている。本書ではケースブックとして
　引用する。
木目田裕・佐伯仁志編『企業犯罪とコンプライアンス判例精選』（有斐閣，2016）
佐々木史朗『判例経済刑法大系第1巻〜第3巻』（日本評論社，2000・2001）
高橋則夫・松原芳博 編『判例特別刑法』（日本評論社，2012）
高橋則夫・松原芳博 編『判例特別刑法　第2集』（日本評論社，2015）
高橋則夫・松原芳博 編『判例特別刑法　第3集』（日本評論社，2018）

Ⅳ　研究書・論文集など

甲斐克則編『企業活動と刑事規制』（日本評論社，2008）
甲斐克則・田口守一編『企業活動と刑事規制の国際動向』（信山社，2008）
垣口克彦『消費者保護と刑法』（成文堂，2003）
神山敏雄『経済犯罪の研究第1巻』（成文堂，1991）
神山敏雄『日本の証券犯罪』（日本評論社，1999）
神山敏雄『日本の経済犯罪〔新版〕』（日本評論社，2001）
神山敏雄『独禁法犯罪の研究』（成文堂，2002）
経営刑事法研究会編『企業活動と経済犯罪』（民事法研究会，1998）
小林敬和『経済刑法の理論と現実』（徳山大学総合経済研究所，1991）
佐久間修『刑法からみた企業法務』（中央経済社，2017）
芝原邦爾『経済刑法研究上・下』（有斐閣，2006）
白石 賢『企業犯罪・不祥事の法政策』（成文堂，2007）
白石 賢『企業犯罪・不祥事の制度設計』（成文堂，2010）
田口守一・甲斐克則・今井猛嘉・白石賢編著『企業犯罪とコンプライアンス・プロ
　グラム』（商事法務，2007）
田口守一・松澤伸・今井猛嘉・細田孝一・池辺吉博・甲斐克則『刑法は企業活動に
　介入すべきか』（成文堂，2010）
城祐一郎『特別刑事法犯の理論と捜査［1］』（立花書房，2010）
城祐一郎『特別刑事法犯の理論と捜査［2］』（立花書房，2014）
龍岡資晃監修『経済刑事裁判例に学ぶ不正予防・対応策』（経済法令研究会，2015）
西田典之編『金融業務と刑事法』（有斐閣，1997）

参 考 文 献

西田典之ほか『経済犯罪に関する諸問題〈トラスト60研究叢書〉』（公益財団法人トラスト60，1999）

西田典之ほか『民事法・商事法・消費者保護法の改正と経済刑法〈トラスト60研究叢書〉』（公益財団法人トラスト60，2010）

西田典之ほか『民商事法の改正と経済刑法の動向〈トラスト60研究叢書〉』（公益財団法人トラスト60，2014）

野村　稔『経済刑法の論点』（現代法律出版，2002）

林　幹人『現代の経済犯罪』（弘文堂，1989）

本江威憙監修『民商事と交錯する経済犯罪Ⅰ～Ⅲ』（立花書房，1994・1995・1997）

本江威憙監修・須藤純正著『経済犯罪と民商事法の交錯　1　横領罪・背任罪編』（民事法研究会，2021）

安冨　潔『特別刑法入門1〔第2版〕』（慶應義塾大学出版会，2020）

安冨　潔『特別刑法入門2』（慶應義塾大学出版会，2019）

山中敬一ほか『経済刑法の形成と展開』（同文舘，1996）

V　特集・雑誌論文など

「特集　経済刑法の現代的諸問題」法学教室240号（2000）8-35頁

「特集　経済犯罪の制裁と変容」刑事法ジャーナル25号（2010）2-35頁

「特集　経済刑法の理論的基礎とグローバル化のインパクト」刑法雑誌55巻1号（2015）1-69頁

「特集　経済刑法をめぐる近時の諸問題」刑事法ジャーナル65号（2020）4-33頁

川崎友巳「経済刑法（特集　刑法典施行一〇〇年――　――今後の一〇〇年を見据えて）」法律時報81巻6号（2009）74-79頁

京藤哲久「刑法から経済刑法へ」明治学院大学法科大学院ローレビュー19号（2013）13-30頁

島田聡一郎「経済刑法（特集　刑法典の百年）――（立法の課題)」ジュリスト1348号（2008）94-107頁

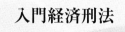

入門経済刑法

イントロダクション

〈登場人物〉
リサさん：法学部新 3 年生。刑法総論と刑法各論を履修済み。公務員志望。
しょうへいさん：法学部新 3 年生。刑法総論と刑法各論を履修済み。刑法に苦手意識。
じゅん氏：リサさんの兄（28歳）。機械メーカーに就職。工学部出身。
わかる先生：リサさんとしょうへいさんの法律の基礎ゼミの先生。刑法がわかりやすいと，学生から「わかる先生」と呼ばれる。

2021年 3 月のある日，リサさんとじゅん氏は振り込め詐欺のニュースを見て話し始める。

じゅん氏　振り込め詐欺の被害額が年間250億円を超えているんだね。次々と被害のニュースを見かけるけど，どうしてこうもなくならないのかな。

リサさん　組織的にやっていて，巧みにだますみたいよ。大学生もアルバイト感覚で『受け子』として加担してしまうこともあるみたい。詐欺罪で処罰されるかどうか問題となるケースもあるって聞いたわ（⇒第 1 章）。

じゅん氏　そうなんだね。大学生のリサにとっても身近な犯罪というわけか。自分が中高校生の頃は，食品表示偽装の報道をかなり目にした気がするね（⇒第 3 章）。あれはどういう処罰になるんだっけ。

リサさん　……まずは行政が対応していると思うわ。内容によっては刑罰が科されることもあると思う。

じゅん氏　思い出したぞ，食品表示法ができたって報道。刑罰が科される場合もそうでない場合も，いずれも法律違反ということだよね。もっと詳しく聞きたい所だなぁ。

リサは学校の成績が優秀なんだろう。せっかくだから，いくつか聞いてもいいかな？刑法が得意なんだっけ？

リサさん　え，いやぁ，1 年の時，わかる先生の基礎ゼミに参加していたか

ら，他の法律よりは得意だと思うけど…。

じゅん氏　よし。ひとつめ。企業秘密がどうも他社に流れているというような話，それはどんな罪になるの？（⇒第6章）

リサさん　えーっと，刑法各論の講義では，確か窃盗罪や横領罪のときにそんな話が出てきたと思う。講義の事例は，企業秘密が記載されている紙の資料が流出した事案だったかな。同じように考えていいのかなぁ……。

じゅん氏　窃盗罪や横領罪?!そうなんだ，あまりしっくりこないなあ。窃盗罪や横領罪と聞くと，物や金を奪うというイメージだよ。実体のあるものが奪われていなくて情報が奪われただけでも，窃盗罪や横領罪？うーん，そうなのかなあ。

リサさん　……。

じゅん氏　ふたつめ。これが本題。実は今度，先輩に倣って株の取引を始めようと思ってるんだ。インサイダー取引に気をつけないとね，と言われたんだけど，インサイダー取引は犯罪になるの？どうすれば犯罪にならないの？（⇒第7章）

リサさん　えー。犯罪でしょ。どうすればって，これまでの刑法の講義ではそこまで聞いてないわ……。

じゅん氏　えー？　大学で何勉強してるの。これから学ぶのかなあ？　そうなんだね……。

あ，あと，友人の友人でeスポーツをしている人が，不正アクセス禁止法違反で警察にお世話になったと聞いたのだけど，そんなことあるの？どうして捕まったの？（⇒第5章）

リサさん　えーもう何なに。全然よくわからないわ。

じゅん氏　……。最後にもうひとつだけ。株の取引で儲かったら税金を払う必要があると聞いたのだけど，放置すると脱税で必ず処罰？（⇒第9章）

リサさん　脱税が犯罪になるということは聞いたことあるけれど……必ず処罰かと言われても……。

じゅん氏　ふーん。もう少し話が聞けるかと思ってたんだけどな。刑法って，こういった今起きている犯罪の刑罰を勉強する学問なんじゃないの？

リサさん　私がまだ講義で聞いたことのない罪ばかりなんだもの……。殺人をはじめ名誉毀損とか贈収賄とか，従来『これは犯罪』とされてきたものならわかるわよ。だいたい，刑法って兄さんが指摘したようなものだけじゃないわ。

犯罪の成否について学ぶことも大事なの。例えば，さっきの振り込め詐欺の受け子，これだって，詐欺の故意が認められるか事案ごとの議論が必要だし，後から関与しただけの者に前に行われた犯行の責任を負わせてよいのか承継的共犯の議論もあるんだから（⇒第1章）。そういうことについては詳しいわよ。

じゅん氏　急に難しくなってきたなあ。ごめんごめん。兄さんがイメージしていた学問とはだいぶ違うんだね。刑法では犯罪の成否が大事，かぁ。

リサさん　そうなのよ！（でも……私も兄さんとの会話で，犯罪についてわかっていないことをすごく実感したわ……。今度，新学期になったら，わかる先生に少し聞いてみよう……。）。

じゅん氏　あ，新しいニュース。談合の疑いでα会社に公正取引員会が犯則調査を開始したようだよ。これはどういう罪になるの？（⇒第8章）

リサさん　う〜ん，もう！それも含めて先生に伺ってくるから‼

　　後日，リサさんは同じゼミのしょうへいさんとともにわかる先生の研究室を訪ねた。

しょうへいさん　先生の研究室，初めて入りましたが，本がいっぱいですね。こんなに読めないや。

リサさん　今日はお忙しいところ，お時間いただきありがとうございます。早速，メールの件を教えていただけますか。

わかる先生（以下，先生）　2人ともよくきたね。リサさんはお兄さんの質問に答えられなかったわけか。それはまだ仕方ない面もあるね。

しょうへい君　リサさんのように勉強していても，ですか？

先生　刑法の幅は非常に広いんだよ。刑法総論の講義のはじめに聞いたと思うけれど，犯罪と刑罰の規定は約800もあると言われているからね。

　一般刑法が刑法典だとして，それ以外の特別刑法があるのは知っていると思う。独占禁止法（⇒第8章）や金融商品取引法（⇒第7章）のように，経済生活や活動を統制するものも特別刑法の中にある。α社の談合事件での公正取引委員会の介入は，今言った独占禁止法違反の疑いがあるからだし，インサイダー取引は金融商品取引法に罰則があるんだよ。

リサさん　そうなのですね。よくわかりました。調べてみます。

しょうへいさん　談合事件？よくわからないなあ。

先生 しょうへいさん，もう少し報道等に関心を持ちなさい。最近だと，マネー・ローンダリングに暗号資産が利用されているとも報道されているよ（⇒第10章）。

少し話は変わるけど，刑法総論の講義で，法人処罰というのがあったでしょう。独占禁止法などの経済事犯にはこれが活用されているね。現在は，自然人たる被告人を処罰しつつ，法人たる被告会社も処罰するという両罰規定によりなされているのは知っているね（⇒第11章）。

リサさん はい。そこでは特別刑法が問題とされ，とくに法人業務主を処罰するために自然人の違反行為を防止しなかったことについて過失を要求すべきかどうか，が議論されていたと記憶しています。

先生 そうだね。たとえば独占禁止法の内容自体には詳しくなくても，処罰に関して，一定の範囲は刑法の講義で勉強しているんだよね。刑法での学びが経済事犯の処罰でも重要になってくるのはわかるね。

しょうへいさん ところで先生，リサさんの質問にまだ全部答えていない気がしますが……

先生 聞いた限り，『経済刑法』という講義を受ければ，リサさんのお兄さんの疑問にも答えられるようになると思うよ。ただ，リサさん自身がお兄さんに伝えていたように，刑法は刑罰の規定された法律それ自体を知ることだけではない。これまで学んだ刑法の内容をふまえた視点を大事にする，ということかな。講義開始までにしょうへいさんは刑法総論と各論で学んだ内容をしっかりと復習しておいてもらいたいね。

しょうへいさん 『経済刑法』ですね，はい！ちゃんと受講前に復習しておきます。経済刑法は就職にも関係してきそうだし，興味があります。刑法各論の講義の，銀行の取締役が自分たちの利益を優先させて不正融資をしていた特別背任の講義は面白かったです（⇒第4章）。

リサさん あれ，その背任罪も経済事件に含まれますか？

先生 特別背任や業務上横領など，個人・企業の財産侵害も経済事件の一種と言えそうだね。『経済刑法』と言われるときにはこうした罪も入ってくるとされている。

リサさん 感覚的にはわかるような気もしますし，カルテルのような独占禁止法違反とは犯罪の性質が異なるようにも思います。

先生 鋭いね，リサさん。犯罪として性質が異なるのか紐解く，つまり分

類，体系化するということだけれど，そのために重要になるのは，刑法の講義でも扱われる『保護法益』なんだ。そうしたことを端的に知ることができるのが，この経済刑法の導入部分の次の文章（「◆経済刑法の保護法益」）だ。早速読んでみてほしい。お兄さんの挙げた犯罪を保護法益により体系化することには，ある種の困難が伴うことがわかると思うよ。たとえば，なぜマネー・ローンダリングは処罰されるのかな。

　それは後で考えることにして，リサさんは，◆経済刑法の保護法益の1を飛ばして2からで大丈夫だと思う。しょうへいさんは念のため1から読んでみた方がよいね。

リサさん・しょうへいさん　どうもありがとうございます。

◆経済刑法の保護法益

1　刑法学における体系と保護法益

　刑法学において「**体系**」といわれる場合には，二通りのものがある。ひとつは刑法総論における体系であり，もうひとつは刑法各論におけるそれである。

　刑法総論では，「犯罪とは，構成要件に該当する，違法かつ有責な行為である。」と定義される。ここに示された①**構成要件**（該当性），②**違法**および③**責任**という三つの段階に分けて，犯罪の本質・構造を解明・検討するのが刑法学での定説となっており，これを**犯罪論体系**という。ここでは，犯罪の本質ないし「犯罪の一般的成立要件」を分類・整理するための概念として「体系」という言葉が用いられている（なお，犯罪論体系は，裁判官の事実認定を適正に行わせるための指標あるいはチェック・ポイントとしても機能すべきである，との主張もある）。

　刑法各論では，個々の刑罰法規ないし犯罪類型を一定の指標・基準に基づいて整序・分類するために「体系」という言葉が用いられることがある。そこでは，**保護法益**（**法益**）という用語が重要な意味をもってくる。刑罰法規はすべて，一定の社会的利益・価値を保護するために作られたものであり（刑法の**法益保護機能**），その保護法益の違いに応じて犯罪が整序・類型化されている（もっとも，犯罪類型という場合には，保護法益だけが指標・基準となるわけではなく，行為主体や行為態様なども類型化の要素となることがある）。

保護法益とは，「法的に保護された社会生活上の利益または価値」である。他の法分野では保護法益という用語が使用されることはあまりないが，刑法学では極めて重要な概念である。すなわち，立法の際には，処罰を必要とするだけの法益の侵害・危殆化（きたいか）（法益侵害の危険を生じさせること）はあるのか，また，刑罰法規の解釈の際には，当該法規の保護法益は何かを分析・確認する必要がある，とされている。

保護法益は，その帰属主体の違いに応じて，**個人的法益**（生命，身体，自由，財産），**社会的法益**（公共の安全，取引の安全，風俗など），**国家的法益**（国家の存立，国家の作用など）に三分され，刑法各論では，このような分類に応じて，**個人的法益に対する罪**，**社会的法益に対する罪**，**国家的法益に対する罪**の順で説明されている。

2　経済刑法の意義と保護法益

さて，経済刑法といわれる法領域は，刑法典のような保護法益の種類によって分類・体系化できる形式的意味での固有の法令をもっているわけではない。刑法各論におけるような保護法益による序列化・体系化はそもそも困難である。

経済刑法の意義・概念をどのように理解すべきかについては，有力な見解として，刑罰による規制（刑事規制）の対象となる実質的意味の経済犯罪とは，「測定可能な害悪又はその侵害の危険によって法益侵害が具体的に確定」されるものでなければならず，そのような可視的な利益侵害・危険が論証できない違法行為は行政処分等の対象にとどめるべきあるとの前提から，経済犯罪を**「一般消費者又は経済主体である企業，商人，公的機関等の財産的・経済的利益を侵害し又は危険にする行為」**と理解する立場がある（神山敏雄）。あるいは，経済犯罪を**「消費者の経済的・財産的利益を侵害・危殆化する犯罪」**と理解する見解（林幹人）もある。経済刑法の保護法益を可能な限り可視的・即物的な観点から，経済活動を行う主体の財産的・経済的利益の保護に求める考え方といえる。

しかしながら，このような考え方では，経済活動を刑罰でもって規制している，現行の法領域の全体を捉えきることはできないであろう。例えば，証券取引市場におけるインサイダー取引についてみると，現在行われている証券取引の決済システムにおいては，株券の売り注文と買い注文は具体的に結びつけら

れることなく決済されており，インサイダー取引による被害者を具体的に特定することは極めて困難である。インサイダー取引罪における保護法益を「証券取引市場に参加する投資者の財産的利益」と説明することには無理がある（⇒第7章）。また，独占禁止法上の不当な取引制限罪の保護法益についても，市場における消費者の個別具体的な財産的利益が前面に出てくることはなく，**資本主義市場における自由で公正な「競争秩序」**そのものといった，抽象的利益を想定せざるを得ないのである（⇒第8章）。

　このような法規制の現状を考慮するなら，ここではさしあたり，**経済刑法とは「企業活動と経済取引に関する犯罪に適用される処罰規定の総体」**として理解（芝原邦爾ほか，通説）しておけば足りるであろう（これを**広義の経済刑法**という）。その中には，①個人・企業等の**財産的利益**の保護を目的とするもの，②一定の**経済秩序**（自由な競争秩序）そのものの保護を目的とするもの，③**法規制の実効性を確保**するためのものがある。このうち，①は財産的利益という（基本的には）個人的法益を保護するものであるのに対し，②・③は個人的法益を超えるものであることに注意しなければならない（この②・③を**狭義の経済刑法**という）。

　もっとも，①の財産的利益は必ずしも個人的利益に限定されるものではなく，例えば会社法罰則上の犯罪では会社の財産，租税刑法では国または地方公共団体の財産的利益（租税債権）が保護法益であり，②では「市場の公正性と健全性（ないし，それに対する市場参加者の信頼）」とか「自由競争秩序」が問題になっているが，そこでは投資者などの市場参加者や消費者の財産的利益も重畳的に保護されているものと理解できるし，③では法規の実効性を確保するために国家の行政作用や司法作用が保護法益とされていることにも注意する必要がある。詳細は，各章において，法益に関する議論（法益論）として論述される。

　なお，経済刑法は，それぞれの法律がどのような規制方法・目的をもっているか，どのような対象を規制しているか等の観点から，①自由市場経済秩序維持のための法分野（独禁法およびその関連法規），②一定の業種，経済取引分野を規制する法分野（いわゆる**業法**といわれるもので，出資法，商品取引所法，金融商品取引法，特定商取引法など），③経済統制を維持するための法分野（例えば，物価統制令，生活関連物資等の買占め及び売り惜しみに対する緊急措置に関する法律，石油需給適正化法，外為法，食管法など）に分類することもできる。

3　本書の構成と論述の順序

　いよいよこれから本題に入るが，本書では，最初に「事例」が提示され，基本事項を確認しながら事例の解決案を考える，という構成になっている。検討すべき事例は，入門書という性質上，その数も限られている。素材はなるべく分かりやすいものを選んだつもりだが，経済刑法という素材そののがもつ複雑さ・難解さに説明の拙さが加わり，どの程度わかりやすいものとなったかは，はなはだ心許ない。

　ここで取り上げたトピック・事例は，基本的には，可能な限り刑法各論の体系と同じように，個人的法益に対する罪から，順次，社会的法益あるいは国家的法益に対する罪へと配列した。まずは，私たちが消費者として取引をする過程で財産的利益が侵害・危殆化される場合から取り上げた（第1章，第2章）。そこでは，刑法上の詐欺罪が議論の中心でもあり，いわば刑法各論の延長線（戦!!），あるいは，その応用問題として位置づけられるだろう。刑法総論・刑法各論の学習を終えた読者の皆さんであれば，気軽に解ける問題・事例だろう。刑法の授業を聴いた経験のない読者の皆さんにとっては，なんだか小難しい議論に感じられるかもしれないが，刑法総論および刑法各論の教科書などで該当する部分を拾い読みしながら，まずは自分の「直感」で事例を解いてみてほしい。

　それでは，始めましょう！

〈参考文献〉

芝原邦爾『経済刑法』（岩波書店，2000）
芝原邦爾「経済刑法の保護法益」同『経済刑法研究（上)』（有斐閣，2005）［芝原ほか『ケースブック経済刑法〔第3版〕』にも所収］

第1章

消費者の財産の侵害 1
── 振り込め詐欺から考える ──

本章で学ぶこと

- 振り込め詐欺全般に関してどのような刑罰が予定されているか。
- 振り込め詐欺に利用する目的で銀行口座を開設する行為は，どのように処罰されるのか。
- 詐欺罪の故意とはどのような内容か。
- 被害金を受け取る行為だけに関与した者の罪責はどのようなものか。

事例1

　Xは，Yに譲渡する預金通帳及びキャッシュカードを入手するため，A銀行支店の行員Bに対し，自己名義の預金口座開設後，自己名義の預金通帳及びキャッシュカードをYに譲渡する意図であるのにこれを秘し，自己名義の普通預金口座の開設並びに自己名義の預金通帳及びキャッシュカードの交付を申し込んだ。それを受けて，行員Bは，記載内容等を精査し，X名義の預金口座開設に伴う同人名義の普通預金通帳1通及びキャッシュカード1枚をXに交付した。その後，Xは，Yから5万円を受け取るとそれらをYに譲渡した。

　その後，Yはその口座を振り込め詐欺の口座として利用し，多くの被害者をだまして多額の金銭を奪った。

Ⅰ　振り込め詐欺への刑法的対応

1　概　要

読者の皆さんは，いわゆる振り込め詐欺が刑法上の**詐欺罪（刑法246条）**に該当することについて疑問をもたないだろう。これは法曹関係者も同様である。息子でない者が息子を装って高齢の方にそれを信じさせ（「人を欺いて」…**欺罔行為**），犯人が指定した口座にその高齢者がお金を振り込む，あるいは，受け取りに来た者にそれを渡す（「財物を交付させる」）場合は，まさに詐欺罪の条文が予定する典型的な行為だからである。そうすると，基本的には，［事例1］のYも同様に詐欺罪によって処罰され，Xも，それを知って譲渡するのであれば，その**共犯**として処罰されることになる。

刑法を学ばれたことのない皆さんのために一言だけ述べておくと，刑法は，犯罪の第1次的責任を負う者を**正犯**と考えている。たとえば，仮にYが1人で振り込め詐欺を行う場合は**詐欺罪の単独正犯**である。刑法典の中にある罪は基本的にこうした単独正犯が前提とされている。そのうえで，単独ではなく，複数人が犯罪に関与した場合には，これを**共犯**として処罰することとし，その関与形態によって異なる処罰の3つの類型を用意する。それは，①**共同正犯**（刑法60条。犯罪を共同実行して（または背後で支配して）いわば第1次的な責任を共同で負う。「正犯」とされるので3つの類型では一番重く処罰される），②**教唆**（刑法61条。自らは犯罪を実行しないが，人に犯罪遂行の意思を生ぜしめて，犯罪を実行させることである。「正犯」として扱われはしない（その意味で，第2次的責任である）が，正犯の刑を科される（③のように減軽されない）ことになる），③**幇助**（刑法62条，63条。「正犯」とは違い，第2次的な責任にとどまる者であり，「正犯」の刑が減軽される）である。これらの規定をめぐる共犯に関する（かなりの）議論は講義や文献で学んでいただきたいが，ここではまず，XがYの詐欺行為に関与する度合いによって①共同正犯か，それとも③幇助にとどまるか，が決まってくることになる（後述Ⅱ参照）ことだけ知っておいていただきたい。

さて，刑法（の条文）による処罰は可能であるとしても，周知のように，こうした詐欺行為は組織化されてなされているため，分担者が多く，なかなか捜査が難しいことが指摘されている。警察庁のHP内の特殊詐欺対策をみると，2020（令和2）年1年間で285.2億円の被害額になっており，最も多い2014（平成26）年では565.5億円である。2014年以降は被害額としては減少傾向にある（認

知件数も2017(平成29)年以降減少傾向にある)。もちろん，これは特殊詐欺全体の数値であり，「オレオレ詐欺」以外のものも含まれていることには注意をいただきたい。すなわち，その他に「預貯金詐欺，架空料金請求詐欺，還付金詐欺，融資保証金詐欺，金融商品詐欺，ギャンブル詐欺，交際あっせん詐欺，その他の特殊詐欺，キャッシュカード詐欺盗の数値を合算したもの」がこの数字なのである。皆さんは1日1億円近い特殊詐欺の被害の多さに驚かれたかもしれないが，そうであるからこそ，連日，注意喚起の報道等がなされているのである。警察がどのような行為を特殊詐欺事件としてとらえている（きた）のか，これについて詳しくは，HPを見て確認してもらいたい。そこでは，最新のだましの手口等も紹介されており，被害の防止策も訴えている。

◇　特殊詐欺の状況と対策について
警察庁HP　「特殊詐欺対策ページ」
https://www.npa.go.jp/safetylife/seianki31/1_hurikome.htm
NHK首都圏ナビ　「STOP詐欺被害！――詐欺の種類や被害に遭わないための情報」
https://:www.nhk.or.jp/Shutoken/stop-sagi/

なお，2010(平成22)年に被害額が減少している（95.8億円）が，2011(平成23)年の警察白書によると，その理由は「警察庁では，平成20（2009――筆者注）年6月，警察庁次長を長とする『振り込め詐欺対策室』を設置し，組織を挙げた取締活動及び予防活動を推進している。また，同年7月，法務省と共同で，振り込め詐欺対策における基本的な考え方及び方針を取りまとめた『振り込め詐欺撲滅アクションプラン』を策定・公表し，官民を挙げた取組みを推進している」とのことであった。こうした取り組みにより一度は減少に至ったものの，この時以降，組織化された振り込ませない形の振り込め詐欺（受取型…名称の矛盾？）が増加して現在に至っているのである。

2　ツールの遮断

　さて，振り込め詐欺行為が処罰されるのは当然だとしても，その行為を処罰するだけでよいだろうか。1999(平成11)年ころから始まったとされるその後のオレオレ詐欺行為には，いくつかの重要なツールが必要とされてきた。

⑴　銀行口座の遮断

　ひとつは他人名義の銀行口座である。そこに振り込ませれば，名義から実行者個人が特定されないことになるからである。そのため，他人名義の口座を取得する必要性が生じ，こうした口座の売買がなされることになる（1口座につき数万円程度とも言われている）。こうしたことを防ぐために，2004（平成16）年12月，当時のいわゆる金融機関等本人確認法が改正され，預貯金通帳等の売買やその勧誘・誘引行為等が処罰されることとなった。そしてそれが，現在の**「犯罪による収益の移転防止に関する法律」（犯罪収益移転防止法）**に引き継がれた（28条1項で譲受人を，同条2項で譲渡人を処罰している。刑罰は，1年以下の懲役または（及び）100万円以下の罰金（業とする場合は，3年以下の懲役または（及び）500万円以下の罰金（⇒第10章Ⅰ））。

⑵　携帯電話の遮断

　もうひとつが携帯電話である。他人名義の携帯電話が詐欺行為に利用されることになった。これについても，2005（平成17）年に制定された**「携帯音声通信事業者による契約者等の本人確認等及び携帯音声通信役務の不正な利用の防止に関する法律」（携帯電話不正利用防止法）**によると，まず，「契約者は，自己が契約者となっている役務提供契約に係る通話可能端末設備等を他人に譲渡しようとする場合には，親族又は生計を同じくしている者に対し譲渡する場合を除き，あらかじめ携帯音声通信事業者の承諾を得なければならない。（7条）」。もっとも，これに違反したからと言って直ちに刑罰が科せられているわけではない。すなわち，「業として」かつ「有償で」通話可能端末設備等を譲渡した者に，2年以下の懲役または（及び）300万円以下の罰金が科される（20条）ことになる（SIMカードの譲渡が重要である。）。

　このようにツールの遮断に対しても刑罰が用いられてきたことになる。では，以上をふまえてもう一度冒頭の［事例1］に戻ってみよう。

　◇　銀行口座の売買について
　全国銀行協会HP　「銀行口座の売買」
　https://www.zenginkyo.or.jp/hanzai/7323/
　◇　携帯電話不正利用防止法について
　総務省HP　「携帯電話の犯罪利用の防止」
　https://www.soumu.go.jp/main_sosiki/joho_tsusin/d_syohi/050526_1.html

3 ［事例1］の解決にむけて

⑴ 問題の所在

Xは振り込め詐欺の共犯として処罰されるのだから問題はないのでは，と考えられた刑法を学ばれていない読者は多いのかもしれない。たしかに，振り込め詐欺の被害に関してはその処罰でよいが，ここでXは，行員Bに対して自分が口座を利用する意思なく，他人にそれを譲渡する意思で口座を開設し，預金通帳等の交付を受けている。そうだとすると，行員を「欺いて」，「財物」たる通帳等を奪ったと評価されても不思議ではない。すなわち，Xは銀行との関係で詐欺罪によって処罰されるのだろうか。

⑵ 裁判所による解決

最高裁は，［事例1］に似た事案で，総合口座取引規定等により契約者に対して通帳等を「第三者に譲渡，質入れ又は利用させるなどすることを禁止していた」ことを指摘したうえで，次のように述べた（最決平成19年7月17日刑集61巻5号521頁）。「銀行支店の行員に対し預金口座の開設等を申し込むこと自体，申し込んだ本人がこれを自分自身で利用する意思であることを表しているというべきであるから，預金通帳及びキャッシュカードを第三者に譲渡する意図であるのにこれを秘して上記申込みを行う行為は，詐欺罪にいう人を欺く行為にほかならず，これにより預金通帳及びキャッシュカードの交付を受けた行為が刑法246条1項の詐欺罪を構成することは明らかである」と。すなわち，詐欺罪の成立が肯定されたのである。

⑶ 財産上の損害をめぐる議論

たしかに，XがA銀行の行員Bを積極的にだました，とは言い難いが，何も述べないことで今後の取引を行う者がXだと行員に誤信させたことは事実であり，その結果，通帳等の交付を受けているので「形式的」には詐欺罪の条文に該当するのは間違いない。ただ，少し考えてみると，この行為は，Xが銀行口座をYに譲渡した行為と比較して処罰の重みは同等のような気もするが，それは法律が予定する刑罰の重みと違っている。すなわち，Xが元々銀行口座を有しており，それを有償譲渡した場合には，Ⅰ2⑴でも述べたように，犯罪収益移転防止法により1年以下の懲役または（及び）罰金という刑罰が予定されているが，本件のような事例では，詐欺罪として10年以下の懲役による処罰になることになる。こうした交付を受ける行為が，銀行に何も言わないで口座を譲渡する行為と，その処罰に違いがあると皆さんは感じられるだろ

うか。

　刑法各論を学ばれた読者は，詐欺罪における**財産上の損害**をめぐる議論を想起されたことだろう。その議論において，欺かれた後に「形式的に」通帳等が移転したとしてもなお「実質的な」財産的損害が必要だと解するのであれば，その内容が示される必要がある。銀行には，正当な受取人以外の者と取引をすることになるリスクを引き受けることになるが，それを財産的な損害と評価できるのだろうか。学説には，これまでの判例の動向をふまえながら，財産的損害を経済的に重要な損害に限定することでこれに疑問を呈する見解も根強く存在する。

　このように詐欺罪の成否には，単純にだましたことから財物や利益の移転が生ずることに加えて，その処罰範囲の限定を図る議論が続いている。そこには財産犯として処罰すべき内実をめぐる奥深い対立が控えていることをまずは押さえていただきたい。

コラム 1-1：振り込め詐欺の被害を受けたら

　振り込め詐欺の「予防・防止」に関しては，皆さんも報道等で知っており，その対策をしていると思うが，もし振り込め詐欺の被害にあったらどうすればよいのだろうか。電話等の途中で気がついた場合には警察に連絡することもご存じだと思う（後述，[事例 3]に関して述べるようなだまされたふり作戦が展開されることになろう）が，振り込んでしまった金銭の回復については，**「犯罪利用預金口座等に係る資金による被害回復分配金の支払等に関する法律」（振り込め詐欺救済法）**による救済や被害金の回復制度があることはご存じだろうか。

　振り込め詐欺救済法の概要については，預金保険機構 HP の振り込め詐欺救済法に基づく公告（https://furikomesagi.dic.go.jp/）を見ていただきたい（法律の概略図があり，流れがわかりやすい）。端的に言えば，振り込まれた金融機関の口座に対して一定の手続き（債権消滅手続きと支払手続き）をなし，被害者に被害金を回復させることである。もっとも，残念ながら，対象口座に手続きをする前に犯罪者に引き出されてしまうと対応ができないことになる。

　さて，犯罪者に帰属してしまいかねない被害金をどのように扱うべきか（⇒第10章コラム10-1，2 を参照）。犯罪者の手元にそれを残さないためには国による没収や追徴の制度が重要であるが，それが被害者に返還される必要もある。おそらく法律を学んだ者が考えると，処罰はなされたのだから，その方法は刑事的ではなく，私的な民事的救済に委ねるというのが一般的な法感覚かもしれない。理論的には，犯罪者に対して不当利得として返還請求，あるいは，不法行為として

損害賠償請求すれば，それに応じた被害金は返還や賠償されるはずだからである。それに対応して，国家は，原則として，犯罪被害財産を没収しないのである（**組織的な犯罪の処罰及び犯罪収益の規制等に関する法律**13条 2 項。以下，**組織的犯罪処罰法**）。

　しかし，それは実際に期待できないことが多い。たとえば，振り込め詐欺集団が「暴力団」であった場合には，たしかに，理論的にはそうかもしれないが，その後の仕返しなどを考えると読者の皆さんもあえて返還請求を望まずに泣き寝入りを選択してしまうこともあるのではないだろうか。そうしたこともあり，2006（平成18）年に，振り込め詐欺等が団体の活動として行われたときや犯人に対する損害賠償請求権等の請求権の行使が困難であると認められるときには，犯罪被害財産を国が没収できることとし（組織的犯罪処罰法13条 3 項），それを被害回復給付金として被害者に支給する制度が構築された（組織的犯罪処罰法18条の 2 第 2 項，「**犯罪被害財産等による被害回復給付金の支給に関する法律（支給法）**」の制定）。この手続きに具体的に対応するのは**検察官**であり（支給法 5 条により，検察官が支給対象犯罪行為を決める），公告も義務である（支給法 7 条）ため，検察庁 HP に被害回復給付金制度の概要や，現在の支給開始手続事件が載せられている（https://www.kensatsu.go.jp/higaikaihuku/）。一度，ご覧になることをお勧めする。

　以上は金銭的な回復であるが，忘れていけないのが，心理的な負担の回復である。振り込め詐欺被害者は警察に相談しにくいとの声も聴くが，家族等の寄り添いが重要である。被害を受けた者を責めるのではなく，やはり犯罪者が責められるべきである。

Ⅱ　振り込め詐欺をめぐる近時の問題

　入門という本書の性質から，第 1 章では，振り込め詐欺をめぐって近時問題とされている事案を概観しておくこととしよう。法学部で刑法を学んだ皆さんには復習の要素が強いと思われるが，刑法総論の講義を思い出して確認していただきたい（イントロダクションでもリサさんがそれは知っているとじゅん氏に述べていた）。

1　詐欺罪の故意
(1) 概　要
振り込め詐欺に該当する行為が詐欺罪によって処罰されるとしても，先に述

べたように，それが組織的になされるとき，金銭等を受け取りに行くだけのいわゆる「受け子」役は，相応の捕まるリスクを冒すことになる。そうだとすると，この役は，例えば，高額なバイトという名目でSNS等で募集されることになる（報道によると，大学生が加担してしまうケースもあるようである。読者の大学生はご注意を）。ここで問題になるのは，自分の行為が「振り込め詐欺の一部」を担っていると認識できるのか，すなわち，詐欺の故意があるのか，そして，共犯者との共謀（謀議を行うことが基本である）があるのか，という点である。[事例2]で考えてみよう。

事例2

　Xは，2015(平成27)年9月頃，かつての同僚であったGから，同人らが指示したマンションの空室に行き，そこに宅配便で届く荷物を部屋の住人を装って受け取り，別の指示した場所まで運ぶという「仕事」を依頼された。Xは，Gから，他に荷物を回収する者や警察がいないか見張りをする者がいること，報酬は1回10万円ないし15万円であることを説明され，受取場所や空室の鍵のある場所，配達時間等は受取りの前日に伝えられた。Xは，同年10月半ばから約20回，いくつかのマンションの空室に行き，マンションごとに異なる名宛人になりすまして荷物の箱を受け取ると，そのままかばんに入れ又は箱を開けて中の小さい箱を取出して，指示された場所に置くか，毎回異なる回収役に手渡した。実際の報酬は1回1万円と交通費2000又は3000円であった。

(2) 裁判所の解決 —— 最高裁と高裁（原審）

　最高裁は，[事例2]のような事案で「X自身，犯罪行為に加担していると認識していたことを自認している。以上の事実は，荷物が詐欺を含む犯罪に基づき送付されたことを十分に想起させるものであり，本件の手口が報道等により広く社会に周知されている状況の有無にかかわらず，それ自体から，被告人は自己の行為が詐欺に当たる可能性を認識していたことを強く推認させるものというべきである。」「そして，Xは，荷物の中身が拳銃や薬物だと思っていた旨供述するが，荷物の中身が拳銃や薬物であることを確認したわけでもなく，詐欺の可能性があるとの認識が排除されたことをうかがわせる事情は見当たらない」と述べて，詐欺罪の故意が認定できるとした（最判平成30年12月11日刑集72巻6号672頁）。

　もっとも，高裁（原審）の判断は異なっていた。原審は，「被告人が，同様の形態の行為を繰り返していたからといって，自らが受け取った荷物の中身が詐取金である可能性を当然に認識していたはずとの根拠にはなら」ず，「本件のようにマンションの空室を利用して詐取金を宅配便で送らせて受け取る形態」の詐欺が社会的に広く浸透していることを要する，また，「従来型の詐欺の手口を聞いていろいろと知っていたからといって，新しい詐欺の手口も誰にも教わらずに気づけたはずであるとはいえない」として，［事例２］では詐欺罪の故意は推認できないとし，詐欺の点につきＸを無罪とした（福岡高宮崎支判平成28年11月10日刑集72巻６号722頁）。

　さて，最高裁によれば，挙げられた事実のみで「詐欺を含む犯罪に基づき送付されたことを十分に想起させる」とされ，「詐欺に当たる可能性を認識していた」といえるとする。ここでは，詐欺罪の故意を認定するにあたり，単に「犯罪」だという認識では足りず，「詐欺」の内容を認識する必要があることがわかる（たとえば，薬物犯罪においても，被告人に「覚せい剤かもしれないし，その他の身体に有害で違法な薬物かもしれないとの認識はあった」として覚せい剤輸入罪等の故意があったとしている（最決平成２年２月９日判時1341号157頁））。実際に，［事例２］の弁護人も，Ｘは箱の中身を拳銃や薬物と認識していたとして，詐欺の故意について争っていたが，最高裁はそれを否定した。

(3) 未必の故意

　刑法を学ばれた読者はもしかすると**未必の故意**（過失犯ではなく故意犯とするための最低条件）をめぐる学説の様々な議論から検討を進めたかもしれない。それを措くとしても，最高裁の未必の故意についての立場は，盗品等「であるかも知れないと思いながらしかも敢てこれを買受ける意思」（最判昭和23年３月16日刑集２巻３号227頁。殺人罪について，最判昭和24年11月８日集刑14号477頁），不法投棄について，「不法投棄に及ぶ可能性を強く認識しながら，それでもやむを得ないと考え」たこと（最決平成19年11月14日刑集61巻８号757頁）であることはまず押さえていただきたい（いずれの事案も肯定例であるが，否定例として，身体に有害であると思っていただけではメタノールであるかもしれないという認定はできないという最判昭和24年２月22日刑集３巻２号206頁がある）。最高裁は，一般論として（おそらく）未必の故意の内容それ自体はこれまでの判例の内容と共通項を有したうえで，この理解を前提に推認ができるかどうか，を問題にしているといえよう。

(4) 共　謀

共謀については G との意思連絡が必要であり，最高裁は「X は，自己の行為が詐欺に当たるかもしれないと認識しながら荷物を受領したと認められ，詐欺の故意に欠けるところはなく，共犯者らとの共謀も認められる」とした。ここだけからは故意と共通しているように読めなくもないが，G とのやりとりによって X が詐欺の可能性の認識を得て指示役たる G からの指示があり納得すれば共謀が認められたことに違和感はない（さらに，⇒第 3 章Ⅲ 2）。もっとも，本件とは異なるが，共謀が認定されない事案であれば共同正犯でなく，先に述べたように幇助にとどまる可能性がある（受け子を紹介した被告人について，共同正犯ではなく幇助を認めた事案として，東京高判令和 2 年10月22日公刊物未登載（研修876号31頁の新判例解説［梶美紗］））。

(5) 経済刑法との関連

こうした事案は他にもあるので，ぜひ読み比べて詐欺の故意が推認されるか，そもそも故意をどのように考えるべきか等をさらに考えてみてほしい（最判平成30年12月14日刑集72巻 6 号737頁，最判令和元年 9 月27日刑集73巻 4 号47頁（なお，後者の原審（東京高判平成30年 7 月20日刑集73巻 4 号112頁）では，詐欺の故意に関して，「自らの行為が詐欺かもしれないという概括的な認識があれば，詐欺に相当する違法な行為に出てはならないという規範的な判断が可能であり，それにもかかわらず敢えてその行為に及んだ場合，その意思決定は詐欺の故意犯として非難されるべき」と述べる））。

第 2 章以降の各章で説明される犯罪も，詐欺罪と同じく，故意犯の場合に処罰されることになるのが原則である。その意味で，行為者を処罰するためには，経済犯罪とされる条文の構成要件の内容を（少なくとも未必的に）認識して行為に及んだことを証明する必要があるといえる。もっとも，法的な制裁は刑事的制裁だけではなく，過失が要求されることが通常と言われる民事的制裁なども用意されているのであり，それとのバランスをも考えて刑罰それ自体を検討する必要があるだろう。本書全体をふまえてから考えていただきたい（⇒とくに，第11章）。

2　途中からの関与と詐欺未遂罪

事例3

　Ｘは，2015(平成27)年3月16日10時ころに，Ａに対して，違約金を支払う必要があるとする虚偽の内容を電話で告げた。その後，それを信じたＡは，現金を用意して電話で指示された受取人（Ｙ）が来るのを待っていた。一方，Ｙは，同日に初めてSNSを通じてＸから報酬約束の下に封筒の受領を依頼され，それが詐欺の被害金を受け取る役割である可能性を認識しつつこれを引受け，同日15時頃にＡ宅に赴いたが，その風貌を見て不審に思ったＡが警察に通報し，逮捕された。その後，Ｘも逮捕された。

(1)　［事例3］の解決にむけて

　さて，［事例3］では，ＸのＡに対する欺罔行為が行われた「後に（欺罔行為は16日10時で加担はその後）」Ｙが関与している。今回，「詐欺の被害金を受け取る役割である可能性を認識しつつ」と記載されているので，Ｙに詐欺の故意が認められることに問題はない（上述した問題点はない）。それでも，Ｘの欺罔行為の際には関与していないＹの罪責についてどのように考えるべきだろうか。先に，Ｘについて考えてみよう。

　Ｘの罪責について

　結論から述べれば，Ｘは詐欺既遂罪によっては処罰されない。欺罔行為は行っているもののＹが捕まったので現金を受け取ったわけではない。この場合には，詐欺既遂罪ではなく，**詐欺未遂罪**である（刑法246条，250条）とされる。刑法43条によると，未遂とは「犯罪の実行に着手」したこととされており，詐欺罪では人を欺く行為が条文上も予定されており，Ｘの行為はこれに当たるからである（通常は，既遂よりも軽く処罰される）。

　Ｙの罪責について

　では，次に，Ｙは，Ｘと共同して詐欺未遂罪を犯したと評価できるだろうか。Ｙは，Ｘの欺罔行為時に関与したわけではない。とはいえ，現金が入っているであろう封筒を受け取ることを知っており，詐欺の故意を有して詐欺罪を構成する一部である封筒の受領行為には関与している。詐欺罪は欺くこと（欺罔行為）により物を奪う（受領行為）犯罪なので，これをどのように解すべきかが問題となる。

　この点については，刑法の**承継的共犯**の議論を避けては通れない。たとえ

ば，大審院判決では，夫が強盗目的で被害者を殺害した後に，妻が事情を知って蠟燭で周りを照らし，金品の取得を容易にした事案で，夫の金品強取を容易ならしめた以上，妻が**強盗殺人幇助**とされた（大判昭和13年11月18日刑集17巻839頁）。しかし，自分の行為と関係なく事前に生じた結果（殺害）について責任を負うべきではないとしてこれを否定し，金品を容易に取得させた点だけをとらえて**窃盗（あるいは占有離脱物横領）幇助**にとどめるとする見解も学説では有力である。

　ただし，今回問題とされた**詐欺罪**や**恐喝罪**のように，条文の中に「だますまたは脅す行為」と「財産を奪う行為」という複数の行為が条文上予定されている場合には後の行為もその重要な要素であることは否定できない。これまでの下級審裁判例の中には，YがXの行為を積極的に利用したような場合には承継を認めるものもある（名古屋高判昭和58年1月13日判時1084号144頁）。これに対して，先のように窃盗幇助にする見解を徹底する（すべての承継を否定する）と，［事例3］では，欺罔されて錯誤に陥った被害者Aのところへが現金入りの封筒を受け取りに行く行為は共犯として処罰されないことになるだろう（が受け取りの際にだます行為をさらに行えば別であるが）。

　最高裁は，［事例3］に類似した事案で，「被告人は，本件詐欺につき，共犯者による本件欺罔行為がされた後，だまされたふり作戦が開始されたことを認識せずに，共犯者らと共謀の上，本件詐欺を完遂する上で本件欺罔行為と一体のものとして予定されていた本件受領行為に関与している。そうすると，だまされたふり作戦の開始いかんにかかわらず，被告人は，その加功前の本件欺罔行為の点も含めた本件詐欺につき，詐欺未遂罪の共同正犯としての責任を負うと解するのが相当である」とした（最判平成29年12月11日刑集71巻10号535頁）。

　ここでは欺罔行為の受領行為との一体性が重視されている。［事例3］で考えてみると，Yは，共犯者であるXと共謀して，「本件詐欺を完遂する上で本件欺罔行為と一体のものとして予定されていた本件受領行為に関与し」たことになろう。Xの欺罔行為を知るYが，詐欺罪の共同正犯として処罰される結論には，読者の皆さんもあまり異論はないのではないだろうか。ただ，先にも述べたように，Y自身の行為でないXの欺罔行為を含めてよい理由については理論的な検討を要する。

　こうしたことをも受けて，学説では，財産犯罪である詐欺罪にとって財産が移転する受領行為は重要であり，そして，詐欺罪ではそれは欺罔行為がなけれ

ば存在しないのであるから「一体」と評価すべきである，あるいは，そもそも共同正犯では個々人の行為と結果との間に因果性は要求されないことを前提に，Ｙ自身の行為から生じたものでなくとも共謀があればＸとＹの行為を「一体」として評価できると述べられている。この問題は共犯をどのようにとらえるか，という刑法総論の基礎理論につながっている。刑法を学ばれていない皆さんは参考文献をまずは参照いただきたい。

「だまされたふり作戦」がある場合

　実は，最高裁の事案は，Ａが「うそを見破り，警察官に相談して**だまされたふり作戦**を開始し，現金が入っていない箱を指定された場所に発送した」というものであった。いずれにしても［事例３］と同じく，Ｙは，Ｘの欺罔行為の「後に」これに加担し，「だまされたふり作戦が開始されたことを認識せずに，空き部屋で，Ａから発送された現金が入っていない荷物を受領した」のである（結局，現金は得られていない。）。Ｘの詐欺未遂後に「だまされたふり作戦」がなされていることがどのようにＹの罪責に影響を及ぼすのかについても未遂や不能犯の議論をふまえて考えていただきたい。なお，最高裁は，先の引用のように，何等の影響もないと結論付けている（第１審判決では，無罪とされている（福岡地判平成28年９月12日刑集71巻10号551頁）。）。

Ⅲ　刑法学の視点から

　振り込め詐欺をテーマにして消費者の財産保護を検討してきたが，それを詐欺罪により処罰することは自明であった（なお，これが組織として行われる場合には，組織的詐欺罪（組織的な犯罪の処罰及び犯罪収益の規制等に関する法律３条１項13号）として詐欺罪よりも重く処罰される。詳しくは，⇒第２章Ⅲ２）。そこでは，**保護法益**である個人の**財産**が侵害されたことが明らかだからである。それ以上に，ツールを遮断する立法があり，また，判例が他人に譲渡するために銀行から通帳等を受け取る行為を詐欺罪によって処罰することも上述のとおりである。さらに，こうした行為への関与の仕方（たとえば，［事例３］では後から加担）によって，犯罪の成否に議論が生じる場合があり，そこでは刑法という学問が前面に出ることになる。

　実は，関与の仕方という観点からすると，処罰として前述した詐欺罪だけが活用されているわけでもない。下級審裁判例によれば，たとえば，報酬欲しさから自己の口座に振り込め詐欺で得た金銭が入金されていることを知りな

ら，それを銀行の ATM から引き出して他人に渡す場合（いわゆる出し子のケース）には，銀行に対する**窃盗罪（刑法235条）**が成立するとされている（名古屋高判平成24年7月5日 LEX/DB25506047）。また，だましたことによって被害者が印鑑を取りに玄関を離れた際に，封筒に入った被害者のキャッシュカードを偽のキャッシュカードとすり替えた場合にも窃盗罪の成立が肯定されている（京都地判令和元年5月7日 LEX/DB25563868）。銀行や被害者に占有されていた現金やキャッシュカードという財物が，銀行や被害者の意思に反して盗まれた（「他人の財物を窃取した」）と評価されたことになる。このように，窃盗罪も，詐欺罪と同様に，個人の**財産保護**にとって重要な条文といえる。

　特殊詐欺を未然に防ぐには，いつでも狙われていると思いながら生活することが大事であり，それに関する情報の取得が重要であることはいうまでもない。先の警察庁 HP を確認するとともに，第2章を読んで過去から現在の消費者をターゲットとした犯罪を知識として持つことも，将来の類似の犯罪を予防することにつながるように思われる。

Ⅳ　まとめ

> ● 振り込め詐欺は詐欺罪により処罰される。口座の譲渡，携帯電話の譲渡も犯罪として処罰されることがある。
>
> ● 判例によると，他人に譲渡することを秘して銀行で口座を開設し，通帳等の交付を受けた場合には，詐欺罪によって処罰される。
>
> ● 受け子の故意については，何か犯罪に関わっているという認識では足りず，詐欺に関する事実を想起する事情を認識することが要求される。
>
> ● 判例によると，欺罔行為より後に受領行為だけに関与した者にも詐欺罪の共犯の成立が認められている。それは，だまされたふり作戦がなされていても同様とされている。

〈参考文献〉

■ **講義にむけて**
　斉藤ほか・入門　331-347頁［金子博］
　芝原ほか・経済刑法　427-438頁［橋爪隆］
　山口ほか・経済刑法　106-112頁［橋爪隆］

■ **深化のために**

・詐欺罪全般

　足立友子『詐欺罪の保護法益論』（弘文堂，2018）

　佐竹宏章『詐欺罪と財産損害』（成文堂，2020）

・刑法総論について（故意及び共犯（承継的共犯）について）

　法学部生…刑法総論の講義で示された教科書参照

　一般の方…刑法の入門書（や教科書）を手に取ってお読みいただきたい。

　さしあたり

　井田良『入門刑法学　総論［第 2 版］・各論［第 2 版］』（有斐閣，2018）

　亀井源太郎他『刑法Ⅰ・Ⅱ』（日本評論社，2020）

　島伸一編『たのしい刑法Ⅰ総論［第 2 版］・各論［第 2 版］』（弘文堂，2017）

　高橋則夫『授業中　刑法講義』（信山社，2020）

　辰井聡子・和田俊憲『刑法ガイドマップ（総論）』（信山社，2019）

　山口厚『刑法入門』（岩波新書，2008）

　山口厚『刑法［第 3 版］』（有斐閣，2015）

　和田俊憲『どこでも刑法　♯総論』（有斐閣，2019）

（以後の各章でも，刑法典の条文が問題となる際は，基本的に教科書や入門書を読み返してほしい。）

◆ 第 2 章 ◆
消費者の財産の侵害 2
── 悪質商法を中心に ──

本章で学ぶこと

- 消費者をねらった悪質商法にはどのようなものがあるか。
- 悪質商法を規制するために，これまでどのような立法がなされてきたか。
- 有利な投資話などと偽ってお金をだまし取る行為はどのように規制されるか。
- 組織的詐欺の成立要件はどのようなものか，詐欺罪との違いはどこにあるか。

I　悪質商法とは

　悪質商法（または悪徳商法）とは，消費者を対象に，組織的かつ反復継続して実行される詐欺的商取引であって，その商法（犯行手口）自体に違法または不当な手段・方法が組み込まれたものをいう（⇒関連 HP：悪質商法について）。悪質商法の形態・犯行手口は実に多種多様であり，これまでに社会問題化して法的対応が迫られたものとして，ネズミ講，マルチ商法，現物まがい商法，商品先物取引にからんだ不正行為などがあった。最近でも，利殖商法，送り付け商法，押し買い商法（訪問購入），キャッチセールス商法，アポイントメント商法，霊視・霊感商法（開運商法），催眠商法，資格商法，電話勧誘販売（投資型マンション・オーナーなどへの勧誘），マルチまがい商法などがあとを絶たない。悪質商法の被害者のほとんどは，必ずしも利殖・投資情報に詳しくない学生，若いビジネスマンや主婦，あるいは退職後の高齢者などであり，その被害

額も大きく，被害者が全国に広がっている事件も少なくない。まずは，下記の HP を確認して，悪質商法による被害状況や対策の現況を理解した上で次に進んでみてほしい。

◇　悪質商法について
・消費者庁 HP：「悪質商法などから身を守るために
　https://www.caa.go.jp/consumers/protect/
・警視庁 HP：「悪質商法」
　https://www.keishicho.metro.tokyo.jp/kurashi/higai/shoho/index.html
・独立行政法人国民生活センターHP：http://www.kokusen.go.jp/

　第 1 章で検討した振り込め詐欺などのいわゆる特殊詐欺事犯は，必ずしも経済取引と結びつかないものも含んでいるが，最近の悪質詐欺事犯の代表格というべきものといえる。ここでは，悪質商法としてこれまで問題とされてきた事犯（犯行手口）である，ネズミ講・マルチ商法，現物まがい商法や商品先物取引をめぐる悪質商法などの利殖勧誘商法を取り上げることにしよう。

Ⅱ　悪質商法の諸形態

事例 1

　A のところに高校の同級生 X からメールが来た。商品を売るアルバイトを始めないかという。「最初に30万円の商品を買って販売グループに入会する。友人にこの仕事を紹介して入会させ同じ商品を買ってもらえば 7 万円の収入になる。あなたの下に子ども，孫，ひ孫のように入会者を広げていけば，それぞれが買った代金の 1 〜 2 割があなたにも分配される。月収数百万円の会員もたくさんいる。」と勧誘された。
　「仕事は誰にでもできるし，ネズミ講と異なり違法ではない」と勧誘された。
（中田・鹿野編『基本講義消費者法〔第 4 版〕』157頁〔圓山〕より）

1　ネズミ講・マルチ商法
(1) ネズミ講・マルチ商法とは
　さて，**ネズミ講**とは，会員がネズミ算式に無限に（無限連鎖的に）増殖するという，実際にはあり得ない，実現不可能な事態を前提としつつ，何らかの事

業活動を伴うわけでもなく，後から加入してくる後続会員から一定の金員の送
付を受けることによって，先に加入した先順位会員がその出資額を上回る高額
の金銭を獲得できる，という誤った組織原理に基いて運営される，反社会性の
強い悪質な利殖組織の俗称である。1967(昭和42)年に発生した「天下一家の
会・第一相互経済研究所」によるネズミ講を契機として社会問題化したもので
ある。

　これに対して，**マルチ商法**とは，「マルチレベル・マーケッティングプラン
（多階層販売方式）」の略称であって，何らかの商品・サービスを販売する組織
として，当該商品・サービスの特約店・販売代理店などの組織に加盟（加入）
するという形式をとりながら，加盟者が新たに加盟者を勧誘（リクルート）し
て入会させることによって一定の手数料・報酬を得られるものとし，先行・上
位の加盟者になるほど手数料収入が増大するというものである。これもネズミ
講と同様，無限連鎖的な会員・加盟者の増大を前提とする，現実にはあり得な
い，実現不可能な組織原理に基くものではあるが，商品やサービスの提供を伴
う点においてネズミ講と異なる。マルチ商法は，商品・サービスの提供を伴う
ことから，これをネズミ講と同様に無制限，一律に規制することには，憲法の
保障する「営業の自由」（憲法22条1項）との関係で疑義が生じることになりう
るものである。

(2) 詐欺罪の成否

　このような不正行為を規制する法的枠組みとしては，まず，詐欺罪（刑法
246条）の適用が考えられる。当該組織の運営者やそれに属する者が，組織が
破綻している（あるいは，破綻するであろうこと）を十分に認識・予見しなが
らも，事情を知らない顧客を勧誘することによって財産上の利益を得るような場
合には，たしかに本罪が成立することになろう。ただ，加入者自身が「組織破
綻の前に自分だけはもうけてやろう」などと考えて加入した場合には，その者
に錯誤があるとはいえず，詐欺罪の適用は困難となろう。

　なお，民事事件である長野地判昭和52年3月30日判時849号33頁（長野ネズ
ミ講事件）では，ネズミ講は「公序良俗に反し無効」とされている。

(3) 立法による対応と現状

　そこで，立法による対応が必要となった。ネズミ講については，1978(昭和
53)年に**「無限連鎖講の防止に関する法律」**（無限連鎖講防止法）が制定され，
ネズミ講（無限連鎖講）に関与する行為（開設・運営，加入，加入の勧誘，それら

の助長行為）を全面的に禁止し（3条），開設・運営者，加入勧誘者に対する刑事罰（5条〜7条）を設けた。

　マルチ商法については，1976(昭和51)年に**「訪問販売等に関する法律」**（**訪問販売法**）が制定され，その後，2000(平成12)年改正により，**「特定商取引に関する法律」**（**特定商取引法・特商法**）と改称され，規制の対象となっている。マルチ商法は，特商法33条の**連鎖販売取引**として規律されている。本法によれば，連鎖販売取引は，商品販売や役務（サービス）提供をする事業であって，「特定利益」を得られると誘引し，「特定負担」をさせる取引である。

　特定利益とは，組織内の下位者が支払った金銭の一部が上位者に分配される利益のことである。**特定負担**とは，新規入会時や入会後に上級ランクに昇格する時に支払う取引料，商品購入代金などである。下位者が特定負担として支払った金銭が，上位者に特定利益として分配されるのが連鎖販売取引の本質である。本法は，勧誘に際しての故意の事実不告知・不実告知，威迫・困惑を伴う勧誘など悪質なものについては，3年以下の懲役若しくは300万円以下の罰金又は併科としている（特商法70条1号・34条）（⇒圓山『詳解　特定商取引法の理論と実務〔第4版〕』157頁以下）。

　無限連鎖講防止法の適用が認められた事例として，最決昭和60年12月12日刑集39巻8号547頁（E・Sプログラム事件）がある。最高裁は，本件組織の活動実態は「人工宝石の販売に名を借りた金銭配当組織であ」るとして原判決の結論を支持した。マルチ商法については，東京地判昭和53年5月1日公刊物未登載が，被告人につき書面不交付罪・重要事項不告知・不実告知罪の成立を認め，富山地判昭和63年3月25日公刊物未登載（アイリーン事件）が，被告人に不実告知罪と詐欺罪の観念的競合を認めている。

　ただ，ネズミ講・マルチ（まがい）商法はその後も絶えることはなく，最近では，被害者が若年化するだけでなく，マルチ商法の取扱品目も多様化・高額化し（1件当たりの契約額が平均40万円を超えるといわれる），さらには，実態としてネズミ講かマルチ商法か区別がつかない事案が増えてきている。

　◇　特定商取引法について
　・「特定商取引法ガイド：https://www.no-trouble.caa.go.jp/

2　現物まがい商法

(1) 現物まがい商法とは

現物まがい商法とは，顧客との間に金地金などの商品（現物）を販売すると見せかけて売買契約を締結し代金を受領するが，実際には顧客に現物を引き渡さず，別途，賃貸借（実際には消費貸借）契約を結び，預り証券のみを交付するものをいい，**ペーパー商法**ともいわれる。

(2) 詐欺罪の成否

このような不正行為についても，まずは詐欺罪の成否が問題となりうる。このような手法が使われて全国に多数の被害者を出したのが，**豊田商事事件**である。本件では，豊田商事が会社ぐるみで，独居老人や老夫婦をターゲットとし，金地金などの「販売」などと言いながら実際には商品を引き渡さず，商品を預かって運用し，引渡期限が到来したら商品に運用益を加えて引き渡します，との約定（これを「ファミリー契約」と称した）のもとに顧客・被害者に金員を交付させた行為について詐欺罪が適用され，被告人5名に対して10年から13年の懲役が言い渡された（大阪地判平成元年3月29日判時1321号3頁）。

大阪地裁は，「……ファミリー契約による導入は，豊田商事の会社組織を通じて行っていたものであるから，Aはもとより各部門の責任者である被告人らの互いの協力がなければ遂行し得ないことは明らかであり，被告人らもそのような認識に基づき，前述のとおり，各担当部門のそれぞれ責任者としてそれぞれ業務を遂行し，最高意思決定機関である役員会議において，会社の経営方針や重要事項を討議，決定する等して，互いに協力して会社を運営することにより，同社の営業社員を介して，ファミリー契約による導入を続けたものであり，おそくとも前記の時期までにおいて，A及び被告人らは，純金等を約定期限に返還し，また約定どおり賃借料を支払うことが出来なくなるかもしれないが，それもやむを得ないとの意思を暗黙のうちに互に通じたうえ，豊田商事の会社組織を利用して，前記のファミリー商法を継続して行うことにより，本件犯行を遂行する共同意思を形成したものと認めるのが相当である。」と判示して詐欺罪の成立を認めたのである。

(3) 立法による対応と現状

もっとも，本件発生当時，このような組織的かつ悪質な行為を未然に防止する法的枠組み（法制度）はなく，いたずらに被害が全国に拡大したことの反省から，1986(昭和60)年に**「特定商品等の預託等取引契約に関する法律」**（預託

法）が制定され，金など特定の商品についての預託取引契約に対して，14日内であれば理由のいかんを問わず契約を解除できるクーリングオフ制度が導入された（8条）。業者に対する行為規制として，①威迫を伴う勧誘などの不当な行為等が禁止され（5条）（ただし，処罰規定なし），②勧誘の際の重要事項の故意の不告知や不実告知（4条1項・2項）あるいは違反を繰り返す預託等取引業者への業務停止命令違反（7条1項）に対して「2年以下の懲役又は100万円以下の罰金」が科されることとなった（14条）。

　このような法規制によって不当な行為等の取締は従前にまして実効的になったとはいえるが，本法の問題点として，①業者の開業規制につき許可制をとらなかったことから，悪質業者の参入をチェックできないこと，②指定商品制度を採用したことから，指定以外の商品について抜け道が残されたこと，③勧誘行為等の規制が不十分であることなどが指摘されており，後述するように（⇒本章Ⅱ4），和牛オーナー商法などの**「販売預託商法」（オーナー商法）**といわれる悪質商法がその後もあとを絶たないのが現状である。

コラム 2-1：豊田商事事件

　豊田商事事件は，1985(昭和60)年頃から社会問題化し，最終的に被害総額が2000億円近くに達し，詐欺事件としては過去最大であったとされる。大阪地裁が認定・判示しているように，その手口は，組織的でかなり強引なものであり，勧誘のターゲットは主として独居老人で，最初に電話セールスで無差別に勧誘を行い，脈ありと思われる相手の家を訪問して家に上がり込むと，親身になって相手方の世話をやき，「息子だと思ってくれ」などといって人情に訴えかけるなど，言葉巧みに相手方の心情に分け入って，だまし込んだのである。顧客を信用させるためには，有名企業やブランド名を利用したり，イベントで芸能人を呼ぶなど，極めて巧妙な手口を尽くしている。

　なお，1985(昭和60)年6月18日に，豊田商事会長の自宅マンション前に多くのマスコミ関係者が取材のためにたむろしていたところ，暴漢（犯人）が会長宅マンション室内に押し入って会長を刺殺するという衝撃的な事件が発生している。また，被害救済の点では，豊田商事の破産管財人に選任された中坊公平弁護士が，従業員給与の所得税の返還を実現するなど徹底した債権回収を行って被害者への配当を増やしたことでも知られる。

　本文でみたように，この事件を機に預託法が制定されるに至ったのである。

3　商品先物取引をめぐる悪質商法

(1) 先物取引とは

先物取引とは，ある商品（小豆や原油・ボーキサイトなどの農産物や鉱物資源などのほか，金融商品も含む）を数カ月先のある時期に受渡しすることを条件とする売買契約を締結し，その時期が来る前に転売・買戻しするなどして，現実には商品の受渡をせず，その間の値動きの差金決済によって損益を出して終わらせる取引をいう。将来の価格変動を予測することは非常に困難であり，極めて投機性・危険性の高い取引である。

(2) 商品先物取引をめぐる詐欺的手法

「**商品先物取引法**」（**商先法**）（旧称「**商品取引所法**」〔**商取法**〕。2011〔平成23〕年 1 月 1 日に改称）では，金融商品取引法（金商法）などと同様，商品の売買（の注文）を行うことができるのは商品先物取引仲介業者・取引員に限られ，顧客・投資者は取引員との間に商品取引に関する委託契約を締結し，取引委託にあたり担保として委託証拠金を取引員に預託し，売買の決済がついたときに委託手数料を支払う仕組みになっている。そこで，悪質な取引仲介業者・取引員は，このような仕組みを逆手に取って，先物取引の知識が不十分な顧客・消費者（とくに主婦や高齢者など）を言葉巧みに取引に勧誘し，委託証拠金・手数料の名目で金銭を巻き上げるのである。そして，このような場合には刑法上の詐欺罪や背任罪の成否が問題となるのである。ここでは詐欺罪の成否に絞って検討しよう。

　まず，(1)取引員が取引の**投機性・危険性を隠蔽（隠ぺい）**する場合がある。先物取引の投機性・危険性を十分理解していない顧客にこれを隠蔽し，取引が安全確実なものと思わせて勧誘し，委託証拠金を交付させるものである。顧客がその事実を知ったなら取引をしなかったであろうといえる場合には，その不知は詐欺罪の成立要件である被害者・相手方の錯誤にあたり，同罪が成立することになる。

　次に，(2)**呑み行為**といわれるものがある。これは，顧客から売買取引を委託された取引員が売買取引を市場に取り次がず，取引員自身がその相手方となって売買を成立させる場合である。判例は古くから，このような場合に詐欺罪の成立を認めてきた（大判明治45年 1 月29日刑録18輯47頁，大判大正元年 8 月30日刑録18輯1160頁，大判昭和14年11月11日新聞4501号 9 頁など。さらに，東京地判昭和62年 9 月 8 日判時1269号 3 頁〔投資ジャーナル事件〕）。

　さらに，(3)「**客殺し商法**」と呼ばれるものがある。これは，取引員が，顧客から徴収した金員を最終的に自己のものとするために様々な手段を用いて顧客の取引に計算上の損失を生じさせ，その損失に応じた額について顧客からの委託証拠金返還請求を断念させ，その支払を免れるものである。「同和商品事件」に関する最高裁決定は，客殺し商法の手口として，①頻繁な売買，②両建（売り建玉〔売り注文〕をしている顧客には買い建玉〔買い注文〕を，買い建玉〔買い注文〕をしている顧客には売り建玉〔売り注文〕というように，従前とは全く反対の建玉〔注文〕をさせること），③利乗満玉（顧客の取引によって利益が生じた場合には，利益を払い戻すことなく，証拠金に組み入れてその限度一杯の建玉をさせること），④途転（買いから売りへあるいは売りから買いへと，急に態度〔取引〕を変換させること）などといった手法があることを指摘し，いずれについても詐欺罪が成立しうると判示している（最決平4年2月18日刑集46巻2号1頁〔同和商品事件〕）。顧客の財産的利益をあらゆる手立てを使ってでも搾り取る，という極めて悪質性の高い行為である。

　なお，この種の不当な勧誘行為については現在，商品先物取引法や金融商品取引法において，それぞれ業者規制がなされている（商先法214条9号，金商法38条1号など）ほか，呑み行為については罰則つきで禁止されている（商先法363条8号・209条1項または212条，金商法200条15の2号・40条の6）。

4　[事例1]の解決にむけて

　XのAに対する勧誘行為は，マルチ商法では「ありふれたもの」あるいは典型的なものである。

　仮に，Xの勧誘メールでの表現に虚偽があったり，あるいは故意に隠されていたりすれば，不実告知罪や虚偽告知罪が成立することになろう。

　本事例では，会員を拡大することに成功し報酬を得ている会員が実際には少ないにもかかわらず，そのことを告げていないとか，7万円もらえる仕組みだとか，高額な収入を得ている会員が少なからずいる，といったことが事実に反するなら，不実告知に該当することになろう（⇒圓山161頁）。

Ⅲ　最近の利殖勧誘商法をめぐる動き

事例 2

　健康器具販売会社を経営する X は，パワーストーンを取り付けたベルトやネックレスが健康を促進する効果があるとのうたい文句で大々的に全国的に通信販売を展開していたところ，思うように売り上げが伸びなかったことから，商品そのものを第三者に貸し出す形にして顧客（オーナー）に年 6 ％程度のレンタル料（配当）を支払うとする「レンタルオーナー制度」を考え出し，これをあたかも率のよい投資商品として勧誘を始めた。商品の借り手は安価でその商品を利用することができ，また，商品のオーナーは貸出料として一定のレンタル料（配当）が見込めることから有利な投資になる，というのである。会社は詳しい勧誘マニュアルを用意し，社員を使って全国から顧客を勧誘した。

　X は，健康器具の売れ行きが思わしくなく，すでに会社の経営状態が悪化していることから，社員 Y らに，商品の在庫数を超えてレンタルオーナー契約を獲得することを命じ，これにより，Y らは，A，B，C らをそれぞれ 1 商品当たり150万円のレンタルオーナー契約を結ばせたものの，会社は倒産に陥り，A らは商品も配当も受け取ることができなくなった。

1　概　要

　利殖・投資をめぐる詐欺的商法（以下**「利殖勧誘商法」**という）とは，様々な利殖・投資話をもちかけて高い利回り・配当を約束し，多額の金員を騙し取る詐欺的商法をいい，上記 1 から 3 の悪質商法の類型をも含む広い概念である。いわゆるバブル景気崩壊後の低金利時代に入って個人所得が減少し金利引き下げにより保有資産が目減りする中で，これにつけ込み，「元本保証」や「高利回り」あるいは「高配当」をうたって多額の金銭を集め，最終的にはその事業者が破綻に陥り，あるいは事業者等が雲隠れするなどして，顧客である出資者・投資者は出資金（元本）すら回収できない事態に陥る，といった事件が全国で多発した。投資の対象となる事業は実に多種多様であり，被害金額が被害者個人にとって多額であるだけでなく，被害規模も全国に広がって甚大である。

　このような事案については，詐欺罪ないし組織的詐欺罪の成否のほか，出資

法（「出資の受入れ，預り金及び金利等の取締りに関する法律」）違反や，上（⇒本章Ⅱ2）で見た預託法違反などが問題となりうる。ここではとくに，詐欺罪・組織的詐欺罪と出資法違反の点について規制の枠組みを確認することにしよう。

2　詐欺罪・組織的詐欺罪の成否

(1)　概　要

　まず，利殖勧誘商法が詐欺罪（刑法246条1項）を構成することに疑問はないが，今日では，それが団体の活動として組織的に行われた場合には，**「組織的な犯罪の処罰及び犯罪収益の規制等に関する法律」**（組織的犯罪処罰法。以下「本法」ともいう）における**組織的詐欺罪**（本法3条1項13号・刑法246条）が成立しうることにも注意する必要がある（⇒第1章，第10章）。

(2)　組織的詐欺罪

　組織的詐欺罪の法定刑は，1年以上（20年以下）の有期懲役であり，詐欺罪の法定刑が10年以下の懲役であるのと比較して格段に重くなっており，行為の法的評価（犯罪としての悪質性）についてかなり重要な意味をもつものといえる。本法3条の刑の加重は，組織的な犯罪の類型的な違法性の高さに着目して，その違法評価を明示し，その責任に応じて適切な量刑判断ができるようにするとともに，このような犯罪の抑止に資することを目的として規定されたものである。

　利殖勧誘商法の犯行実態は，第1章で見た振り込め詐欺といった特殊詐欺事犯などと同様，かなり組織だって行われることが多いことから，この点を意識しておく必要があろう。

　組織的詐欺は，詐欺罪にあたる行為が，**「団体の活動**（団体の意思決定に基づく行為であって，その効果又はこれによる利益が当該団体に帰属するものをいう。以下同じ。）として，**当該罪に当たる行為を実行するための組織**により行われたとき」**に成立する（本法3条1項柱書）。

　法3条1項の罪については，①行為主体に限定がないことから，団体の構成員でない者も本罪の主体となりうる。

　②「団体」の意義については，2条1項に規定されており，その定義に該当する以上は，当該団体の内部的統制の強弱は問わないものとされている（東京高判平成14年1月16日高刑速（平14）39頁）。

　③「当該罪に当たる行為を実行するための組織」とは，2条1項で定義される「組織」であって「指揮命令に基づき，あらかじめ定められた任務の分担に従って構成員が一体として行動する人の結合体」を意味する。このような「組織」としては暴力団組織などが典型であるが，その組織が元々は犯罪を実行するような組織でなくとも，それが犯罪を実行する組織へと転化した場合にはこれにあたる（最決平成27年9月15日刑集69巻6号721頁〔岡本倶楽部事件〕）。

　④「組織により（行われた）」とは，当該行為が組織的な態様，複数の自然人が指揮命令関係に基づいてそれぞれあらかじめ定められた役割分担に従い，一体となって行動することの一環として行われたことを意味する。

　本条1項の罪の故意として，各号所掲の罪についての事実の認識のほか，その行為が団体の活動として組織により行われるものであることの認識も必要である。

　なお，本条1項の罪は，各号所掲の罪を「**犯罪の態様**」によって加重するものであり，団体や組織そのものを加重処罰するものではなく，必要的共犯でもないことから，共犯規定（刑法60条以下）も適用される。本条1項の罪は共犯形態で実現されることも多いが，情を知らない多数人からなる組織を利用した間接正犯形態もありうるとされている。さらには，「当該罪に当たる行為を実行するための組織」の中に犯罪行為に加担しているとの認識がない者が含まれていても，同項の罪の成立に妨げないと解されている（前掲最決平成27年9月15日刑集69巻6号721頁）。

3　出資法違反

(1)　概　要

「出資の受入れ，預り金及び金利等の取締りに関する法律」（**出資法**）は，1953(昭和28)年に発生した「保全経済会事件」を契機に制定されたものである。同法は，①出資金の受入の制限（1条），②預り金の禁止（2条），③浮貸し等の禁止（3条），④金銭貸借の媒介手数料の制限（4条），⑤高金利の処罰（5条），⑥高保証料の罪（5条の2，5条の3），⑦みなし利息等に関する規程（5条の4）を規定している。

　これらの犯罪の保護法益及び罪質については，「一般大衆の財産及び社会の信用制度や経済秩序」に対する抽象的危険犯と解されている（これらの犯罪の保護法益については，社会的法益としての側面が強調されていることに注意を要す

る）。

(2) 預り金禁止違反罪

　不特定多数の者から金員を集める行為は，出資法上の**預り金禁止違反罪**（8条3項1号，2条1項）に触れる可能性がある。同法2条1項は，「業として預り金をするにつき他の法律に特別の規定のある者を除く外，何人も業として預り金をしてはならない。」と規定し，同2項は1号，2号でその定義規定をおき，違反行為者に対して3年以下の懲役若しくは300万円以下の罰金，又はこれの併科（8条3項1号）とされており，法人も同様に処罰される（9条1項3号）。

　本罪の主体については，たとえば銀行法による銀行など「他の法律に特別の規定のある者」以外の者であれば，主体に限定はない。

　「業として」預り金をするとは，反復継続の意思で預り金をすることをいう（東京高判昭和35年11月21日東高刑時報11巻11号307頁）。2項は「預り金」の定義規定であるが（預り金の意義につき，最決昭和31年8月30日刑集10巻8号1292頁参照），そこにいう「不特定かつ多数」の意義は，出資法の立法趣旨が一般大衆の財産の保護と理解されていることから，ある程度以上の複数の者と理解されるべきであるとされている。一般大衆を相手方としていれば，その中にたまたま少数の親族等の特定の者を含んでいたとしても，あえてこれを除外すべきではない（最大判昭和36年4月26日刑集15巻4号732頁，福岡高判昭和37年7月11日下刑集4巻7＝8号627頁，東京高判昭和55年9月11日高刑集33巻4号287頁）。

　不特定多数の者から多数回にわたり預り金を受け入れた場合は，包括一罪となる（旧貸金業取締法の事例として，仙台高判昭和30年4月11日高刑集8巻2号253頁参照）。

　また，不特定多数の者から詐欺手段を用いて業として預り金を受け入れた場合は，詐欺罪と本罪の関係が問題となる（⇒第5章Ⅰ5）。この点については，①本罪を社会的法益としての一般大衆の財産に対する抽象的危険犯と理解する立場から，個人的法益に対する詐欺罪とは法益を異にすることから，両罪は観念的競合（54条1項前段）だとする立場と，②本罪の保護法益が社会的法益であるとはいえ，その危険・侵害は終局的には個々人の財産の侵害に還元されることから，不特定多数から詐欺的手段によって金員を取得した場合には，大衆の財産に対する危険は詐欺罪によって評価され尽くしており，詐欺罪のみが成立するとする見解が対立している。本罪の本質ないし保護法益をどのように理

解すべか，解決の分かれ道である。

4　利殖勧誘商法をめぐる最近の事例

　利殖勧誘商法をめぐる最近の事件として，たとえば，不特定多数の人に和牛の飼育・繁殖事業への出資を呼びかけ，和牛が成牛として販売した際の利益を配当として出資者・和牛オーナーに還元することを約して金員を募る，いわゆる**和牛（預託）商法**事件があげられる。具体的には，前橋地判平成 9 年 9 月30日公刊物未登載（はるな牧場事件）では出資法違反罪が，浦和地判平成10年 3 月26日公刊物未登載（千紫牧場事件）では出資法違反罪と詐欺罪が，東京地判平成22年 1 月27日判例集未登載（ふるさと牧場事件）では組織的詐欺罪が，さらに，東京高判平成26年10月16日公刊物未登載（安愚楽牧場事件）では預託法違反罪がそれぞれ認められている。

　和牛商法に限らず，投資の名目・口実として引き合いに出される事業は，マンション経営（東京地判昭和58年 4 月28日刑月15巻 4 ＝ 6 号287頁），水資源・鉱物資源開発（大阪地判平成26年 3 月 6 日 LEX/DB 25503838），エビ養殖事業（東京地判平成21年 5 月20日公刊物未登載），アルミニウム投資事業（福岡高判令和 2 年 5 月13日公刊物未登載），投資ファンド出資（前橋地判平成26年 5 月22日 LEX/DB 25504101），未公開株取得（東京地判平成19年 1 月23日 LEX/DB 28145152，名古屋地判平成20年 2 月 7 日判例秘書 L06350138，大阪地判平成26年 3 月 5 日 LEX/DB 25503199）など，実に多様である。

　これらの事件では，実際には，採算に合わずに事業が破綻することも多く，その穴埋めのためにさらに出資者を募ることが行われ，あるいは，当初から騙すつもりで事業名目で出資を募るにすぎないものであり，出資者は配当はおろか元金も回収できない状況に追い込まれることになるのである。現物（和牛など）を出資者に引き渡すものではない場合には，それは「現物まがい商法」の一種ともいえる。

コラム 2-2：ジャパンライフ事件

1　ジャパンライフ事件

　ジャパンライフは，1985(昭和60)年頃からマルチ商法などで活発な動きを見せていたところ，2014(平成26)年には，消費者庁から行政指導を受けるなどしていた。2015(平成27)年には，磁気治療器の「レンタルオーナー契約」なるオーナー商法を編み出して資金集めに奔走するも2017(平成29)年末に倒産した。その頃から，全国にまたがった詐欺的商法の被害者が同社を提訴するという動きが出てきた。本件の被害者はおよそ7000人，被害総額は実に2000億円にのぼると見られている。集金の手口も有名人・政治家の名を利用するなど，極めて巧妙なものである。

　これを受けて，同社関係者らが，磁気治療器などの販売預託商法を展開したとして詐欺容疑で書類送検され，元支店長ら13人は証拠不十分で不起訴となり，起訴された同社幹部2名については，出資法違反（預り金の禁止）で，元営業部長に懲役2年，執行猶予3年（求刑・懲役2年），元営業部課長代理に懲役1年6月，執行猶予3年（求刑・懲役1年6月）が言い渡された（東京地判令和3年4月13日公刊物未登載〔控訴されたか否か未確認〕）。元社長も同罪で起訴され，東京地裁に係属している。元会長については，2020(令和2)年10月8日に福島，新潟など8都県の男女12人に対する詐欺容疑で起訴され，同年10月29日に福島や秋田など7県の男女11人に対する詐欺容疑で追起訴され，現在，東京地裁に係属している。

　[事例2] は本件を素材としたものであるが，もとより，本件に予断を与える趣旨ではない。読者の皆さんには，本件と切り離して，[事例2] を考えてみていただきたい。

2　被害やまない利殖勧誘商法

　全国の警察が2020(令和2)年中に摘発した，架空のもうけ話で投資金を集めるなど利殖勧誘事件は38件（前年比3件減）で，被害額は統計のある10年以降最多の4488億6802万円（約3450億円増）に上ったことが25日，警察庁のまとめで分かった。

　20年は磁気健康器具の預託商法を展開した「ジャパンライフ」など巨額詐欺事件が相次いだ。利殖勧誘に関する警察への相談も若年層を中心に増加しており，警察庁は「新型コロナウイルス禍による収入減で投資や資産運用への関心が高まっている」と分析，警戒を強めている。

（2021年3月25日付け日本経済新聞夕刊より）

┌─ **コラム** *2-3*：預託法改正 ─┐

1　改正の経緯

　このジャパンライフ事件などを契機に預託法を改正すべきとの論議がおこり，消費者庁に設置された有識者委員会による「**特定商取引法及び預託法の制度の在り方に関する検討委員会報告書**」（令和 2 年 8 月19日）において，こうした商法は「本質的に反社会的で，無価値」であるとされた。2021（令和 3 ）年 6 月 9 日，特定商取引法・預託法等の改正を内容とする「消費者被害の防止及びその回復の促進を図るための特定商取引に関する法律等の一部を改正する法律案」が参議院で可決・成立し，この改正法の中に預託法改正も盛り込まれている。

　なお，施行日については，本改正における契約書面のデジタル化（電子メールなどで契約書類を交付する方法）が高齢者らの被害増大につながらないかとの懸念から，消費者団体が強く反対しており，政府が 2 年以内に政省令で被害防止策をまとめた上で施行される予定である。

2　概　要

　改正預託法では，法律名が「特定商品等の預託等取引契約に関する法律」から「**預託等取引に関する法律**」（預託法）に改称され，新たに章立て編成となり大幅に新規定が設けられている。改正預託法のポイントは，①預託法の対象範囲を，現行の限定列挙から，全ての物品等を対象にすることとし（改正預託法 2 条 1 項），②販売を伴う預託等取引を原則禁止とし（同法第 3 章），違反行為に対して罰則を設け，③消費者利益の擁護・増進のため行政処分を強化する（同法第 4 章）など，関係規定を整備した点にある。

3　規制の内容

　改正預託法は，**販売を伴う預託等取引**について，顧客の財産上の利益が不当に侵害されるおそれのないことにつき，あらかじめ内閣総理大臣の確認を受けなければ勧誘等（同法 9 条～13条）もしくは契約の締結等（同法14条～16条）をしてはならないとして原則的に禁止することとし，これに違反した場合には，自然人に対して 5 年以下の懲役もしくは500万円以下の罰金，または併科（同法32条）とし，法人に対しては 5 億円以下の罰金（同法38条 1 号）として処罰範囲を拡大したのである。

　現行法では，重要事実不告知や虚偽事実の告知といった不当な勧誘等や業務停止命令違反等に対して科される「 2 年以下の懲役若しくは100万円以下の罰金」（現行預託法14条）が最も重いものであるが，これらに相当する違反行為について，改正法では，自然人に対して「 3 年以下の懲役若しくは300万円以下の罰金，又は併科」（改正預託法33条 1 号・ 2 号），法人に対しては「 3 億円以下の罰金」（同法38条 2 号）ないし「 1 億円以下の罰金」（同法38条 3 号）と法定刑が引き上げられている。

　また，「無許可」の営業は組織的犯罪処罰法の対象となり（組織的犯罪処罰法別表第3（第6条の2関係）に65号として追加），悪質商法を規制する消費者庁所管の法律では初めて犯罪収益の没収が可能になる。

4　今後のゆくえ

　今回の改正によって，「販売預託商法（オーナー商法）」がどれほど実効的に規制できるかは，今後のゆくえを見守るほかないが，少なくとも警察をはじめとする規制当局にとって「武器」がひとつ増えたことは間違いないであろう。

◇　預託法の改正
・消費者庁 HP：国会提出法案＞第204回国会（常会）提出法案＞「消費者被害の防止及びその回復の促進を図るための特定商取引に関する法律等の一部を改正する法律案」

　https://www.caa.go.jp/law/bills/

・消費者庁 HP：「特定商取引法及び預託法の制度の在り方に関する検討委員会報告書」

　https://www.caa.go.jp/policies/policy/consumer_transaction/meeting_materials/review_meeting_001/

5　［事例2］の解決にむけて

(1)　預託法違反（不実告知罪）の成否

　まず，YらはAら顧客を勧誘する際に，すでに会社の業績は悪化しており，また，商品の在庫数をこえてレンタルオーナー契約を締結しようとしている事実を告知せずに勧誘していることから，預託契約に係る重要事実について故意に事実を告知していないか，または不実の事実を告知しているものといえる。本事例では，Yらは勧誘に際して説明のために種々の文言・言辞を弄していることから，少なくとも不実告知罪（預託法14条1号・4条1項）は成立する。

(2)　出資法違反（預り金禁止違反罪）の成否

　次に，XおよびYらは「不特定かつ多数の者から」預り金をしたといえるか。

　Xは，レンタルオーナー制度と銘打って投資事業を展開している。預り金は，預金等のほか，「いかなる名義をもつてするかを問わず，前号に掲げるものと同様の経済的性質を有するもの」というとされ（出資法2条2項），配当を

約束した本件の高額な健康器具オーナー契約に基づく金銭の受け入れは，1号所定の預金等と同様の経済的性質を有するものといえる。Aらは，全国にまたがって顧客を勧誘する行為の対象のそれぞれ一人であって，不特定かつ多数の被害者の一人といえる。よって，本罪が成立する。

(3) 詐欺罪・組織的詐欺罪の成否

さらに，Xらは，真実は，すでに会社の経営状態は思わしくなく，レンタルオーナー契約の数に見合うだけの商品の在庫数がないこと，そして，商品の引き渡し時期が到来したとしても，顧客に商品ならびにレンタル料（配当）を引き渡すことが事実上不可能であるにもかかわらず，この事実を秘して（告知せず），金員の交付を受けているので，刑法246条1項の詐欺罪が成立する。

加えて，Yらの勧誘は，詳しい勧誘マニュアルに従って極めて組織的に実行されており，かつ，顧客が交付した金員はいったんは会社に帰属し，これが従業員Yの給与として支給されたものといえることから，本件犯行は，団体の活動として組織的に行われたものと評価できるから，組織的詐欺にもあたると解される。（組織的犯罪処罰法3条1項13号・刑法246条1項）

(4) ま　と　め

以上より，XおよびYらには，預託法違反（勧誘時の不告知ないし不実告知罪），出資法違反（預り金禁止違反）罪，さらに組織的詐欺罪の共同正犯が成立し，これらは併合罪である。（刑法60条，預託法14条1号・4条1項，出資法8条3項1号・2条1項，組織的犯罪処罰法3条1項13号・刑法246条。刑法45条前段）。

［補足説明］

罪数処理については，単純に，複数被害者に対して成立する複数の犯罪を併合罪として示した。しかし，①預託法違反罪と②出資法違反罪および③詐欺罪それぞれの罪数関係をどう理解するかは，実はむずかしい問題である。②と③の関係については少し触れたが（⇒本章Ⅲ3(2)），本事例の解決にとっては十分な説明となっていない。①と③の関係も議論の余地がある。

読者の皆さんには，今後の検討課題として心に留めておいていただきたい。

Ⅳ　刑法学の視点から

上に見たように，悪質商法をめぐっては，まず刑法上の詐欺罪の成否が検討されるべきであるが，悪質商法事件の特質として，相手方・被害者をだます手口は実に多種多様であり，しかも常に新しい手口が編み出されていることか

ら，あらゆる法的対応の可能性を検討することが求められる。

　悪質商法に対しては，これまで数々の立法的対応がなされてきたが，たとえば近時の預託法改正の動きに見られるように，この種の犯罪については絶えず立法的課題が突きつけられているのである（⇒芝原ほか・経済犯罪85-100頁[辻・松下]）。このような犯罪を未然に防止するため，警察や金融機関，さらにはメディアなどで詐欺被害に会わないよう，盛んに注意喚起がなされていることはよく知られていることだろう。

　刑事規制の観点からはとくに，すでに指摘したように，組織的詐欺罪の成立可能性を検討することが重要である。悪質商法はたとえば豊田商事事件などに見られたように，会社ぐるみ，組織ぐるみで実行されることが多い。多数人が犯行に関わっているとすれば，刑法の枠内で共犯の成立可能性，正犯と共犯の区別の問題などが重要な検討課題となるが，それが「団体の活動として」，「当該犯罪を実行するための組織によって行われた」といえるのか，犯行の実態に即して慎重に見極める必要があるだろう。

　さらに，出資法における預り金禁止違反罪については，本罪の保護法益をどのように理解するかによって，本罪と詐欺罪との関係，さらには罪数論の処理についても捉え方が違ってくることに注意する必要がある。不特定多数人から金員を預かるという点で「社会的法益」としての側面は否定できないものの，その被害の実体はあくまでも個々人の財産的利益であることを忘れてはならないであろう。

Ｖ　ま　と　め

　●悪質商法の態様として，ネズミ講，マルチ商法，現物まがい商法，商品先物取引法をめぐる悪質商法などが社会問題となり，立法的対応もはかられてきたが，最近でも，利殖勧誘商法を中心に，多種多様な詐欺的商法が編み出されている。

　●悪質商法に対処するため，早くに出資法が制定されたほか，ネズミ講に対して無限連鎖講防止法，マルチ商法に対して訪問販売法（のちに，特定商取引法），現物まがい商法に対して預託法が制定され，詐欺罪については組織的犯罪処罰法における組織的詐欺罪も対応してきた。

　●利殖勧誘商法については，詐欺罪・組織的詐欺罪の成否が問題となるほ

か，出資法の預り金禁止違反罪や預託法違反罪が問題となりうる。

● 組織的詐欺は，詐欺罪にあたる行為が，団体の活動として，詐欺罪に当たる行為を実行するための組織により行われたときに成立する。

〈参考文献〉

■ 講義にむけて

斉藤ほか・入門288-302頁［大下英希］，303-315頁［大下英希］

芝原ほか・経済刑法85-116頁［辻裕教・松下裕子］，591-661頁［河上正二・古川昌平・京藤哲久・森田菜穂］

山口ほか・経済刑法316-337頁［古川伸彦］

■ 深化のために

中田邦博・鹿野菜穂子『基本講義消費者法［第 4 版］』（日本評論社，2020）157-168頁［圓山茂夫］

圓山茂夫『詳解　特定商取引法の理論と実務［第 4 版］』民事法研究会，2018）

河内隆史・尾崎安央『新版　商品先物取引法』（商事法務，2019）

加藤俊治編著『組織的犯罪処罰法ハンドブック』（立花書房，2019）

齋藤正和編著『新出資法』（青林書院，2012）

◆ 第 3 章 ◆

「虚偽」の表示と犯罪
─食品表示偽装・商標法違反・文書内容の虚偽─

本章で学ぶこと

- 食品偽装に対して刑事罰は科されているだろうか。
- 偽ブランド品の販売はどのように処罰されているか。
- 企業の業績等を偽った報告書を提出した場合，どのように処罰されるのか（それに関与した公認会計士はどのように処罰されるか）。
- 文書偽造（変造）罪と電磁的記録の不正作出罪との関係はどうか。

事例 1

　Ｘは，畜産食肉卸売業等を目的とするＡ株式会社の代表取締役として同社の業務全般を統括していた。

　2006(平成18)年 5 月29日ころから2007(平成19)年 6 月18日ころまでの間，前後327回にわたり，自社工場において，牛肉に，豚肉，鶏肉，羊肉又は鴨肉等の牛肉以外の畜肉を加えるなどして製造した挽肉及びカット肉を梱包した段ボール箱に，「十勝産牛バラ挽肉 6 mm 挽」，「牛フォア＆ハインド 6 mm オーストラリア産」，「牛肉ダイヤカットオーストラリア産10mm」等と印刷されたシールを貼付して，これらの商品が牛肉のみを原料とする挽肉等であるかのように表記し，商品の品質及び内容について誤認させるような表示をした上，その表示をした挽肉等を，2006(平成18)年 5 月30日ころから2007(平成19)年 6 月19日ころまでの間，前後331回にわたり，15か所に発送して引き渡した。

I 食品の「虚偽」表示

1 裁判所による解決

［事例 1 ］における X は，牛肉に牛肉以外の畜肉を加えて製造された挽肉や
カット肉であるにもかかわらず，それを牛肉として表記して，これを引き渡し
ていた。こうした「食品偽装」と呼ばれる行為は様々なところで生じ，報道等
もされてきた（本件は，一般的に**ミートホープ事件**と呼ばれている）。

さて，［事例 1 ］の X は処罰されたのだが，どのように処罰されたのであろ
うか。読者の皆さんの中には第 1 章，第 2 章でみた**詐欺罪**によって処罰された
と思う人もいるかもしれない。たしかに，実際の刑事裁判では，こうした行為
によって取引業者を欺き，合計金額3926万円ほどの振込入金を得たことが立証
されたため，詐欺罪によって処罰された（詳しくは，札幌地判平成20年 3 月19日
LEX/DB28145273）。

もっとも，それだけにとどまらなかった。［事例 1 ］では，X が誤認させる
ような表示をしたことそれ自体も処罰の対象とされたのである。すなわち，
［事例 1 ］の行為は**不正競争防止法（不競法）**に違反するとして処罰された。
現在の不競法 2 条 1 項20号（当時は 2 条 1 項13号）によると，「商品の原産地，
品質，内容，製造方法，用途若しくは数量若しくはその役務の質，内容，用途
若しくは数量について誤認させるような表示をし」た事業者は「不正競争」を
したことになり，不正の目的があれば，不競法21条 2 項 1 号により処罰される
ことになる。［事例 1 ］の X は，「偽装が容易な挽肉等を利用し，安価な原材
料費で多額の売上げを得て，会社及び自己の利益を図ろうと」して商品の品質
及び内容を誤認させるような表示をしていたのでこれに該当することになる。

2 食品表示偽装の罰則

(1) 不正競争防止法による処罰

このように，刑事裁判では，詐欺罪という犯罪が成立する前の段階でも，不
競法という他の法律によってさらに処罰されることが認められている。偽装さ
れた食品の譲渡等が問題とされた刑事の事件にはたとえば下記のものがある
が，いずれも不競法による処罰が肯定されている。

たとえば，台湾産うなぎを静岡県産うなぎとした虚偽の表示（静岡地判平成
26年 5 月15日 LEX/DB25504564），生食用でない外国から輸入した馬肉を，生食

用であるとした虚偽の表示（長野地伊那支判平成25年11月14日 LEX/DB25502498），外国産の豚肉を地元（国）産の豚肉とした虚偽の表示（仙台地判平成21年2月25日 LEX/DB25440554），輸入鶏肉を国産等と偽装して表示（さいたま地判平成14年12月4日 LEX/DB28085282），還元乳などを生乳に混入した加工乳を「成分無調整」「種類別牛乳」とした虚偽の表示（仙台地判平成9年3月27日 LEX/DB28035002）である。

(2)　それ以外の罰則

　実は，不競法以外の法律によっても処罰は可能である。読者の皆さんの中には意外と思われた方もいるかもしれないが，それぞれの法律の趣旨によって刑罰規定が定められているのである。**食品衛生法**は19条2項（表示につき基準が定められた器具又は容器包装は，その基準に合う表示がなければ，これを販売し，販売の用に供するために陳列し，又は営業上使用してはならない）により不当表示を禁止し，同法82条により2年以下の懲役を予定する（裁判例として，横浜地判平成23年7月20日 LEX/DB25472536がある。さらに，虚偽誇大な広告等の禁止の20条。なお，食品衛生法による他の処罰としては人の健康を害するおそれのあるものの混入や無許可営業が挙げられる）。

　それ以外の法律にも，表示違反に対する罰則規定が盛り込まれている。たとえば，日本農林規格等に関する法律（いわゆる JAS 法，以下，JAS 法と略），健康増進法，酒税の保全及び酒類業組合等に関する法律等に規定があるが，行政の指示や命令に違反した場合の処罰規定もあり，罰則も不競法のように重くないため，現実に裁判で問題とされる例は少ないように思われる。

コラム 3-1：食品偽装全般に対する規制

　食品偽装については，「食品」という人の生活・健康にとって欠かせない要素が問題となるだけに，複数の法律による重畳的な保護が展開されてきた。その性質上，かなり複雑な内容になっているので，詳しくは，下記の HP を参考にしてもらいたい。

　第2次世界大戦後からみると，1947(昭和22)年に**食品衛生法**が，戦前の飲食に起因する危害の発生を防止し，公衆衛生の向上および増進に寄与する目的で制定された。次いで，1950(昭和25)年にいわゆる **JAS 法**が，適正かつ合理的に農林物資の規格を制定し，消費者の選択に資することで消費者の利益の保護を図るものとして制定され，1991(平成3)年には，国民の健康の増進の総合的な推進に関

し基本的な事項を定めるとともに，国民の健康の増進を図るための措置を講じ，国民保健の向上を図るという**健康増進法**が制定された。この間に，表示項目が増えるに伴い，2002(平成14)年以降政府の懇談会で一本化が議論され，2009(平成21)年に消費者庁が発足して各種法律の所管を担うことになったこともあり，2013(平成25)年に**食品表示法**が制定された（下記，食品表示一元化検討会報告書参照）。これまでは，食品衛生法では，食品の安全性の確保のために公衆衛生上必要な情報，JAS法では，消費者の選択に資するための品質に関する情報，健康増進法では，国民の健康の増進を図るための栄養成分及び熱量に関する情報が消費者に対して提供されるよう促しており，重複も認められたため複雑なものとなっていたが，食品表示法でそれらが整合された。

　食品表示法にも罰則規定は存在する（18条，19条）。食品表示基準に従った表示をしていない者には2年以下の懲役または（及び）200万円以下の罰金が科されることになる。データベース上で裁判例は見当たらなかったが，重い法人処罰が規定されたこともあり，今後はこの法律による処罰も積極的になされるかもしれない（下記の食品表示連絡会議の警察庁資料によると，2017(平成29)年で1件，2016(平成28)年で5件，2015(平成27)年で1件が検挙されたとのことである。）。

◇　食品表示の現況について
　消費者庁HP：「食品表示企画」
　https://www.caa.go.jp/policies/policy/food_labeling/

◇　食品表示法の制定に向けた議論について
　消費者庁HP：「食品表示一元化検討会情報」
　https://www.caa.go.jp/policies/policy/food_labeling/other/review_meeting_002/

◇　食品の衛生の現況について
　厚生労働省HP：「健康・医療（食品）」
　https://www.mhlw.go.jp/stf/seisakunitsuite/bunya/kenkou_iryou/shokuhin/index.html

◇　食品衛生に関する歴史の概略として
　日本食品衛生協会HP：「食品衛生タウンの歴史館」
　http://www.n-shokuei.jp/town/history/index.htm

◇　JAS制度に関して
　農林水産省HP：「JAS」
　https://www.maff.go.jp/j/jas/index.html

◇　食品表示連絡会議について
消費者庁 HP：「食品表示連絡会議」
https://www.caa.go.jp/policies/policy/food_labeling/other/review_
meeting_001/

⑶　食品表示処罰の視点

　では，こうした食品偽装行為がなぜ不競法によって処罰されるのだろうか。不競法の目的は，**事業者間の公正な競争の確保**とこれに関する国際約束の的確な実施の確保に主眼がある。財産的被害はなくとも，消費者の取引の視点から重要な「表示」については，食品をめぐる各種の法律の目的から罰則が制定されていることになる。

　さて，そうだとすると，たとえば，商品が検査されれば「優良」と評価されるのにその検査を受けないで「優良」というシールを添付して販売した場合は処罰されるのだろうか（最決昭和53年 3 月22日刑集32巻 2 号316頁参照）。どのような観点が重要なのか，読者の皆さんも考えていただきたい。

Ⅱ　商品等の虚偽の表示をめぐる罰則

1 　概　　説

　こうした不競法の目的からすれば，不競法による偽装の処罰は「食品」だけに限られない。たとえば，裁判例では，「シリコンゴム製の半導体製造装置部品について，品質検査の数値を改ざんして，内容虚偽のデータを顧客が使用する統計的工程管理システムにアップロード」すること（東京簡判平成31年 2 月 8 日 LEX/DB25570285），焼結機械部品であるオイルポンプ部品又は可変動弁部品の抜き取り検査結果について「内容虚偽の検査成績表」を作成したこと（東京簡判平成31年 2 月 5 日 LEX/DB25570284）等が処罰されている（ここでは，会社代表者である自然人（被告人）と会社である法人（被告会社）の双方が処罰されている。このように，自然人と法人が共に処罰されるのが通常である（⇒法人処罰について第11章Ⅱ）が，法人のみが処罰された例も存在する。⇒第11章コラム11- 2 参照）。

　このようにみると，不競法では，虚偽表示一般について処罰が予定されていることがわかる。そうだとしても虚偽表示のすべてが不競法によって処罰されているわけではない。他の法律に目を向けてみよう。

2 商品における特別な表示 ── 商標

⑴ 概 要

　偽ブランド品の販売について，違法行為だと思われるのは読者全員であろう。これも名称を虚偽に使用する一例とみることができる。刑事罰から考えてみると，たとえば，インターネットオークションサイトで有名ブランドの商標に類似した商標を付した衣類の販売は**商標法**によって処罰されている（松山地判平成23年9月13日判タ1372号252頁。いわゆる偽ブランド品事例。秋田地判平成13年12月26日 LEX/DB28075463等。商標法違反の事件は意外に多く，2020（令和2）年に280事件で検挙されている。⇒警察庁 HP：生活経済事犯）。商標法という法律は，「商標を保護することにより，商標の使用をする者の業務上の信用の維持を図り，もつて産業の発達に寄与し，あわせて需要者の利益を保護することを目的」とする（商標法1条）が，それは具体的に，「事業者が営業努力によって商品やサービスに対する消費者の信用を積み重ねることにより，商標に『信頼がおける』『安心して買える』といったブランドイメージ」がつくと説明されているように，権利者にとっても消費者にとっても重要な「商品やサービスに付ける『マーク』や『ネーミング』を財産として守る」ことを目的とするのである（⇒特許庁 HP：商標制度の概要）。

　さて，はじめの裁判例は類似した商標を使用する「みなし侵害行為」に位置付けられ，こうした行為は商標法78条の2，37条1項1号に違反し，そこでは5年以下の懲役または（及び）500万円以下の罰金の刑が定められている。また，これとは別に，登録された商標と同一のものを商品に使用するとなると，商標法78条により10年以下の懲役または（及び）1000万円以下の罰金とされ，それ以上に重い処罰が予定されている。このような行為は，**商標権（または専用使用権）を害する権利侵害行為**と位置付けられるからである。

　虚偽の表示にのみ目を向けると，商標法74条1項1号が，「登録商標以外の商標の使用をする場合において，その商標に商標登録表示又はこれと紛らわしい表示を付する行為」をしてはならないとし，それを受けて商標法80条が3年以下の懲役または300万円以下の罰金としているものの，処罰された例を公刊物では確認できなかった。

　条文の解釈として，使用した商標が登録された商標に類似しているかをどのように判断すべきか，という問題もある（東京地判平成9年3月24日判タ962号268頁参照）が，それとは別に，次のようなケースはどうだろうか。

事例2

> 　いわゆるパチスロ機「R」を製造販売する会社の代表取締役であるXが，何ら権限がないのに，S社が電子応用機器具等を指定商品として商標登録を受けている「SHARP」（横書）と同一の商標（以下「本件商標」という。）を付した電子部品を「R」の主基板に取り付け，「R」61台を販売して譲渡した。

⑵　［事例2］の解決にむけて

　S社が制作し，「SHARP」という商標のある電子部品を取り付けて販売する行為は，表示それ自体としてみれば偽りはなさそうである。けれども，よく考えてみると，S社の登録した商標権という財産的な権利を侵害する行為といえる。こうした事案で最高裁は，パチスロ機における主基板の重要性や特徴をふまえたうえで，「本件商標は，本件CPU（電子部品——筆者注）が主基板に装着され，その主基板が「R」に取り付けられた後であっても，なお本件CPUについての商品識別機能を保持していたものと認められる」として商標権侵害罪の成立を肯定した（最決平成12年2月24日刑集54巻2号67頁。もう少し考えてみると，このように電子部品がパチスロ機と一体化するような場合に商標権侵害をどのように考えるべきなのだろうか。Xを無罪とした第1審判決も読んでみて考えていただきたい）。

　このように表示それ自体に偽りがないのであるから消費者にとっては問題ないのでは，という視点とは別に，表示されることで**権利者の財産的権利**が害されると評価される場合があることをきちんと理解していただきたい（特許法も，意匠法（「物」についてのデザインの保護）もこうした観点から権利侵害行為を主として処罰する）。

⑶　さらなる不当表示の刑事的規制

　社会的に重要な法律として機能しているものとして，**「不当景品類及び不当表示防止法」（景品表示法，景表法）**がある。虚偽の広告（たとえば，商品に効能が伴っていないのにもかかわらず効能があるかのように装う広告）等に対して消費者庁が会見をしている報道等に接したことがある読者も多いだろう（優良誤認表示…景表法5条1項1号）。そこでは，行政の措置命令（景表法7条1項）や課徴金納付命令（景表法8条1項）の規定が適用されている（実際の適用例について⇒消費者庁HP：景品表示法）。刑罰は，措置命令に違反する場合に適用可能

である（景表法36条）。

　また，虚偽広告が問題となる健康増進法については，65条（何人も，食品として販売に供する物に関して広告その他の表示をするときは，健康の保持増進の効果その他内閣府令で定める事項について，著しく事実に相違する表示をし，又は著しく人を誤認させるような表示をしてはならない）違反に対する行政の措置命令に違反する場合には刑事罰が予定されている（健康増進法71条，66条2項）。

　さらに，いわゆるマルチ商法に該当する取引（連鎖販売取引。説明として，⇒国民生活センターHP：マルチ取引）については，著しく事実に相違する表示や実際のものより著しく優良であるとか有利であると人を誤認させるような表示が処罰の対象とされている（特定商取引法71条1項1号，37条）。なお，警視庁によると訪問販売に伴う検挙が多く，この販売でのそれはないに等しいようである（後掲，警察庁HP：生活経済事犯）。

　いくつかの法律をみたが，虚偽の表示についての罰則は規定されているものの処罰にまで至る例は**少ない**ことがわかる。たとえば，景表法では，違反をすると会社名を公表されている（景表法28条2項も参照）が，刑罰による効果というよりも，このような社会的な制裁機能が大きい分野ともいえる（食品表示法では，指示・命令でも公表義務がある（食品表示法7条））。このように，刑罰よりも行政的アプローチに主眼がおかれるほうが実効的といいうる分野が多くあるといえる。

　◇　商標法・特定商取引法違反の事件について
　警察庁HP　令和2年における生活経済事犯の検挙状況等について
　https://www.npa.go.jp/publications/statistics/safetylife/seikeikan/R02_seikatsukeizaijihan.pdf
　◇　商標制度について
　特許庁HP　商標制度の概要
　https://www.jpo.go.jp/system/trademark/gaiyo/seidogaiyo/chizai08.html
　◇　景品表示法の執行状況について
　消費者庁HP　景品表示法
　https://www.caa.go.jp/policies/policy/representation/fair_labeling/
　◇　マルチ商法について
　国民生活センターHP　マルチ商法

http://www.kokusen.go.jp/soudan_topics/data/multi.html

Ⅲ　取引における虚偽の記載をめぐる罰則

1　虚偽記載の罰則の例

「表示」というところから少し視点を変えてみると，たとえば，住宅の床下環境改善等工事を行う者が，その事業者の名称や住所などについて虚偽記載のある書面を交付したような消費者被害の場合はどうだろうか。こうした虚偽の記載は，**「特定商取引に関する法律」（特商法）**に違反して処罰の対象になる（特商法71条1項1号，5条1項。実際の例として，静岡地判平成31年4月2日LEX/DB25563100　書面を交付しなくても同様である）。

さらに，一般的な消費者被害を離れて，会社が有価証券報告書（企業の概況，事業内容，設備状況，営業状況，財務諸表などが記載されている報告書）の提出の際に虚偽の記載をしたとするならば，企業の株式を購入しようとする人（いわゆる投資家）は何に基づいて判断すべきか，わからないことになる（有価証券報告書については，EDINET（Electronic Disclosure for Investors' NETwork）のHP（https://disclosure.edinet-fsa.go.jp/）で閲覧可能である。読者の皆さんも関心のある企業について確認するとよいと思われる）。

そこで，**金融商品取引法（金商法）**はこうした報告書について「重要な事項につき虚偽の記載のあるものを提出した者」を10年以下の懲役または（及び）1000万円以下の罰金により重く処罰している（金商法197条1項。このような投資家を保護する場面で登場する金商法自体について詳しくは，⇒第7章）。そして，「重要な事項」については，投資者の投資判断に影響を与えるような基本的事項と解されるのが一般的である（この判断は一律ではない。たとえば，金融機関の粉飾決算の事案では，当時の会計処理の基準をどのように判断すべきかが問題とされた（最判平成21年12月7日刑集63巻11号2165頁参照）。それは専門的な内容とならざるを得ない）。

2　有価証券報告書虚偽記載提出罪の共犯

さて，こうした虚偽の有価証券報告書を作成し提出した会社（や代表者）は処罰されるとしても，それに関与した「監査法人の公認会計士」は処罰されるのだろうか。

事例 3

　X は，公認会計士であり，当時，監査法人において，その代表社員の一人であるとともに，A（株式会社 A）に係る監査責任者の地位にもあった。

　X は，A 社についての以下の事実（仕手筋から A 株を買い取ることについて B（A の代表取締役）から相談を受けていたところ，B が A から借り受けた60億円を A 株200万株の買取り資金に充てたこと，B には60億円を現実に調達する能力がなく，パーソナルチェック（個人小切手）が無価値のものであること，消費寄託契約が A から D に60億円を預託した形を仮装するものにすぎないこと，E 株式は，B の資金を用いて一株25万円で買収されたものであって，パーソナルチェックを対価として買収されたものではないこと等）を認識していたほか，A から出金された60億円に関する会計処理等について，B らに対して助言や了承を与えてきたものであって，虚偽記載を是正できる立場にあったのに，自己の認識を監査意見に反映させることなく，本件半期報告書の中間財務諸表及び本件有価証券報告書の財務諸表にそれぞれ有用意見及び適正意見を付すなどした。

(1)　［事例 3］の解決にむけて

　こうした事案で最高裁は，A 社によって提出された有価証券報告書が虚偽であることを前提として，さらに，それが X と A 社の B らとが共謀して提出されたことを認め，X を**虚偽有価証券報告書提出罪の共同正犯**として処罰した（最決平成22年 5 月31日裁時1508号 3 頁）。すなわち，X を B らと同様に処罰したことになる。

　刑法を学ばれた読者はまず，報告書を提出する者が A 社（金商法 5 条によると，「発行者」が主体である）で，X にはその身分（**身分犯**…一定の身分が構成要件要素となっている犯罪）がなく，刑法65条 1 項を適用して処罰を認めたのだろうとすぐに思うかもしれないが，判例は非身分者と身分者が「共謀」し，その事実が判文で明らかな場合には65条 1 項を明示する必要はない（大判明治45年 2 月27日刑録18輯222頁）としていることには注意が必要である。最高裁決定では，それは明示されていない（さらに，X 自身（監査法人）も提出者に含まれると解する（すなわち，身分犯として構成しない）余地もあるかもしれない）。

　次いで，共謀の点（⇒第 1 章 Ⅱ 1）はどうだろうか。最高裁では，X と B らとの「共謀」が認められる理由として，X に A 社の違反についての（事案の小文字部分の）**認識（故意）**があること，B との**意思連絡**があること，X が「虚

偽記載を是正できる立場」にあり，「有用意見及び適正意見を付すなど」したことで**積極的に関与**したことが挙げられている。もっとも，最高裁は触れていないものの，原審ではさらに，Xがこうした虚偽記載の「処理方法を了承して期末（または中間——筆者注）監査に耐えうる旨の事実上の保証を与え」たことも指摘しており，Xの積極性の度合いは高いといえる事案であった。

　そうすると，本件で最高裁が処罰を肯定したことはよいかもしれないが，どの程度の関与があれば共同正犯と評価してよいのか，議論が生ずることになろう（詳しくは，判例評釈等を読んでいただきたい）。

　以上が本件の議論であるが，少し視野を広くすると，背任罪や横領罪といった財産犯に共犯が成立するか，という検討と似た部分も見受けられよう。たとえば，銀行から不正融資を受ける相手側に背任罪の共犯が成立するのか，について，銀行側と相手側との対抗関係を慎重に検討する必要があったのと同じように（⇒第4章Ⅱ6），ここでも，企業と監査法人との関係を慎重に考える必要があろう。経済事犯になればなるほど経済的関係に目を奪われがちになるが，取引におけるお互いの立場，法的権限などを慎重にとらえる必要がある。

3　文書偽造罪と文書内容の虚偽表示，記載

　取引において「虚偽の表示」と評価される内容虚偽の文書を提出した場合，「それは文書偽造行為だ」と考える（刑法を学ばれていない）読者は多いのかもしれない。それは一面正しさを含んでいる。たとえば，A町教育委員会事務局生涯学習課主査であるX（公文書の作成権限がある）が，生涯スポーツ事業等に関して，「スポーツ教室」の事業が開催された事実がないにもかかわらず，体育指導委員であるEらに謝礼を支払う必要も，意思もないにもかかわらず，これらがあるように装って，行使の目的で，同課の部下に，「支出額調書」の金額欄に「49,000」円，ただし欄に「スポーツ教室指導員謝金」，「3500円×2人×7回＝49,000」等を記載させ，「支出額調書」（公文書）を作成したようなケースでは，**虚偽公文書作成罪（刑法156条）**の成立が肯定されている（佐賀地判平成20年1月10日 LEX/DB28145140参照）。

　しかしながら，刑法各論で学ばれた読者はおわかりだろうが，刑法典において，このような内容虚偽の公文書ではない重要な私文書（たとえば，契約書）を作成すること自体は，医師による例外的な場合（刑法160条）を除いて処罰されていないことは押さえておいていただきたい。逆に言えば，文書の作成権限

のない者が，行使目的で勝手に，権限者が作成したように見える私文書を作成すれば，当然に**私文書偽造罪（刑法159条 1 項）**により処罰される（たとえば，日本音楽著作権協会の許諾なく，協会のシールを作成した場合に「図画」の偽造を認めた裁判例として，東京高判昭和50年 3 月11日高刑集28巻 2 号121頁）。

　さらにみてみると，コンピュータ犯罪への対応として，1987(昭和62)年に，**電磁的記録の不正作出等（刑法161条の 2 ）**が処罰の対象とされた（⇒第 5 章Ⅱ1）。たとえば，裁判例では，暗号資産を運用する会社の社長が資産管理システムのアカウントの米ドル残高が増加したような情報を作出し，記録させたケースでその成立が認められている（争いも含めて，東京高判令和 2 年 6 月11日LEX/DB25570953）。ここでは，不正作出という文言（立案当局者によると，「作成権限なく，または，権限を濫用して電磁的記録を作成すること」とされる）からもわかるように，私文書同様の私電磁的記録についても内容虚偽の作成を処罰することが予定されているといえる（なお，これに対して，学説の中には，文書偽造と同様に権限なき電磁的記録の作出等を処罰すると限定的に理解する見解もある）。

　表示という視点から見ると，文書偽造では重要な私文書について内容虚偽を作成することが原則として否定されているのに対し，電磁的記録ではそれが肯定されていることになろう。立案当局者の解説によれば，電磁的記録には，入力したデータが既存データとともに処理，加工されて新たに作り出されるような作出過程に文書と異なる特質があり，また，一定のシステム及びプログラムのもとで用いられて予定された証明機能を果たすものである点で利用過程にも文書と異なる特質もあるために，「固有の作成名義を観念するのが困難な場合」があるとして，「偽造」とは異なる視点から処罰されるとのことである。

Ⅳ　刑法学の視点から

　以上のように，虚偽表示や記載に関して，**様々な法律が刑罰を予定している**ことをわかっていただけたと思われる。そして，その処罰は，それぞれの法律の目的によることになり，保護の対象も異なっているとされている。**保護法益**の内容も多岐にわたっている（⇒イントロダクション◆経済刑法の保護法益参照。最近，最高裁は，被告人が，被告会社の業務に関し，X剤の効能・効果に関する虚偽内容の論文を作成し，医学分野の専門的学術雑誌に投稿して掲載させた行為（本文では扱わなかった「医薬品等」に関する虚偽表示）について，被告人及び被告

会社を無罪としたが，本件でも，「医薬品，医療機器等の品質，有効性及び安全性の確保等に関する法律」（薬機法，なお本件当時は旧薬事法）66条１項が誇大広告を禁止する趣旨を，「商品・製品である医薬品等の効能，効果等に関し，虚偽又は誇大な情報を発信することにより一般消費者等の需要者又は医薬品を処方する医師等の認識を誤らせ，適切とはいえない医薬品等を選択させ摂取等をさせることによって保健衛生上の危害が生ずることを防止しようとする趣旨」と解して保護法益もふまえている。詳しくは，最決令和３年６月28日裁時1771号11頁）。

　個々の法律の中でも，生命や身体への危険という観点や競争という観点など，様々な観点が併用されているかもしれない。本文の食品表示偽装から見ても，個人の財産の保護，消費者の健康（身体）の保護，公正な競争の保護など，その保護に値するものを慎重に見極めて法適用や考察がなされる必要があろう。裏から述べれば，「消費者被害」という観点から考えるだけでは刑法的視点からは足りないといえる（投資家の保護といっても，そのように述べるだけではどのような被害が想定されるのかよくわからない）。取引に関して重要な文書等の偽造を処罰する伝統的議論をもふまえながら，各種法律により処罰されている内容についてより深くぜひ考えていただきたい。

Ｖ　ま　と　め

- 悪質な食品偽装に対しては刑事罰が科されており，それは，財産的被害が生ずれば詐欺罪（刑法246条）によって，不公正な競争と判断されれば不正競争防止法違反として処理されている。両者はともに科されうる。
- 商品等の表示偽装についても不競法が適用されるが，商標については商標法による処罰が認められている。この場合は，商標権者が保護されている。
- 有価証券報告書に虚偽記載して提出をすると，金融商品取引法によって処罰される（それに監査法人の公認会計士が積極的に関与すればその会計士も共犯になりうる。）。
- 立案当局者によれば，電磁的記録の不正作出と文書の偽造（変造）とでは内容虚偽記載の処罰について違いがあるとされている。

〈参考文献〉

■ 講義にむけて

斉藤ほか・入門　217-221頁［平山幹子］, 316-330頁［前嶋匠］

芝原ほか・経済刑法　512-521頁［大崎貞和］, 607-616頁［古川昌平］

山口ほか・経済刑法　70-83頁［山口厚］, 205-210頁［橋爪隆］

■ 深化のために

・食品表示偽装

梶川千賀子『食品法入門』（農林統計出版, 2018）

高橋滋・一橋大学大学院法学研究科食品安全プロジェクトチーム共編『食品安全法制と市民の安全・安心』（第一法規, 2019）

・商標法

茶園成樹『商標法［第 2 版］』（有斐閣, 2018）

・IPelat（知的財産に関する動画 HP）

https://ipeplat.inpit.go.jp/Elearning/View/Login/P_login.aspx?currentLanguage-Id=

・電磁的記録の不正作出罪について

米澤慶治編『刑法等一部改正法の解説』（立花書房, 1988）

◆第4章◆

会社財産の侵害
── 不正融資・業務上横領罪・（特別）背任罪 ──

本章で学ぶこと

- 会社法は会社財産を守るためにどのような規制をもうけているか。
- 不正融資などのような会社財産を勝手に処分する行為はどのように規制されるか。
- 特別背任罪とは何か，その成立要件はどのようなものか。

I 会社財産の保護のための法制度

事例1

　株式会社A郵便局に派遣社員として勤務しているXは，渉外営業として保険契約や物品販売を担当するほか，同郵便局が株式会社B銀行からの委託を受けて行っている銀行窓口業務のうち，顧客の依頼を受けて貯金の預入れや払戻しなどの業務に従事していたが，ギャンブル好きのために消費者金融から多額の借入をしていたことから，2021年11月から2022年10月までの間，複数回にわたり，顧客らの依頼を受けて払い戻しをしてA郵便局のために預かり保管していた現金の中から一部を着服し，自らの借入の返済にあてた。その合計金額は850万円余りに及んだ。

事例2

　Xは，メロン生産組合「A連合会」のB出荷センター長として，メロン農家からの集荷，管理，青果卸業者との売却交渉等の業務全般を担当し，メロンを売却した場合には，その売上明細書をA連合会本部に送付して売上

げを報告するなどして，A 連合会が売却代金の支払いを受けられるように
していた。X は，2021年 6 月 7 日と 6 月10日に，B 出荷センターで保管して
いたメロン合計約1500kg を，かねて A 連合会と取引のあった E 社に売却
し，A 連合会に売上明細書を送ることをせず，同年 7 月15日，E 社代表取締
役 F をして，その代金合計118万円を，E 名義の当座預金口座から X 名義の
普通預金口座に振り込ませ，その一部を趣味の浮世絵の購入費用にあてた。

1　問題の所在

わたしたちが日々活動している学校や職場・会社には財産的価値を含んだ多
様なモノ（物品だけでなく，学校・会社の保有する情報・ノウハウや評判・名声な
ども考えられる）があふれている。このようなモノを傷つけたり壊したり，あ
るいは奪ったりした場合にどのような問題が起きるのだろうか。ここでは，職
場・会社のモノはどのように保護されているのか，を考えてみよう。

2　刑法による会社財産の保護

さて，会社の従業員等は通常，事務机・椅子あるいはパソコンなどを貸与さ
れ，これらを使用して業務を遂行している。従業員等がこれらの物品すなわち
「財物」 を壊せば器物損壊罪（刑法261条），書類を破棄したり隠したりすれば
私用文書等毀棄罪（同259条），会社の外に持ち出せば窃盗罪（同235条）や横領
罪（同252条）・業務上横領罪（同253条）あるいは背任罪（同247条）・特別背任
罪（会社法960条）が成立する。

また，新商品の企画書・設計図・ノウハウあるいは顧客情報などといった会
社が保有する **「情報」** についても，それをコピー目的で一時的に持ち出した場
合に，窃盗罪（東京地判昭和59年 6 月28日刑月集16巻 5 = 6 号476頁〔新薬産業スパ
イ事件〕，東京地判平成 9 年12月 5 日判時1634号155頁〔城南章信用金庫事件〕）や横
領罪（東京地判昭和60年 2 月13日刑月17巻 1 = 2 号22頁），あるいは，背任罪（神
戸地判昭和56年 3 月27日判時1012号35頁〔東洋レーヨン事件〕）が成立する。もっ
とも，会社が保有する財産的価値のある情報そのものは，今では不正競争防止
法上の「営業秘密」として保護されている（⇒第 6 章Ⅲ）。

ここまでは，「刑法各論」の財産犯のお話である。読者の皆さんは，適宜，
教科書等の該当箇所を読み返して復習していただきたい。はじめての人も，教
科書等をのぞいてみてほしい。

3　会社法罰則の概要

しかし，法律はこれ以外に，いわばより大がかりな仕組みで会社財産を保護している。資本主義社会において営利を追求するための組織として，株式・有価証券を発行して資金調達を行い，それを原資にして営業活動を行うのが株式会社（以下では単に「会社」という）である。したがって会社には，それぞれの規模に応じた資産・財産が保有されている。これを保護するには，刑法上の財産犯規定だけでは不十分である。そこで，「会社法（平成17年法律第86号）」は，第8編「罰則」において，会社財産を保護するための規定を設けているのである。

会社法の罰則規定は大きく，ア）会社財産を保護する規定とイ）経営の公正を保護する規定とに分けることができる。具体的には，ア）に属するものとして，①**特別背任罪**（960条〜962条），②**会社財産を危うくする罪**（会社財産危殆罪）（963条），③株式・社債等の発行・払込みに関する罪（**株式発行等偽装罪**）（964条〜966条），イ）に属するものとして，④**取締役等の収賄罪**（967条），⑤**株主等の権利の行使に関する贈収賄罪**（968条），⑥**株主の権利の行使に関する利益供与罪**（970条）などがある。このうち，理論上も実務的にもとくに重要なものが特別背任罪の規定である。

4　［事例1］の解決にむけて

それではここで，［事例1］の解決について考えてみよう。Xの行為はどのように評価されるべきであろうか。

Xは，顧客から依頼を受けて預金の払戻をしてA郵便局のために預かり保管していた現金を，自分の借金の返済にあてたことから，横領罪の成立が考えられる。

横領罪は，委託関係に基づいて「自己の占有する他人の物を横領」すれば成立し，それを「業務者」が行う場合に業務上横領罪となる。

Xは派遣社員としてA郵便局に勤務する郵便局員であり，B銀行の従業員ではないものの，A郵便局が委託を受けているB銀行の窓口業務にも従事している。この点で，少なくとも，XとA郵便局との間に，郵便窓口で顧客の依頼を受けて預金を払い戻しこれを保管してB銀行の預金口座に振り込むなどといった業務についての委託関係があるといえる。

Xは，顧客から預かった現金を事実上保管していることから，他人（顧客）

の物（現金）を占有しているということができ，Ｘは占有者たる身分・地位にあるといえる。また。Ｂ銀行の窓口業務は反復継続的なものであるので業務性も認められる。

そして，Ｘが自分の借入の返済のためにその現金を費消したことは領得行為（⇒第６章コラム６‐２）であり，横領にあたる。

以上より，Ｘには，依頼を受けた顧客ごとにそれぞれ複数の業務上横領罪が成立し，それらは併合罪となる（刑法253条，45条前段）。

　　［補足説明］

　　事例文では詳しく書かれてはいないが，１年近くにわたり合計850万円余りの現金を横領したところをみると，複数人の顧客・被害者に対して，複数回の横領行為が行われたものと想定（事実認定）することができよう（本事例の素材とした千葉地判平成29年10月31日 LEX／DB 25548230では，併合罪処理が行われている）。

　　より細かくいうなら，仮に，被害者がＡ，Ｂ，Ｃの複数人であった場合に，例えば，Ａに対して５回，Ｂに対して３回，Ｃに対して６回の横領行為が繰り返されたといった事実関係であれば，Ａ，Ｂ，Ｃそれぞれに繰り返された横領行為はそれぞれの被害者について包括一罪となり，その包括一罪となる各被害者に対する３個の横領罪が併合罪の関係にあることになる（罪数処理について，⇒第５章Ｉ５）。

　　なお，本事例では金員の「領得」が前面に出ている事案であることから，背任罪（本事例では，Ａ郵便局は株式会社であることから，実は特別背任罪が問題になる可能性もある）の成否についてあえて検討していない（なお，⇒本章Ⅲ２）。

5　［事例２］の解決にむけて

次に，［事例２］では，Ｘの行為はどのように評価されるだろうか。

本事例においても，Ｘは「自己の占有する他人の物」すなわち「メロン」を横領したかのようにみえる。また，Ｘは，Ａ連合会のＢ出荷センター長として，メロンの集荷，管理，売却全般にわたる業務を反復継続して行っており，業務性も認められる。

以上のことから，結論として，Ｘについて業務上横領罪が成立することになろう。

　　［補足説明］

　　ただし，本事例に類似の裁判例においては，結論として背任罪が認められている。すなわち，被告人が，自分が所属する漁業協同組合連合会（漁連）の養魚場

の場長ととして，稚鮎の集荷，管理，売却等の業務を担っていたところ，稚鮎売却の約1カ月後に，売却代金を売却先業者名義の当座預金口座から自己名義の普通預金口座に振り込ませた事案につき，第1審静岡地裁沼津支部が被告人に（主位的訴因である）業務上横領罪を認め，懲役2年6月，執行猶予3年を言い渡した（静岡地沼津支判平成28年4月26日 LEX／DB25542946）のに対し，控訴審東京高裁は，本件事実関係の下では，①本件売却を従前の売却取引と同様のものとみる余地もあり，被告人において，稚鮎の売却の時点でこれを不法に領得する意思があったと推認することはできず，②被告人は，売却先業者名義の当座預金口座の預金を占有している訳ではなく，自己の用途に費消する目的でその口座から被告人名義の普通預金口座に振込入金させたからといって，自己の占有する他人の物を領得したとはいえないとして，横領罪の成立を否定し，③被告人には，漁連が売却先業者から本件稚鮎の売却代金の支払いを受けられるようにすべき任務があったのであり，被告人が本件稚鮎の売却代金を自分の預金口座に振り込ませて取得した行為は，漁連に損害を加えることを承知の上で自己の利を図った任務違背行為といえる，として（予備的訴因である）背任罪を認め，原判決（第1審判決）を破棄・自判し，懲役1年6月，執行猶予3年を言い渡したのである（東京高判平成29年2月10日 LEX／DB25546830）。

　本件の結論の分かれ目は，被告人において，売却行為時にすでに稚鮎について不法領得の意思（⇒第6章Ⅲ）が推認・認定できるか否か，という点にあったようである。

　［事例2］では，ここまでの詳細な事実関係が記述されているわけではないので，すなおに業務上横領罪の成立を認めておけばよいだろう。ただ，いずれにせよ，本事例のように「事務処理者」が他人の物を処分するような事案では，横領罪・業務上横領罪だけでなく，背任罪・特別背任罪の成立可能性も意識しておく必要がある（なお，⇒本章Ⅲ2）。

Ⅱ　特別背任罪

事例3

　Xは株式会社甲銀行（以下「甲銀行」という）乙支店の支店長であり，Yは同支店得意先課の課長代理であるところ，建設工事会社A（以下「A社」という）の代表取締役であり，他にもB社ほかのグループ会社を経営するZ

から融資の依頼を受け，Ｙが直接Ｚの話を聞く形でＺの相談に応じていた。

　Ｘは，甲銀行の与信規定で許されている，支店長の裁量で融資することのできる「裁量与信」の限度額である１億円まで融資することとし，Ｙに命じてＡ社に対して9900万円を貸し付けた。これより以後，ＺはＸとＹを飲食やゴルフに誘うようになり，その都度，Ｚが二人の代金を支払っていた。

　Ｚはその後，Ｂ社について1200万円，Ｃ社について3500万円の借入を申し込み，Ｚみずからがそれぞれの連帯保証人になる形で融資を受けていた。

　甲銀行の与信規定では，取引先に対し融資を行う際には，まず，取引先や与信取引の信用リスクを統一的な尺度で評価してＡからＦまでの記号を使って細かく返済能力を評価する「信用格付」を行った上で，支店の規模等と融資額に応じて，融資に当たり本部審査部の承認が必要な「稟議与信」と，本部審査部の承認は不要で支店長の最終判断による「裁量与信」とが区別されており，グループ企業など，法人相互の独立性が乏しい場合などは，互いに資金を流用したり同時期に債務不履行に陥ったりする事態を回避するため，各法人個別ではなく，グループ企業全体を同一の取引先（実質同一体）として管理する旨が規定されていた。

　Ｚからさらに融資依頼を受けたＸは，Ｙを通じて融資については社内規定（与信規定）で限界があることを説明したところ，Ｚが「それなら，社内規定に反しないやり方での融資をすればよいだろう。」と行ってきたので，Ｘは，Ｙを通じて，ＺをＢ社・Ｃ社への融資の連帯保証人から脱退させ，グループ会社をそれぞれ単体の会社であるかのように見せかけた上で，前後３回にわたり，Ｂ社に対して1800万円，Ｃ社に対して5500万円の貸付けを実行した。

　Ｚが経営・統括するグループ会社については，Ａ社を除く他の会社はほとんど営業実績，取引実態のないもものであり，Ａ社の事務所も賃貸借契約により借り受けたマンションの一室であり，グループ全体で保有する資産額はその融資額にはるかに及ばないものであった。

1　概　要

　さて，会社法960条１項は，発起人・取締役など一定の身分を有する者が，「自己若しくは第三者の利益を図り又は株式会社に損害を加える目的で」（目的要件としての**図利加害目的**），「その任務に背く行為をし」（実行行為としての**任務違背**），「当該株式会社に財産上の損害を加えたとき」（犯罪結果としての**財産上の損害**）は，10年以下の懲役若しくは1000万円以下の罰金，またはこれらを併

科する旨を規定している。刑法の背任罪の法定刑の2倍になっている。

　本罪の保護法益は会社財産であり，かつ本罪は侵害犯として規定されている。未遂も処罰される（962条）。なお，本罪は，2005(平成17)年の改正により，国外犯も処罰されることになった（971条1項）。

2　主　体

　本罪の主体は法960条1項1号から同8号に列挙されている。このように，主体が身分や特定の状態にある者に限定されている犯罪を**身分犯**という。なお，本罪については両罰規定の適用がないことから，ここで問題となるのはすべて自然人である（法人・株式会社はむしろ被害者である）。

　3号の「取締役」については，株主総会で選任された者であることを要すると解するのが判例である（大阪高判平成4年9月29日判時1471号155頁）。また，商社の理事兼企画監理本部長が同社から給与等の支給を受けていなくても旧商法486条1項（現会社法960条1項7号）にいう「使用人」にあたるとされている（最決平成17年10月7日刑集59巻8号1086頁〔イトマン事件［元常務取締役関係］〕）。

　なお，本罪の主体は会社法上の株式会社の関係者等に限られることから，信用金庫の支店長はこれにあたらない（東京高判平成5年6月29日高刑集46巻2号189頁〔神田信用金庫事件〕。もっとも，第1審はこれを肯定していた〔東京地判平成4年10月30日判時1440号158頁〕）。

3　任務違背行為

　本罪の実行行為は**任務違背行為**，すなわち，株式会社（刑法上の背任罪の「他人」すなわち「本人」にあたる）との「信任関係」に違背することであり，「委任」に関する規定違反や取締役の忠実義務違反行為である。「誠実な事務処理者としてなすべきものと法的に期待されるところに反する行為」などと定義される。法律行為に限られず，事実行為でも足りる。

　任務違背行為の態様には多様なものがありうるが，①不正融資，②粉飾決算，③リベート，④賄賂・政治献金等の支出，⑤取締役の利益相反取引，⑥冒険的取引などがその典型である。

　①**不正融資・不良貸付**とは，銀行など金融機関の役職員等が，債権回収が困難と予想されるのに，十分な担保を確保・徴求することなく金員を融資するこ

とをいう。金融機関は，融資に際して貸付対象物件について抵当権を設定するなどして債権回収を確実なものとするのが通常である。

　ところが，このような担保を徴求・確保せずに融資を行うことにより，融資先が破綻した場合に債権回収が困難・不能となる。いわゆる「バブル経済」（1986年頃から1990年代にかけて）が崩壊したことで，十分な担保を徴求しないで融資を続けてきた銀行等は大量の「不良債権」を抱えることになり，それが金融機関等の経営破綻にもつながったのである。そして，バブル崩壊後の銀行の不正融資が問題とされた事件において，最高裁は，「融資業務に際して要求される銀行の取締役の注意義務の程度は一般の株式会社取締役の場合に比べ高い水準のものであると解され，所論がいう経営判断の原則が適用される余地はそれだけ限定的なものにとどまるといわざるを得ない。」との判断を示したのである（最決平成21年11月9日刑集63巻9号1117頁〔北海道拓殖銀行事件〕）（⇒コラム4-1）。

　②**粉飾決算**とは，不実・不当な会計処理によって貸借対照表や損益計算書などの財務諸表の数値を歪め，架空の決算利益を計上することをいう。このような行為は同時に，虚偽有価証券報告書を作成することにより金融商品取引法違反罪（197条1項，207条1項）に該当しうるし（⇒第3章Ⅲ），法令・定款に違反して剰余金を配当すれば違法配当罪（会社法963条5項2号）に該当するとともに本罪も成立するとされていた。また，これにより役員賞与を支給する行為なども本罪にあたるとされていた。

　③**リベート**とは，会社が締結している契約関係において，本来の正当な取引価格に上乗せして契約を結び，その上乗額の割り戻しを受けることをいう。具体例として，有名デパートの社長が自分の愛人である出入の宝飾業者にリベートを受領させた事例がある（最決平成9年10月28日判時1617号145頁・判タ952号203頁〔三越事件〕）。

　④**賄賂・政治献金等の支出**は，会社資金を定款に定められた営業目的以外の支出として賄賂等を提供するものであり，この場合，贈賄罪（刑法198条）のほか，横領罪・業務上横領罪や本罪の成否が問題となりうる。いうまでもなく，政治資金規正法に従った形での企業の政治献金は合法である。

　⑤**取締役の利益相反取引**とは，会社法356条や365条に違反して，取締役会の承認を受けないで自己取引をした場合や，あるいは，承認を得たとしても実質的に会社に損害を与えるような取引をいう（大阪高判昭和45年6月12日刑月2巻

6 号626頁参照）。

　⑥**冒険的取引**とは，金融商品取引・投機など，財産上の損害が発生する危険取引をいう。冒険的取引は，通常の業務執行の範囲内である限り任務違背とはならないが，それを逸脱した場合には本罪が成立するものとされている。

　この他にも，不当な債務保証（東京地判平成 8 年 3 月22日判タ939号261頁，東京高判平成13年 4 月26日判タ1077号288頁〔佐川急便事件〔東京佐川急便社長関係〕〕）や，企業のトップが会社に多大な損害を与える特別背任事件（東京高判平成17年 1 月13日公刊物未登載〔ダスキン特別背任事件〕，東京高判平成25年 2 月28日公刊物未登載〔大王製紙巨額背任事件〕など）がある。

4　故意・図利加害目的

⑴　故　意

　本罪の故意は，①身分（本罪の主体であること）＋②任務違背＋③財産上の損害の認識・認容であり，認識の程度は「～かもしれない」という未必の故意（⇒第 1 章Ⅱ 1 ）で足りるとされている。

⑵　図利加害目的

　本罪が成立するには，故意のほか，「自己または第三者の利益を図る」目的（**図利目的**）または「株式会社を害する」目的（**加害目的**）の少なくともいずれかが必要である（**目的犯**）。

　加害目的については，故意（とくに上記③の要素）との異同が問題となる。図利加害目的の程度について，学説では，意欲ないし積極的認容，あるいは確定的認識を要求する見解もあるが，判例は，未必的認識で足りるとしている（最決昭和63年11月21日刑集42巻 9 号1251頁〔東京相互銀行事件〕。さらに，最決平成10年11月25日刑集52巻 8 号570頁〔平和相互銀行事件上告審決定〕，最決平成17年10月 7 日刑集59巻 8 号779頁〔イトマン事件〔元社長関係〕〕）。

　本人の利益を図る目的（**本人図利目的**）と自己・第三者の利益を図る目的とが併存する場合には，主たる目的が図利目的のときには本罪が成立するとされているが（最判昭和29年11月 5 日刑集 8 巻11号1675頁〔大阪貯蓄信用組合事件〕，前掲最決平成10年11月25日〔平和相互銀行事件上告審決定〕など），その判断は微妙である。また，図利目的は，財産的利益だけでなく，「自己の面目信用が失墜するのを防止するため」であっても認められる（新潟地判昭和59年 5 月17日判時1123号 3 頁〔大光相互銀行事件第一審判決〕，前掲最決昭和63年11月21日〔東京相互

銀行事件〕など）。

5　財産上の損害

　本罪の既遂が成立するためには，行為者が任務違背行為をすることにより，結果として会社に**財産上の損害**が発生したことが必要である。結果発生に至らなかった場合は，未遂犯である（会社法962条）。

　本罪にいう「財産上の損害」の発生とは，判例上，「経済的見地において本人の財産状態を評価し，被告人の行為によつて，本人の財産の価値が減少したとき又は増加すべかりし価値が増加しなかつたときをいう」とされている（**経済的損害概念**）（最決昭和58年5月24日刑集37巻4号437頁〔信用保証協会事件〕）。

　このような考え方によれば，例えば，経営状態が悪化した相手方に対して担保不足・無担保で融資を行えば，法的には未だ債務不履行（弁済期限の到来など）になっていなくても，本罪は既遂となる（東京地判昭和40年4月10日判時411号35頁〔第一相互銀行事件〕参照）。

6　共　犯
(1)　身分者と非身分者との共犯

　本罪の主体（二重の身分者）である取締役Xの行為に本罪の身分も刑法上の身分（事務章処理者）ももたない非身分者Yが関与・加功した場合の共犯関係について，判例・裁判例は，まず刑法65条1項を適用してXとYに「特別背任罪の共犯」の成立を認めた上で，同条2項によりYについては通常の刑である「背任罪」の刑で処断するという処理をしている（東京地判昭和62年6月29日判時1263号56頁〔三越事件第1審判決〕，最決平成15年2月18日刑集57巻2号161頁〔住専事件オクト社上告審決定〕など多数）。これは，業務上横領罪に非占有者が加功した場合に，非身分者について業務上横領罪の共犯の成立を認めた上で横領罪の刑で処断する判例（大判明治44年8月25日刑録17輯1510頁，最判昭和32年11月19日刑集11巻12号3073頁など）に従ったものと理解されている。

　もっとも，このように「罪名」（成立する共犯関係）と「科刑」（処断刑）を分離する手法に対しては，「刑は犯罪の成立によってのみ，そしてその限度で付科が正当化される」とする立場からの批判があるほか，刑法65条についての通説的理解からも，むしろ背任罪における「他人のためにその事務を処理する者」が構成的身分であって，特別背任罪における取締役等の身分が加減的身分

である以上，前者については同条1項が，後者については同条2項が適用され，結論として，通常の背任罪の限度で共犯が成立し，その刑で処断されるべきとの批判もある。

(2) 取引相手の責任

さらに最近では，**取引相手（借り手）の責任**も議論されている。不正融資の場合，融資の相手方は正当な通常の取引の一環として融資の申し込みをするものであろう。多少強引に融資を頼み込んだとしても，それは交渉の範囲内とも言える。ところが，借り手の側が，たとえばこれまでの放漫な融資判断によって形成されてきた取引関係に乗じ，あるいは融資側・貸し手側の弱みにつけ込んで，さらには，いわゆるダミー会社を用意して迂回融資を受ける工作をするなど，融資の相手方・借り手としての通常の取引行為の限度を大きく逸脱した場合には，話は違ってくる。

この場合，判例は，借り手（非身分者）が「任務を有する者が抱いた任務違背の認識と略同程度の任務違背の認識を有する」場合（東京高判昭和38年11月11日判例集未登載〔千葉銀行事件〕），あるいは，迂回融資を受けた場合や身分者・貸し手側の弱みにつけ込むなどして積極的に働きかけた場合には，本罪の共同正犯が成立するとしている（最決平成15年2月18日刑集57巻2号161頁〔住専事件オクト社上告審決定〕，最判平成16年9月10日刑集58巻6号524頁〔北國銀行事件〕，最決平成17年10月7日刑集59巻8号1108頁〔イトマン事件［絵画売買事件]］，最決平成20年5月19日刑集62巻6号1623頁〔旧石川銀行事件〕など）。

正犯者・身分者と「認識をほぼ同程度にした」というだけで共同正犯を認めることには疑問はあるが，それを超えて積極的に関与した場合には共同正犯を認めてよいだろう。

7　［事例3］の解決にむけて

それでは，［事例3］はどのように解決されるであろうか。

1　X・Yの罪責について

X・Yはともに，甲銀行の融資業務を遂行するにあたり，与信規定等の内部規定を遵守することなどにより，確実にして十分な担保を徴求するなどして貸付金の回収に万全の措置を講じ，甲銀行のために誠実にその職務を遂行すべき義務を負っていた者である。二人は共謀の上，これに違反して十分な担保を確保することなく，Zが経営・統括するA社，B社・C社に対して多額の金銭

を貸し付けたことにより，甲銀行に回復困難な不良債権を生じさせ，もって甲銀行に対して財産上の損害を生じさせたといえる。

X・YはともにZからの接待等を受けており，Zの依頼を断りづらい立場にあったとはいえ，銀行支店長ないし従業員としての任務に背いて貸付を実行することについて認識があり，かつ，これによる甲銀行に損害を生じさせることについても認識があったといえる。したがって，XとYには特別背任罪の共同正犯が成立する（刑法60条，会社法960条1項7号）。

2　Zの罪責について

Zについては，甲銀行からの融資を受ける際に，それが甲銀行の社内規定（与信規定）に違反していることをX・Yから説明を受けたにもかかわらず，かねてより二人に接待等を続けてきたことから融資を断りづらい立場にあることにつけ込んで，しかも，営業実態のないB社等を迂回融資のトンネル会社として利用することによって融資を獲得している。そこには，通常の融資交渉にとどまらない，積極的な関与が見受けられる。

よって，Zにも，Xらの特別背任罪に対する共同正犯が成立する（刑法65条1項，同60条，会社法960条1項7号。ただし，Zには会社法960条1項7号所定の身分がないので，刑法65条2項により同法247条の刑を科する）。

［補足説明］

本事例の解決については，判例・裁判例が支持している刑法65条の解釈・適用に依拠している。65条の解釈について異なる見解に立った場合にはどのような解決になるか，考えてみよう。

___

コラム 4-1：北海道拓殖銀行事件

1　事案の概要

特別背任罪の成否が世間の注目を浴びた事件も少なくないが，その中でも，いわゆるバブル崩壊後の金融機関が不良貸付・不良債権の後始末に失敗し銀行の破綻にまで至った衝撃的な事件として，北海道拓殖銀行（「拓銀」）を舞台にした拓銀特別背任事件がある。事実の概要は次の通り。

拓銀は，1983（昭和58）年ころから，Zが代表取締役を務める理美容業・不動産賃貸業等を営むS株式会社とレジャー施設T1，およびZが実質的経営者であるホテルT2に対して融資を開始し積極的に支援してきたが，しだいにこれらの会社で採算が取れなくなり，売上高は当初見込みから大幅に減少することに

なった（以下，S，T1及びT2の3社を「Sグループ」ということがある）。さらに，Sは，上記レジャー施設の東側に位置するB地区約24万坪の総合開発を図るため，1993（平成5）年5月までに拓銀の系列ノンバンクである株式会社TFSから144億円余の融資を受けて土地の取得を進めていたが，未買収部分が点在し，開発計画の内容が定まらず，採算性にも疑問がある等，深刻な問題を抱えていた。このような状況の下，Sグループの資産状態，経営状況は悪化し，遅くとも1993（平成5）年5月ころまでには，同グループは，拓銀が赤字補てん等のための追加融資を打ち切れば直ちに倒産する実質倒産状態に陥っていた。1994（平成6）年3月期には，債務超過額は128億8600万円となり，その後も債務超過額，借入金残高は年々増加し，保全不足の状態が解消することはなかった。

　拓銀の頭取であったXとYは，それぞれの頭取在任中に，Sグループがこのような資産状態，経営状況にあることを熟知しながら，Xは，1994（平成6）年4月8日から同年6月30日までの間，前後10回にわたり，S及びT2に対し，合計8億4000万円を貸し付け，また，Yは，その路線を継承し，1994（平成6）年7月8日から1997（平成9）年10月13日までの間，前後88回にわたり，S，T1及びT2に対し，合計77億3150万円を貸し付けた。

　Sグループについては，返済が期待できるような経営状況ではなかった上，貸付金の返済のために残されていたほとんど唯一の方策であったB地区の開発事業（融資額は，1994（平成6）年3月期までに162億円余に達していた。）も，同地区が市街化調整区域内にあるなど，開発そのものが法的に厳しく制限された地域であって許認可取得が容易でなかったこと，1993（平成5）年の時点で約20％，1998（平成10）年の時点でも約15％の未買収部分が残っていたこと，開発計画の内容が変転しその詳細が決まらなかったことなどからその実現可能性に乏しく，仮に実現したとしてもその採算性に大きな疑問があるものであった。

2　裁判の経過

　以上のような事実につき，X・Yにつき特別背任罪，Zにつきこれに積極的に関与したとしてその共同正犯として起訴された。札幌地裁は，本件融資につき，X・Yが自己の任務に違背したことはそれぞれ認められるものの，X・Yに，自己又は第三者図利目的があったと認めるにはなお合理的な疑いが残るとして被告人らに無罪を言い渡した（札幌地判平成15年2月27日刑集63巻9号1328頁／判タ1143号122頁）。これに対して，札幌高裁は，X・Yには任務違背が認められるのみならず，自己及び第三者図利目的があったと認められるとして，X・Yに対しそれぞれ懲役2年6月，Zに対し懲役1年6月の実刑を言い渡した（札幌高判平成18年8月31日判タ1229号116頁）。

　そこで，XとYは，既存の貸付金の回収額をより多くして拓銀の損失を極小化し，拓銀自体に対する信用不安の発生を防止し，さらに，融資打切りによる地

域社会の混乱を回避する等の様々な事情を考慮して総合的に判断することを求められていたこと，同判断が極めて高度な政策的，予測的，専門的な経営判断事項に属し，広い裁量を認めるべきものであること等を挙げて，それが著しく不当な判断でない限り尊重されるべきであるとして，任務違背がなかった旨を主張して上告したが，最高裁は「総体としてその融資判断は著しく合理性を欠いたものであり，銀行の取締役として融資に際し求められる債権保全に係る義務に違反したごとば明らかである。」などと判示してこれを棄却した（最決平成21年11月９日刑集63巻９号1117頁）。

　本件では，Ｘらに実刑が言い渡され，Ｘは高齢を理由に収監が見送られたが，ＹとＺについては執行された。

　旧経営陣の責任追及をめぐっては，不良債権を引き継いだ整理回収機構がＸら旧経営陣13人を相手取り損害賠償を求める訴訟を提起し，2008(平成20)年１月28日に総額約101億円の賠償を命じる最高裁判決が出されている（最判平成20年１月28日民集62巻１号128頁〔拓銀ミヤシタ事件〕，最判平成20年１月28日判時1997号143頁〔拓銀栄木不動産事件〕，最判平成20年１月28日判時1997号148頁〔拓銀カブトデコム事件〕）。本決定で，刑事・民事のいずれの裁判も終結したことになる。

Ⅲ　刑法学の視点から

1　特別背任罪の理解

　特別背任罪は，同じく会社法罰則において会社財産を保護する**会社財産を危うくする罪**（**会社財産危殆罪**）より法定刑が重いものとなっている。会社財産を危うくする罪の規定は古く，1911(明治44)年の旧商法261条（同条は，この時に初めて設けられた唯一の罰則であった）に由来するが，1938(昭和13)年の商法大改正により，特別背任罪の規定が新設され，それが商法罰則・会社法罰則の引き継がれたのである。

　本罪は，刑法上の背任罪の特別規定・加重規定である。本罪は，刑法上の背任罪と同様，身分犯であり，さらに取締役等といった身分に限定されており「二重の身分犯」といえる。

　また，本罪は目的犯として規定されているが，目的犯は本来，目的を犯罪成立要件の一つとして要求することにより，犯罪の成立範囲を限定する機能を有する。もっとも，本罪の目的の対象結果としての利得・損害という事実に対す

る認識の程度について，判例は，未必的な認識で足りるとしている。日常用語でイメージする「目的」からはかなり希薄化・拡大された用法であることに注意する必要がある。同様のことは，刑法65条にいう「身分」概念などについてもいえる。

　外国の立法例では，背任罪の成立要件に図利加害目的を要求しない国もある（例えば，ドイツ刑法）。そこでは，任務違背の認識すなわち故意があれば背任罪が直ちに成立することになる。被告人の内心状態についても間接事実・情況証拠を積み上げ，かつ，論理則・経験則に即して合理的に判断される必要がある。図利加害目的の有無について，北海道拓殖銀行事件の第1審と控訴審で判断が分かれたように，その推認・事実認定はなかなか微妙である。

　共犯関係について見たように，最近の判例・裁判例では「借り手の責任」が問題となる事例が少なからず見受けられることにも注意を要する。金融機関に融資を依頼するという通常の正常な取引行為を越え，まさに自己の犯罪として，不正融資を行う側（本来の正犯者）とともに共同正犯と評価できる実質的根拠はどこにあるのだろうか。読者の皆さんには，共犯論の基礎理論としての「正犯と共犯の区別」論，共謀共同正犯の実質的な処罰根拠論などについても確認した上で，もう一度この問題を振り返ってみてほしい。

2　横領罪と背任罪の区別・限界

　刑法各論の教科書などでは，背任罪の説明の最後のところに「横領罪と背任罪の区別・限界」について説明されていることが多い。背任罪の事務処理者にあたる者が自己の占有する他人の物を不法に処分した場合，横領罪と背任罪の両方が成立しているように見える。判例は，この場合は横領罪のみが成立するとしているが（大判明治43年12月16日刑録16輯2214頁），学説では，その理由について，両罪は法条競合の関係となり，法定刑の重い横領罪が成立する，などと説明されている。「いずれが重いか」で決めるとなると，業務上横領罪と特別背任罪の関係が問題になる場合には「いずれが重いか」についてそもそも見解の対立があるから，ややこしいことになる。

　いずれにせよ，判例では，物の処分が自己の利益を図るためであれば横領罪，第三者の利益を図るためであれば，自己の名義・計算であれば横領罪，本人（または会社）の名義・計算であれば背任罪が成立するとされているが，本人名義の場合にも横領罪を認めたものもあり，判例においては，結局，権限の

逸脱（横領罪）か濫用（背任罪）かで判断されている，との指摘もある。

　［事例 1 ］や［事例 2 ］も両罪の成立の可能性のある事案でもある。この問題は刑法各論における難問のひとつでもある。今の段階ですぐに飲み込めなくても構わない。あとでまたよく考えてみよう。

Ⅳ　ま と め

- 会社財産を保護する刑法上の規定として，横領罪・業務上横領罪や背任罪，窃盗罪や器物損壊罪の規定があり，会社法でも特別背任罪や会社財産を危うくする罪などが規定されている。
- 特別背任罪は，会社財産を保護するための中心的な規定である。実際の裁判においても，本罪の成否が争われる事件が多い。
- 本罪の成立には，任務違背行為と図利加害目的の有無の認定・判断が重要であるが，目的要件はその内容が希薄化したものとして理解されている。
- 不正融資に関しては，銀行業務の特殊性から，一般の会社の取締役等の経営判断と比較してより高度な判断が求められている。

〈参考文献〉

■ 講義にむけて
　斉藤ほか・入門175-195頁とくに176-181頁［松宮孝明］
　芝原ほか・経済刑法233-281頁とくに233-248頁［上嶌一高・川崎友巳・小出篤］
　山口編著ほか・経済刑法 1 -53頁とくに 2 -20頁［古川伸彦］

■ 深化のために
・会社法罰則・特別背任罪について
　江頭憲治郎＝森本滋編集代表・落合誠一編『会社法コンメンタール　21——雑則
　　（3）・罰則』（有斐閣，2011）51-187頁［佐伯仁志，島田聡一郎］とくに58-99頁
　　［島田］
　佐久間修『刑法からみた企業法務』（中央経済社，2017） 2 -57頁
　関哲夫『不正融資における借手の刑事責任 —— 事実的対向犯説の提唱 ——』（成文
　　堂，2018）
　山田泰弘・伊東研祐編『会社法罰則の検証』（日本評論社，2015）

・北海度拓殖銀行事件について

　河合禎昌『最後の頭取』（ダイヤモンド社，2019）［被告人 Y 自身による手記］
　　北海道新聞社編『拓銀 敗戦の記録 —— 破綻20年後の証言』（北海道新聞社，
　　2019）

◆第5章◆
インターネットと犯罪
──不正アクセス行為・電子計算機使用詐欺罪を中心に──

本章で学ぶこと

- 不正アクセス行為とはどのような行為か。
- 不正アクセス行為と他の犯罪との関係はどのように処理されるのか。
- 電子計算機使用詐欺罪とはどのような犯罪か。
- コンピュータを使用したネット犯罪にはどのようなものがあるか。

事例1

　A社に勤務するXは，A社が保有する顧客情報を不正に取得して売却しようと企て，A社内において，電気通信回線に接続しているものである認証サーバコンピュータに，A社内で勤務する派遣社員であって既にサーバの利用権限を有しないBのログインID「○○」及びパスワード「△△」を入力して同認証サーバコンピュータを作動させ，その制限されている電気通信回線を利用して行う利用をし得る状態にさせた。

I　不正アクセス行為の処罰

1　概　要

　インターネットを利用して商品を購入することは，コロナ禍の2020(令和2)年にさらに加速したと感じられる（2020(平成31・令和元)年の状況について，⇒総務省HP：情報通信白書　令和3年版）。読者の皆さんも様々な商品をネットで注文して生活されていると思われるが，その際に，IDとパスワードの入力をして購入することが多いのではないだろうか。もし，このIDとパスワードが

他人に知られ不正にログインされ，たとえばクレジットカード情報がすでに登録されているとすれば，勝手に高額商品を注文されてしまいかねない。さらに，そのカード情報が他人の手に渡ることになる。不正アクセス行為は処罰されるべきと強く思われることだろう。

　警察庁によると，2020(令和2)年の不正アクセスの認知件数は2806件（2019(平成31年・令和元)年は2960件）で，2018(平成30)年のおよそ2倍となっている。とくに一般企業への不正アクセスが増加しており認知件数のほとんどがそれである（なお，行政機関に対するものが90件である。）。また，2019(平成31・令和元)年の検挙件数が多く，787件で検挙人員は222人とのことである。検挙人員のうち，20代以下が全体の半数を占めており，14歳未満も6人いる。ネットショッピングに利用された件数は67件であるが，これが最も多いのではなく，オンラインゲーム・コミュニティサイトで224件である。若者が軽い気持ちでオンラインゲーム等で他人のIDやパスワードを使用する傾向があるのだろう（⇒警察庁サイバー犯罪対策プロジェクトHP）。

◇　インターネットの利用状況等について
　　総務省HP　情報通信白書　令和3年度版（とくに，306頁以下）
　　https://www.soumu.go.jp/johotsusintokei/whitepaper/index.html
◇　不正アクセスの現況について
　　警察庁サイバー犯罪プロジェクトHP　不正アクセス行為の発生状況及びアクセス制御機能に関する技術の研究開発の状況
　　https://www.npa.go.jp/cyber/pdf/R030304_access.pdf

2　不正アクセス禁止法における「不正アクセス行為」

さて，以上に見てきた行為は不正アクセス行為として処罰されているが，**窃盗罪**や**詐欺罪**のように刑法典に規定されているものではない。そうではなく，**「不正アクセス行為の禁止等に関する法律」**（**不正アクセス禁止法**）という特別法によって処罰されている。そこで，不正アクセス禁止法3条が「何人も，不正アクセス行為をしてはならない。」とし，11条がその違反に対して3年以下の懲役または100万円以下の罰金という刑罰を定めている。これだけを見れば簡単に理解できそうであるが，そもそも「不正アクセス行為」とは何なのだろうか。その定義は，コンピュータのシステムに通じていないとなかなか理解が

難しい。

　これが規定されているのが不正アクセス禁止法2条4項なのであるが，不正アクセス対策法制研究会の逐条解説（「深化のために」参照）によると，「一言でいえば，アクセス制御機能による特定電子計算機の特定利用の制限を免れて，その制限されている特定利用をし得る状態にさせる行為」とされている。すなわち，アクセスが制御されたコンピュータに侵入し又は攻撃し，制限がかからないようにする行為である。それには2つの類型があり，①他人の識別符号（不正アクセス禁止法2条2項に定義があるが，大事なのは，特定利用を認める相手方（利用者）ごとに違うもの（例：ID）で，かつ，その相手方（利用者）以外に用いることのできないようなもの（例：パスワード）であることである。）を無断で入力する行為と，②いわゆるセキュリティ・ホール攻撃である。②は，法文では，アクセス制御機能による特定利用の制限を免れることのできる情報又は指令の入力と表現される。ここで確認しておきたいのは，①は他人のID・パスワードの不正利用であるが，②には，①に似てはいるもののそれとは異なる，パスワードファイル（入力された符号が識別符号であるかを確認するためのデータ・ベース）に不正に追加したID・パスワード（他人の識別符号ではないもの）の利用が含まれることになる。

3　［事例1］の解決にむけて

　そうすると，たとえば，ネットショッピングで他人のIDとパスワードを入力して制限を外して，特定の利用できる状態にすることは典型的な不正アクセス行為（他人の識別符号の不正利用。不正アクセス禁止法2条4項1号）であるが，［事例1］も同じだろうか。たしかに，他人である派遣社員BのIDとパスワードが用いられているが，すでにBはサーバの利用権限を有しない者である。残念ながら，これは「識別符号の入力」には該当しない。とはいえ，こうした行為が放置されては，立法の趣旨からは離れることになる。

　先に見たように，不正アクセス禁止法は，識別符号の入力といえなくても，「アクセス制御機能による特定利用の制限を免れることができる情報」が入力されれば，不正アクセス行為としている（不正アクセス禁止法2条4項2号，3号）。［事例1］のXによるBのIDとパスワードの入力はこれに該当することになり，特定の利用ができる状態になっているので処罰が可能ということになる（東京地判平成21年11月12日 LEX/DB25462848）。

4　その他の行為

　不正アクセス禁止法は，不正アクセス行為を処罰するが，それ以外にも処罰される行為がある。重要なのは，いわゆる**フィッシングの処罰**である。不正アクセス禁止法4条が他人の識別符号の不正取得，6条がその保管，7条がその入力を不正に要求する行為を違反行為とし，12条により1年以下の懲役または50万円以下の罰金で処罰している。警視庁HPによると，たとえば，「『システムトラブルが発生したので，会員情報の再入力をお願いしたい』というメールが届いたので，IDとパスワードを入力した」というのが例に挙がっている（そのほかの対策も含めて，⇒警視庁HP：フィッシング110番）。

　また，不正アクセスを助長する行為も処罰の対象とされている（不正アクセス禁止法5条，12条）。無断で他人のID・パスワードを提供する者の処罰である。

◇　フィッシングについて
警視庁HP　「フィッシング110番」
https://www.keishicho.metro.tokyo.lg.jp/kurashi/cyber/security/cyber406.html
フィッシング対策協議会HP
https://www.antiphishing.jp/

5　他の犯罪との関係

　こうしてみてくると，不正アクセス行為の処罰では他人のID・パスワードで侵入する行為それ自体を処罰していることになる（⇒本章Ⅳも参照）。言い換えると，不正アクセス行為として不正アクセス禁止法2条4項各号に「特定利用をし得る状態にさせる行為」と規定されているように，内部のデータを利用したこと，たとえば，クレジットカード情報を使ったことも含めては処罰していないのである。読者の中にはそれも犯罪とすべきなのに…，と思われた方もいるかもしれないが，それは別の犯罪として処罰されることになる（刑法を学ばれた方からすれば，当然のことかもしれないが）。

事例2

　Xは，Aのインターネットオークションサイトで，2020(令和2)年10月6

日の深夜，自宅で，他人の ID・パスワードを入力する方法により，A が設置管理するサーバコンピュータに対し，A の会員 2 名がパスワードを変更した事実がないのに，同会員らがパスワードを変更する手続を取った旨の虚偽の情報を送信し，その情報を記憶蔵置させ，さらに，A 及び同会員の事務処理を誤らせる目的で，同年 10 月 13 日午前中に 10 回にわたり，同じサーバコンピュータに対し，A の会員が A のオークションに出品された商品に対して入札を行った事実がないのに，会員が商品に対して入札を行い，これを落札した旨等の虚偽の情報を送信し，その情報を記憶蔵置させた。

たとえば，これまでの説明によると，［事例 2］で不正アクセス行為がなされ，それが処罰されることに疑いはない（不正アクセス禁止法 2 条 4 項 1 号，3 条，11 条）と感じたことだろう。もっとも，さらに，X はそうした方法を用いて①会員情報の変更，②虚偽の入札を行っている。

これらの行為は，**私電磁的記録不正作出**として処罰の対象となる（刑法161条の 2 第 1 項…鋭い読者は⇒第 3 章Ⅲを想起されたかもしれない。）。すなわち，A（や会員）の事務処理を誤らせる目的で，その事務処理の用に供する権利，義務又は事実証明に関する電磁的記録を不正に作った者にあたるからである。その他にも，たとえば，不正アクセス後に財産的利益と評価される他人のいわゆるポイントを自分の作成したアカウントに移動させれば，不正アクセスに加えて**電子計算機使用詐欺罪（刑法246条の 2 ）**によって処罰されることになる。

（1）罪数についての概論

さて，刑法を学ばれた読者はこれだけでは解決しないことを承知であろう。この後に**罪数**処理が必要だからである。この点は，初学者にとっては難しいと思われるので，適宜飛ばしていただいても構わないが，複数の罪が成立すること，それらの罪をどのように評価すべきか，について論じられることを押さえていただきたい（⇒第 4 章Ⅰ 4 ）。

これは，刑法を学ばれていない読者の皆さんにはやや唐突なことかもしれない。複数の罪が成立する場合に，刑法は45条以下でそれらの関係をふまえて，いくつかの処理の方法を提供している。そうして判断されるのが罪数処理である。たしかに，住居侵入後に窃盗をした事案で，住居侵入罪が懲役 1 年相当，それに続く窃盗罪が懲役 2 年相当なので別々にこれを評価して足し合わせて合計懲役 3 年というように合算した方がわかりやすいのかもしれない（これを**併**

科主義という）が，日本ではそのようには考えられていないのである（特殊である単純数罪を除く）。単純に合算するだけでは過酷になるのはすぐにわかる。たとえば，万引きを10回繰り返した者と5回繰り返した者とで，前者に2倍の長さの懲役刑を科すことは合理的とはいえないだろう。

　そうしたこともあり，行ったことが1つの罪「**一罪**」か，複数の罪「**数罪**」かを法律的に評価する作業がなされることになる（さらに，処断刑の範囲で宣告刑を決める作業も続く）。まず，「一罪」について，条文を見てみると，刑法54条に「**科刑上一罪**」という規定がある。これは，数罪が成立する場合に刑を科す上では「一罪」として扱う規定であり，数罪にみえるものが一罪として取り扱われるものである。もっとも，どのような場合が本来の一罪（**本来的一罪**）なのか，については解釈に委ねられることになる（法条競合などがあるがここでは触れない）。ここで押さえておいていただきたいのは，「一罪」だとすると，たとえば，二重起訴の禁止（その一部が起訴されると他の部分は起訴できない）等の効果に影響を及ぼすことである。その意味で，議論には実益もある。

　さて，刑法54条の「科刑上一罪」には2種類が規定されている。前段の**観念的競合**とは1個の行為が2個以上の罪名に触れる場合である。たとえば，1つの爆竹を使い3人に傷害を与えた場合には，3人に傷害という結果を負わせた以上，3つの傷害罪が認められるが，1つの意思に基づく1つの行為（爆竹を使うこと）を3度評価することは過剰な評価であろう。もう一つが，後段の**牽連犯**である。こちらは，ある罪と他の罪が手段・目的または原因・結果の関係にある場合である。この関係は罪質として通例・通常の関係とされている。これは社会通念上一体という評価とも言いうる。その意味で，判例が牽連犯の範囲を狭くとらえているのは理解しうる（住居侵入関係と文書偽造関係が多い。近時では，判例変更がされて監禁罪と恐喝（未遂）罪は牽連犯ではないとされた（最判平成17年4月14日刑集59巻3号283頁））。そして，どちらかに該当すれば，「最も重い刑」で処断される。判例は，加重減軽される前の法定刑を基準とする（大判大正3年11月10日刑録20輯2079頁）。たとえば，住居侵入罪と窃盗罪であれば，窃盗罪の方が法定刑が重いのでそれにより処断される。

　一罪をめぐる議論はさらに様々あるが，「数罪」と評価された場合にはどのように評価されるのだろうか。これは刑法45条の「**併合罪**」とされる。実際には余罪も明らかにされることが多いので通常は前段の併合罪である（確定裁判を経た後段となるとさらに行為者に不利になる）。この場合，刑法47条により，

「最も重い罪について定めた刑の長期にその二分の一を加えたもの」が長期とされる。たとえば，窃盗罪と器物損壊罪について懲役刑を言い渡すべき場合には，窃盗罪の方が重い（刑法10条参照）ので，10年の1.5倍で15年以下，ということになる。先の牽連犯におけるそれと効果の違いを確認してもらいたい。併合罪の方が重く処罰されることがわかるだろう。

(2)［事例2］の解決にむけて

さて，［事例2］の元となる判例に戻ろう。ここでは，この2つの罪，すなわち，不正アクセス罪と私電磁的記録不正作出罪の罪数関係が争われた。弁護人は，不正アクセスとその後の不正な電磁的記録の作出は，それぞれ互いに手段・目的または原因・結果の関係にある牽連犯（前述の科刑上一罪）として処断されるべきであると主張したが，最高裁は次のように述べてこれを否定した（数罪）。この2つの罪は「犯罪の通常の形態として手段又は結果の関係にあるものとは認められず，牽連犯の関係にはないと解するのが相当であるから，本件につき両者を併合罪の関係にあるものとして処断した原判断は相当である」と。

もっとも，事案は異なるが，この最高裁決定以前に牽連犯を認めた下級審裁判例も存在していた。不正アクセス後に他人の電子メールを読んだという不正アクセス禁止法違反と電気通信事業法違反（当時の104条1項）（高松地判平成14年10月16日 LEX/DB28085232）と銀行のオンラインシステムに不正アクセスして不正送金させたという不正アクセス禁止法違反と電子計算機使用詐欺罪（東京地判平成15年8月21日 LEX/DB28095229）である。

牽連犯をめぐる学説の議論は奥深いので詳論はできないが，**法益侵害**が共通していないからといって，直ちに科刑上「一罪」として扱われる牽連犯にならないとはいえない。刑法を学ばれた読者はお気づきだろうが，これは，先に見たように，一般的に，住居侵入後の窃盗が牽連犯とされていることからもわかるだろう。ここでは，個人の住居権（管理権）あるいは住居等の平穏と，個人の財産という別の法益が保護されているとされるからである。そうすると，何を基準として考える必要があるのだろうか。いずれにしても，不正アクセス行為後の「通常の形態」についてはさらに議論が必要なのである。

Ⅱ　コンピュータ犯罪への対応

1　概　要

さて，時系列としては遡るが，**電子計算機使用詐欺罪**や**私電磁的記録不正作出罪**は，刑法がコンピュータを利用した犯罪に対処した1987(昭和62)年の改正で導入された。立案当局者の解説によると，「コンピュータが人に代わって各種の作業をすることとなったことに伴い，これまで人の行う業務，作業を念頭において定められていた犯罪の構成要件によっては必ずしも的確にとらえ難い不正行為が発生して来たこととコンピュータによる情報処理の大量性から，情報の取扱いあるいは情報処理機構自体について何らかの特別な取扱いを要するのではないか」という点から議論がなされ，先に述べた２つの罪に加え，電磁的公正証書原本不実記録・不実記録電磁的公正証書原本供用（刑法157条，158条），電子計算機損壊等業務妨害罪（刑法234条の２），電磁的記録毀棄罪（刑法258条，259条）が規定された。

どのような行為類型が処罰されるかは少し措くとしても，ここで押さえておくべきは，**「電磁的記録」**の意義である。刑法７条の２は，それを「①電子的方式，磁気的方式その他人の知覚によっては認識することができない方式で作られる記録であって，②電子計算機による情報処理の用に供されるもの」（①と②は筆者注）と定義する。①により，可視性，可読性を有する「文書」とは異なるものが前提とされ（そうすると，バーコードの記録は電磁的記録ではない），②により，昔のビデオテープのようなコンピュータで活用されないものが除かれているのである。ここでも，これまでの文書や財物との違いが念頭に置かれ，コンピュータによる情報処理に供される様々な記録が含まれることで，新たに立法されたことを感じることができる（詳しい内容は逐条解説をぜひ読まれてほしい）。

2　電子計算機使用詐欺罪

この中でも，電子計算機使用詐欺罪はコンピュータを利用した財産犯罪への対処して導入された。というのも，たとえば，不正に手に入れたキャッシュカードを利用して他人の銀行口座から自己の銀行口座に「実体なく」金銭を振り込む行為が詐欺罪でも窃盗罪でも処罰できないこととなると重大な処罰の隙間が生ずるとされたからである。

さて，電子計算機使用詐欺罪とはどのような罪なのだろうか。

事例3

　　A会社の資金管理等を担当する立場にあったXは，A会社がB銀行に預けていた預金について，B銀行の預金の残高管理，受入れ，払戻し等の事務処理に使用するコンピュータに対し，A名義の当座預金口座からC銀行が管理する宗教法人D名義の普通預金口座に上司で代表取締役である「Z」名義で28億円の振込入金を行うとの情報を与え，C銀行情報センターに設置されたコンピュータに接続されている磁気ディスクに記録された前記宗教法人D名義の普通預金口座の残高を2億円増加させた。

(1)［事例3］の解決に向けて

　［事例3］のXに**電子計算機使用詐欺罪**の成立が認められるだろうか。

　前提として，Xに資金移動の権限が与えられており，D名義の口座に振り込むことが，A会社と宗教法人Dとで合意されていた場合には当然に犯罪ではない。刑法246条の2にいう「虚偽の情報」でないことが自明だからである。

　その反対に，Xにその権限がなく，自己の借金返済のためにこうした行為に及んだ場合には処罰されることになる。一般的な理解によれば，「虚偽の情報」とは，コンピュータに入力された数字等それ自体が虚偽かどうかにより判断されるのではなく，「当該電子計算機によるシステムにおいて予定されている事務処理の目的に照らして，その内容が真実に反する情報」をいうとされるので，このXが入力した情報は虚偽とされることになる。そして，C銀行の磁気ディスクの記録が変更されることによって「不実の電磁的記録」が作成され，Dが2億円を取得した（「他人に得させた」）のであり，条文の内容にあてはまることになるからである。

　さて，［事例3］に類似した裁判例である京都地判平成30年4月26日LEX/DB25449594では，「被告人Xは，A1グループのオーナーにしてA1及びA2の代表取締役会長でありいわゆるワンマン経営者として経営の主導権を掌握していたGから，両社の資金の管理及び運用を一任されていたのみならず，裏金を作るために会社資金を簿外で運用するよう指示もされて」いたという弁護人の主張を退けているが，たとえば，［事例2］の「Z」がGのような人物で指示を出していた場合，どうすべきなのだろうか。

　特に問題なく，XとZ両者に電子計算機使用詐欺罪が成立するとするのは

実は早計である。(Xは措くとしても)Zには資金移動の権限があるとされるの
が通常だろうからである。裁判例では，融資権限を有する金融機関の役職員が
個人的債務の支払を決定し，部下に実行させた事案で，こうした事案の虚偽の
情報を「入金等の入力処理の原因となる経済的・資金的実体を伴わないか，あ
るいはそれに符合しない情報をいうもの」と解している（東京高判平成5年6
月29日高刑集46巻2号189頁。事案では成立が肯定された）ので，この資金移動に
ついてのZの行為が経済的・資金的な実体を伴うと評価される場合には，電
子計算機使用詐欺罪は成立せず，**背任罪**による処罰（⇒第4章Ⅱ）が検討され
ることになろう。

3　その他の罪

　その他，Ⅱ1で前述した刑法157条は，たとえば，自動車登録ファイルに虚
偽記載させること（佐賀地判平成31年3月28日 LEX/DB25562947……車検内容の
偽り），住民基本台帳ファイルへ不実の記録をさせること（長崎地判平成29年2
月16日 LEX/DB25545479……他人の転入記録の偽り）に適用されている。また，
刑法234条の2については，放送会社がインターネット利用者に提供するため
開設したホームページ内の天気予報画像を消去してわいせつな画像等に置き換
えた事案でその成立を認めた裁判例がある（大阪地判平成9年10月3日判タ980
号285頁）。最後に，刑法258条及び259条では，公用・私用の電磁的記録の毀棄
が処罰される。

コラム 5-1：暗号資産（仮装通貨）とコンピュータ犯罪

　暗号資産（仮装通貨とも呼ばれる。なお，以下では**資金決済法**に従い，暗号資
産とする）と刑事罰と読者の皆さんが聞けば，Mt.Gox という仮想通貨取引交換
所において，相当額のビットコインが消失したことで破綻をしたビットコイン事
件や，約580億円の NEM と呼ばれる暗号資産が流出したコインチェック事件を
思い出されるだろう。その意味では，巨額の財産的喪失が生み出されるものとい
う意識が残っているかもしれない（さらに，Ⅲ1）。
　暗号資産が扱われるのはネットの中であり，その扱いでは，ブロックチェーン
技術等，将来有用なネットに関する技術が用いられている（気を付けていただき
たいのは，ブロックチェーンはビットコインの基幹技術として発明された概念で
あり，「ブロックチェーン＝ビットコイン」ではないことである。ブロック

チェーン技術自体は「分散型台帳技術」として様々な分野に応用できるものと理解されている（⇒総務省HP, 日本ブロックチェーン協会HP）。一方, 規制がなく, マネーロンダリングにも活用されていると言われてきた（詳しくは, ⇒第10章）。法的対応を見ると, 2017(平成29)年には**資金決済法**上に暗号資産が定義され,「財産的価値」であることが確認された（その一方で, 民事の下級審裁判例では所有権の対象とはならないとされた（東京地判平成27年8月5日LEX/DB25541521））。また, 金融庁の登録を受けた事業者のみが国内で仮想通貨交換サービスを行うこととされた。さらに, 2019(平成31・令和元)年改正により, 顧客の暗号資産を信頼性の高い方法で管理することを義務付け, 虚偽表示や誇大広告の禁止等がなされた。同じ時に, 投機対象として暗号資産が扱われることをふまえ, **金融商品取引法**も改正されている。

　こうしたことを受けて, 刑事としての扱いをみてみると, 暗号資産が「財産的価値」とされたことで, 下級審裁判例では, 被告人が権限なしに被害者名義口座のビットコインを自己名義口座に移し, これらを換金した事案で, **電子計算機使用詐欺罪**の成立を認めたものが現れた（名古屋地判平成31年2月6日LEX/DB25562491。結論は控訴審, 上告審でも維持されている）。また, 警察は, 駐車違反金等を滞納した場合に暗号資産を差し押さえている。さらに, 暗号資産取引により得た利益を申告から除外して所得税を免れて有罪判決が出たとのことである（⇒第9章も参照）。

　なお, コインチェック事件については, 流出させた犯人は逮捕されていないようである（不正アクセス禁止法違反などの容疑で捜査中とされる。もっとも, そこで流出したNEMを別の暗号資産に交換した医師らの行為がマネーロンダリングとされている（2020年3月11日報道））。

　また, ビットコイン事件の刑事裁判（東京地判平成31年3月15日LEX/DB25562725）では, Mt.Goxを運営するM社の代表取締役たる被告人の行為について, 私電磁的記録不正作出（同供用）と業務上横領の成否が問題とされた。具体的には, 前者では, 被告人が金銭をM社が指定する預金口座に送金することなく, 自己の取引アカウントの米ドル口座の残高を50万米ドル等増やす電磁的記録を作出等したことが問題とされ, 後者では, 被告人が, 利用者が入金していた預金口座から自己又は第三者の口座に計約3億円を送金した行為が問題とされた。これについて, 詳しくは判決を読んでいただきたいが, 前者は有罪, 後者は無罪との判断が示された（前者は控訴審でも維持された（東京高判令和元年6月11日LEX/DB25570953）。もっとも, この点については処罰の拡張の危険をはらんでいるという指摘がある）。横領罪が無罪の理由として, 判決は「各振込送金は, 被告人に対する貸付けとして行われたものであり, 返済の現実的可能性があると認めるのが相当」であり, 被告人に返還意思もあったとした。

なお，2014年 3 月 7 日に政府はビットコインを「通貨」でないとしている。通貨については，現在，デジタル通貨の議論が進められている（「中央銀行デジタル通貨」（Central Bank Digital Currency）について，⇒日本銀行 HP 参照）。

◇　ブロックチェーン技術，その応用について
　　総務省 HP　情報通信白書　平成30年度版
　　https://www.soumu.go.jp/johotsusintokei/whitepaper/h30.html
◇　デジタル通貨について
　　日本銀行 HP　中央銀行デジタル通貨
　　https://www.boj.or.jp/paym/digital/index.htm/

Ⅲ　現在の状況

　このようにみると，読者の皆さんにはコンピュータ犯罪への対処は十分ともいえるようにうつったかもしれない。さらに，電磁的記録に係る記録媒体や電気通信方法によるわいせつ画像の頒布もわいせつ物頒布（刑法175条）に含められ，処罰されることとされた（2011（平成23）年改正）。

　もっとも，特別法も含めるとさらなる変化がみられるのである。3 つほど指摘しておきたい。

1　いわゆるコンピュータウイルス作成罪（刑法168条の 2 ，168条の 3 ）

　実は，わいせつ物頒布罪の改正と同時期に，いわゆるコンピュータウイルス（以下，ウイルスとする）の作成，提供，供用，取得，保管行為を罰する，いわゆる**ウイルス作成罪等**が規定された（刑法168条の 2 ，168条の 3 ）。

　まず，そこでは，ウイルスについて 2 種類のものが定義されている。ひとつは，「人が電子計算機を使用するに際してその意図に沿うべき動作をさせず，又はその意図に反する動作をさせるべき不正な指令を与える電磁的記録」である。これは，コンピュータプログラムの機能が一般的な使用者の意図に反するものを意味する。もうひとつは，「不正な指令を記述した電磁的記録その他の記録」である。これは，たとえば，不正なプログラムのソースコードを記録した電磁的記録や，それを紙媒体に印刷したものである。

　そして，こうしたウイルスをコンピュータ等で実行の用に供する目的で作成する行為が処罰され，提供行為等も処罰されている。

　たとえば，ネット上の当該プログラムが蔵置されたウェブページに接続すると，その接続者の意思に反して，指定されたウェブサイトに指定の間隔で連続してアクセスするプログラムを作成する場合（作成罪。大阪地判平成31年 1 月17日 LEX/DB25570049）や，被害者が使用する携帯電話機に，インターネット回線を通じて携帯電話機の通話履歴及びショートメッセージサービス履歴の取得等の指令を与えるプログラムを，その機能を秘して蔵置した上，そのプログラムが実行可能な設定を行う場合（供用罪。広島地判平成27年12月 7 日 LEX/DB25542007）に処罰されている。

　最近では，被告人が，自ら運営するインターネット上のウェブサイトに，閲覧者の同意を得ることなく閲覧者の電子計算機に**暗号資産（仮想通貨）**の採掘作業（**マイニング**…これにより暗号資産を原始取得することができるが，獲得競争が厳しいため，演算処理能力を上げる必要があり，そのために他人のパソコンを利用することになる）を実行させるプログラムコード設置した行為について，保管罪の成否の判断が地裁（無罪。横浜地判平成31年 3 月27日判時2446号78頁）と高裁（有罪。東京高判令和 2 年 2 月 7 日判時2446号71頁）とで分かれており，最高裁の判断が注目される。

2　技術的制限手段に係る不正行為への刑事罰

　まず，どのような不正行為なのか，確認しておこう。「技術的制限手段」とは，端的に述べるとすると，「音楽・映画・写真・ゲーム等のコンテンツの無断コピーや無断視聴を防止するための技術」であり，その例は，「DVD などの記録媒体の中にコンテンツとともに記録されている制御用の信号を用いて当該コンテンツの録画を制限する方式」である。そして，「音楽，映像等のコンテンツ提供事業者が，記録媒体又は視聴等機器の購入者や所持者の全てに対して，音楽，映像等を視聴（プログラムについては実行，情報については処理）又は記録を一律に禁止するために」，こうした技術的制限手段を用いる場合に，その技術的制限手段の『効果を妨げる』機能を有する装置等を譲渡等する行為を『不正競争』として規定」している（**不正競争防止法** 2 条 1 項17号）。また，「衛星放送又は有料ケーブルテレビ放送におけるペイパービューサービス等契約者以外の者によってはスクランブルを解除できないように暗号が施されているものに対して，この技術の効果を妨げるスクランブル解除装置を販売等する行為」が不競法 2 条18号の例とされている（以上の解説について

は，逐条解説不正競争防止法［令和元年 7 月 1 日版］https://www.meti.go.jp/policy/economy/chizai/chiteki/pdf/20190701Chikujyou.pdf による。具体的な法文解説については，不正競争防止法テキスト2019　34頁以下 https://www.meti.go.jp/policy/economy/chizai/chiteki/pdf/201909_unfaircompetitiontextrev.pdf を参照。事例紹介や図による解説がなされているので，読者の皆さんにもわかりやすいと思われる）。

　そして，この不正行為が「不正の利益を得る目的で，又は営業上技術的制限手段を用いている者に損害を加える目的で」なされると，刑事罰が科されることになる（裁判例として，神戸地判平成27年 9 月 8 日 LEX/DB25447843）。刑事罰の導入理由は，閉店・開店を繰り返して民事訴訟から逃れる事業者の存在，悪質な露天での出品など，民事的な措置の限界が指摘されており，2011(平成23)年の産業構造審議会知的財産政策部会での検討において刑事罰の対象とすることが適切とされたことによる（前述逐条解説115頁以下）。なお，報道によると，ゲームソフト「ポケットモンスター」に登場するポケモンを，客が求める能力に不正に書き換えたとして逮捕された事件がある（朝日新聞2021年 2 月 4 日）。

　なお，2018(平成30)年になされた改正では，「データ（電磁的記録に記録された情報）」も対象に追加され，たとえば，ゲームソフトのセーブデータを改造するツールやプログラムの譲渡，セーブデータの改造代行，ゲーム機器の改造代行を行うことが不正競争行為とされることになった（セーブデータが不正に改造されると，そうしたプレーヤーがオンライン上で活動することになる）。

　実は，こうした行為に類似した処罰規定は**著作権法**にも存在する。詳論は本書の入門という性質から避ける（不正競争防止法と著作権法における規制対象の違いなど）が，文化庁 HP には，これまでの議論が詳細に提示されている。各自，ご覧いただきたい。

◇　文化庁 HP　著作権分科会　法制・基本問題小委員会
https://www.bunka.go.jp/seisaku/bunkashingikai/chosakuken/hosei/

3　2020（令和 2 ）年の著作権法改正による刑事罰

　著作権法に関しては，2020(令和 2)年に改正された可罰的行為が 2 つある（詳しくは，⇒文化庁 HP：令和 2 年通常国会　著作権法改正について https://www.

bunka.go.jp/seisaku/chosakuken/hokaisei/r02_hokaisei/。)。

　1つは，**リーチサイト・リーチアプリ規制**と称されるもので，これは著作権侵害コンテンツを蔵置している他のウェブサイトへのリンクを提供するサイト・アプリの規制である。こうしたことがなされると著作権を侵害するコンテンツの拡散を助長するし，その運営者は多額の広告収入を得ることになる。もちろん，こうした行為が独立して処罰されることもある（著作権侵害の共同正犯として処罰が肯定された下級審裁判例として，大阪高判令和元年11月1日LEX/DB 25564530〔はるか夢の址事件〕）。ここでは，被告人は「著作物について公衆送信権を侵害することを認識しながら，……本件サイトを継続的に運営・管理する役割を担っていたと認められる」とされた）。

　注意を要するのは2つの処罰類型があることである。すなわち，リーチサイトの提示者（「侵害著作物利用容易化ウェブサイト等の公衆への掲示を行っている者」）とリーチアプリの提供者（「侵害著作物等利用容易化プログラムの公衆への提供等を行っている者」）は，そうした「場」を運営して提示することで重く処罰される（著作権法119条2項4号，5号（5年以下の懲役または（及び）500万円以下の罰金）。なお，法人処罰もある（著作権法124条1項1号））。これよりも軽く処罰されるもうひとつが，侵害著作物等を他人に利用させることを容易にする行為それ自体（他のウェブサイトへのリンクの提供それ自体）である（著作権法120条の2第1項3号（3年以下の懲役または（及び）300万円以下の罰金））。2つに分けられた理由について，下記参考文献の小特集の保護法益をめぐる議論をもふまえて考えていただきたい。

　もう1つは，**私的使用目的での違法ダウンロード規制**である。報道等でこれに接した読者が多いと思われる（たとえば，読売新聞朝刊2020年6月6日）が，法的に規制を強めることは，情報収集をしようとするインターネット利用者に対して萎縮効果をもたらすことになることが想起できるだろう。改正法の議論について，詳しくは，先に示した文化庁HP内の著作権分科会　法制・基本問題小委員会での審議過程を読んでいただきたいが，刑罰が科せられるダウンロードは，著作物の中でも「有償で公衆に提供され，又は提示されているもの」を故意にダウンロードすることであり，それを「継続反復」して行って初めて処罰されることになる（なお，私的使用目的での録音及び録画（音楽の著作物と映画の著作物）についてはすでに，2009(平成21)年改正により，処罰の対象とされていたので，今回の改正は処罰対象の拡大ということになる）。

いずれにしても，議論を経て処罰規定が導入されたが，音楽や映像の違法ダウンロードの検挙例がないとの指摘もあり，その意義を疑問視する声があることは押さえておいていただきたい。

Ⅳ　刑法学の視点から

以上のように，インターネットと犯罪というタイトルで刑事罰を概観してきたが，読者の皆さんもお感じのように現在ではコンピュータやスマホ等でネットを利用するのが当たり前であり，犯罪の内容も以上に述べた通りで非常に幅の広いものとなっている（「サイバー犯罪」という語義も同様の傾向にあるといえる。サイバー犯罪とは，国際的に「コンピュータ技術及び電気通信技術を悪用した犯罪」と定義されているようである。なお，参考文献のほか，不正アクセス行為で示した警察庁 HP には「サイバー犯罪対策プロジェクト」があるので確認いただきたい）。

そうすると，それを独立して経済犯罪としてとらえるべきでないと感じられるかもしれない（たとえば，児童ポルノ規制）が，**不正アクセス禁止法**は，実際上の意義としては，その後の違法な財産の取得やデータ内容の変更から守るために機能している面がある。その意味では，経済的な取引に関する犯罪に対して，ネットが悪用されているといえる。とはいえ，こうした観点からむしろ刑法学的に検討されるべきは，ネットを利用する場合における処罰規定により**何を保護すべきか**をきちんと考えることのように思われる。

この点につき，たとえば，参考文献の不正アクセス禁止法の逐条解説によれば，「**アクセス制御機能に対する社会的信頼の侵害**というその行為自体の危険性を処罰の根拠」とするとされている。すなわち，社会的信頼の前提にあるのは，ネットにつながれたコンピュータには様々な情報が集積しておりそれ自体が改ざんされる，または，それを前提とする取引において「詐欺等の犯罪が行われた場合には，従来以上に重大かつ広範な被害を生じさせる」ことになる，さらに情報が流出することで他の犯罪（薬物犯罪等）に悪用され「被害が著しく拡大する」ことに対して「アクセス制御機能がその抑止力」になっていることである。そして，「ネットワーク自体が無秩序な状態では，国民が安心してネットワークを利用できないという事態」を招くことになる，と。

読者の皆さんがこうした理由をどのように受け止められたかはわからないが，逐条解説ではさらに「他の不特定の犯罪に利用される可能性がある**予備的**

行為を処罰しようとする趣旨に出たものでない」とも述べられる。この趣旨は，たとえば，不正アクセス後に電子計算機使用詐欺罪がなされる予定の場合に，不正アクセス罪を電子計算機使用詐欺罪の予備罪型ととらえて，事後の犯罪の危険を作り出したために処罰する，という発想ではないということである。たしかに，先の説明によれば直接そうとまでは言い切れないが，個人が誰に対してアクセスを許可するか，という事後の犯罪とは別の個人的な利益という視点もあるように感じられるが，いかがだろうか。リーチサイト規制でも保護法益が論じられるが，イントロダクションでも論じられたようにそれは処罰にとって重要なことだからである。

Ⅴ　まとめ

- 不正アクセス行為とは，他人の識別符号を無断で入力する行為といわゆるセキュリティホール攻撃とされる。
- 不正アクセス行為後に他の犯罪が成立する場合には，判例によると，牽連犯ではなく，併合罪とされる。
- 電子計算機使用詐欺罪は，他人の預金口座からオンラインで自己の預金口座に振り込ませる行為が典型であるが，他の財産犯罪との関係もふまえられることになる。
- コンピュータ犯罪について1987（昭和62）年に対応がなされたが，現在では，いわゆるウイルス作成や私的使用目的での違法ダウンロードなどが処罰の対象とされることになった。

〈参考文献〉

■ **講義にむけて**
斉藤ほか・入門　412-428頁［永井善之］
芝原ほか・経済刑法　551-563頁［橋爪隆］
山口ほか・経済刑法　83-86頁［山口厚］，112-119頁［橋爪隆］

■ **深化のために**
・ネットワーク犯罪全体
河村博・上冨敏伸・島田健一編『概説サイバー犯罪——法令解説と捜査・公判の実際』（青林書院，2018）

中野目善則・四方光編著『サイバー犯罪対策』（成文堂・2021）39-75頁［渡辺和巳・髙良幸哉］

渡邊卓也『ネットワーク犯罪と刑法理論』（弘文堂，2018）
・不正アクセス禁止法逐条解説

不正アクセス対策法制研究会編著『逐条　不正アクセス行為の禁止等に関する法律［補訂第二版］』（立花書房，2008）
・コンピュータ犯罪への対応（1987(昭和62)年改正）

米澤慶治編『刑法等一部改正法の解説』（立花書房，1988）
・不正指令電磁的記録に関する罪（いわゆるウイルス作成罪）

「特集　ハイテク犯罪に対する立法課題」ジュリスト1257号（2003）6-39頁

北村篤「ハイテク犯罪に対処するための刑事法の整備に関する要綱（骨子）」同号6-14頁

山口厚「サイバー犯罪に対する実体法的対応」同号15-21頁
・令和2年著作権法改正

「小特集　著作権法改正の法的課題とその分析」法律時報1153号（2020）69-102頁

◆第6章◆

営業秘密の侵害

本章で学ぶこと

- 営業秘密への侵害はどのような法律によって処罰されるのか。
- 営業秘密侵害罪の基本類型はどのようなものか。
- 図利加害目的とは何か。

事例1

　Xは，工具等の製造販売等を目的とするA社の従業員として技術部門B部C課においてエンジニアとして勤務していた。そこで，Xは，工具の設計マニュアルデータ等が記録されたサーバーコンピュータのアクセス権限及び同サーバーコンピュータ内に保管されたA社の営業秘密を閲覧し，ダウンロードする等の権限を付与されるなどしていた。

　しかし，借金の返済に困ったXは，これらの設計マニュアルデータをA社のライバル会社の営業担当者Yに売却しようと，2019年（平成31）年1月29日午後1時47分頃から同日午後2時57分頃までの間，A社から貸与されていた業務用パーソナルコンピュータを操作してサーバーコンピュータにアクセスし，そこに記録されていた設計マニュアルデータ合計164件をダウンロードしてこれをパーソナルコンピュータに保存した上，同日午後3時16分頃から同日午後5時14分頃までの間，それを自己の用意したUSBメモリに記録させて複製し，Yに送付した。

I　営業秘密を侵害する行為の処罰の概要

1　「財物」でないこと

　刑法を学ばれていない読者の皆さんでも，本書のこれまでの記述をふまえれば，［事例1］のXが借金苦からA社の社長のカバンを盗んだとき，あるいは，A社に保管された書類を勝手に持ち出してYに売却したときには，Xは**窃盗罪（刑法235条）**に該当し，処罰されると思うだろう（⇒第5章［事例1］の基になった判決では，不正アクセス後に顧客情報の入ったCD-Rが窃取され，処罰されている）。書店に陳列された本を盗めば「万引き」とされ，それが窃盗罪に該当するというのは常識だからである。刑法の条文では，「他人の財物を窃取した」と規定されているのでこれは当然のことといえる。

　では，カバンや書類が映画の内容に変わったらどうだろうか。これも窃盗罪にあたると考えるかもしれないが，それは早計である。刑法235条には「**財物**」と記述されており，はたして上映作品は「財物」といえるのだろうか。読者の中には，たしかに，刑法にはそのように規定されているとしても，「財物」に似て移転ができ，管理ができるのであれば，財物に含めて考えてもよいと考えるかもしれない。ただ，一般的語義からして，これを財物と呼ぶ人は圧倒的に少ないと思われるし，映画の内容それ自体は失われておらず，盗まれたことで財物がなくなったこととこれを同視できるか，といわれると悩むことになる。

2　知的財産権との関係

　そうだとすると，処罰されないのだろうか。多くの読者は，映画館では勝手に上映内容を盗撮すると処罰されると画面に表示されたのを見たことがあるだろう。現在，こうした行為は，**著作権法**違反で処罰されることになる（映画の盗撮の防止に関する法律4条も参照）。いわゆる「映画泥棒」の実体は，映画という知的財産たる著作物（著作権法2条1項1号，10条1項7号）に対する**著作権者の権利侵害**であり，財物を奪うこととは一線を画していることになる。

　そうだとすると勘の鋭い読者は，それでは［事例1］のXも著作権法違反により処罰すればよい，と思われるかもしれない。しかし，小説や音楽はそうであるとしても，「**営業秘密**」と呼ばれる企業秘密情報がこれにあたるといえるだろうか。通常はこれには当たらない。

　少し視点を変えて，ある企業が新規的な開発をした部品について特許を取得

したことを報道で知る読者もいるだろう。この開発に関する情報は皆が利用できる（公開されている）のであるが，**特許法**は特許権を付与して公開される情報の権利者（特許権者）を保護している（もっとも，現在，秘匿化された特許（秘密特許）を保護すべきという議論も進んでいる）。

　そして，侵害には罰則も予定されている（特許法198条以下。近時はあまり訴追されていないようである。なお，被告人が，特許登録を受けた特許発明品である「種駒つき蓋のパックケース」と同一のパックケースを販売し，もって，特許権者（会社）の特許権を侵害したとされた事案で，広島地裁は，被告人が利用した特許に類似する当該技術（具体的には，穴部の壁面上部から底部付近に向けて，徐々に薄くなっていくような形状のパックケースの技術）は，「本件特許の出願当時には既に公知の技術であったと認めるのが相当」とし，その「技術を除外した形でしかその技術的範囲が及ばないのは明らかであって，結局，（当該——筆者注）技術は本件特許の技術的範囲に含まれないというほかはない」として被告人を無罪とした事案（広島地判平成5年7月13日 LEX/DB25568603）がある）。

3　不正競争防止法による処罰

　とはいえ，特許を取得してはいないものの，例えば，企業によっては製造方法を「企業秘密」として公開していないこともある。［事例1］のA社でも設計マニュアルという情報が厳格に管理されていた。そして，こうした情報への侵害は，**営業秘密侵害罪**として「**不正競争防止法**」（不競法）によって処罰の対象とされているのである。次に，その内容についてみてみよう。

Ⅱ　営業秘密侵害罪の基本構造

1　概　要

　営業秘密の侵害が不競法により処罰されることはわかったが，一体，どのように処罰されるのだろうか。まずは，不競法では，どんな行為が犯罪とされているかを下記の経済産業省のHPで確認いただきたい。「営業秘密」の概念（不競法2条6項（秘密管理性，有用性，非公知性））についても解説が加えられているのでこちらも確認いただきたい。

　◇　不正競争防止法テキスト
　　経済産業省HP：不正競争防止法

https://www.meti.go.jp/policy/economy/chizai/chiteki/index.html

　営業秘密の侵害のみならず，たとえば，第3章でみたように偽装商品の販売なども処罰対象とされていることがわかる（⇒第3章Ⅱ1）。ここでは，少なくとも，保護法益として**公正な競争秩序**（不競法1条）が保護され，侵害行為が処罰されているといえる（さらに，外国公務員贈賄罪について，⇒第12章Ⅳ［事例2］）。

2　［事例1］の解決にむけて

　では，［事例1］のXについてはどのように考えられるだろうか。これは，営業秘密侵害罪のうちの不競法21条1項3号ロにあたり，処罰されることになる。条文を読んであてはめてもらいたい。すなわち，Xは，「営業秘密（工具の設計マニュアルデータ）」を「営業秘密保有者（A社）」から示された者」であり，「不正の利益（他社からの金銭提供）」を得る目的で，その営業秘密の管理に係る任務（秘密を保持する義務）に背き，「営業秘密記録媒体等の記載若しくは記録」の複製を作成し，領得した（データを複製して送付した）からこの罪にあてはまることになる（名古屋地判令和元年6月6日LEX/DB25570538）。

　このように会社で営業秘密を管理している，いわば会社「内」の人が違反行為をする場合の他にも，会社「外」の人が営業秘密を侵害する場合もある。次の［事例2］がそうした典型である。

> **事例2**
>
> 　A社のライバル会社の社員Yは，A社に金銭的な打撃を与える目的で，工具の設計マニュアルデータ等が記録されたサーバーコンピュータに不正にアクセスし，そのデータをパーソナルコンピュータに保存した。

3　［事例2］の解決にむけて

　こうしたA社「内」ではなくA社「外」のYが不正に営業秘密を取得する場合を，不競法21条1項1号は処罰している。ここでは，一定の目的で管理侵害行為をして，営業秘密を取得する行為が処罰されている。Yが（Xを介さずに）不正アクセスしたことも管理侵害行為のひとつであり，設計マニュアルの情報を得た場合がこれにあたる（なお，第5章で述べたように，不正アクセスそ

れ自体も処罰されている。）。

　このように，営業秘密を侵害する行為は犯罪化されており，その条文構造を
みても事案にあてはめることに違和感はないように感じられる。その意味で，
これで満足された読者は意外に多いかもしれない。実は問題はここからであ
る。例えば，「領得」とは何なのだろうか（⇒コラム 6 - 2）。どのような行為
ならば処罰されないのだろうか。これも犯罪成否の問題である以上，刑法学の
観点から検討する必要がある。

Ⅲ　財産犯罪との関連

1　かつての事例

(1)　産業スパイ

　［事例 2 ］をみてくると，「企業秘密泥棒」のような感覚をもつ読者もいるか
もしれない。実は，昔から，企業秘密を外部から侵害する行為は財物を奪うこ
とで**窃盗罪**の対象とされ，処罰されてきた。すなわち，かつての営業秘密が侵
害される行為態様は，たとえば，「紙」に記載された営業秘密資料を密かに奪
うことであった（いわゆる**産業スパイ**）。読者は，X が他人のカバンや書類を奪
うのと同様，これも窃盗罪により処罰されるだけで何も問題ないと思われたこ
とだろう。では，この資料を複写して直ちに元に戻した場合はどうだろうか。
実は，こうした場合が裁判では争われてきた。

(2)　不法領得の意思をめぐる議論との関連

　刑法を学んだことのある読者は直ちに気づいたことだろう。判例や通説によ
れば，窃盗罪により処罰するためには，他人の財物を奪ったのみならず，「**不
法領得の意思**（一言でいえば，他人の物をわがものにする意思）」が必要で，一時
的な使用により物が返還された場合には処罰されない（いわゆる不可罰の使用
窃盗）と解されていた。

　そうだとすると，この場合も直ちに返却されたのだから**窃盗罪**により処罰さ
れないのだろうか。下級審裁判例はその処罰を肯定する（例えば，東京地判昭
和55年 2 月14日刑月12巻 1 = 2 号47頁では，本件購読会員名簿の「内容をコピー
し，それを自社と競争関係に立つ会社に譲り渡す手段として，」この名簿を利用する
意思は，権利者を排除し，名簿を自己の所有物と同様にその経済的用法に従い利用
しているとして，使用窃盗ではないとしている）。

　営業秘密が記録（化体）された客体が財物であると，刑法学では人の財産を

保護する財産犯に位置付けられ，窃盗罪による処罰が肯定されている。実は，先に見たＸが，昭和の時代（不競法により処罰されていない当時）に紙の資料をＹに渡して報酬を得た場合には，**業務上横領罪（刑法253条）**により処罰がなされた（例えば，東京地判昭和60年2月13日（刑月17巻1＝2号22頁）。そして横領罪も財産犯に位置付けられており，判例はそこで領得行為（領得意思の発現行為）が必要であると解している。

　こうしてみてくると，［事例2］のみならず，［事例1］のような営業秘密侵害も財産犯に似ていると感ずるのが素直だろう。現に，現在の規定ぶりに不競法の刑罰規定を改正した2009（平成21）年改正（詳しくは上記経済産業省HP）を受けて学説では**「財産犯化」**との表現を用いるものもある。この背後には，不競法が追求する目的と刑法の財産犯によって保護される利益とを，どのように考えるべきか，という大きな課題が残っている。

2　現在の事例 ── 不競法（営業秘密侵害罪）による処罰

　それはひとまず措くとしても，現在のコンピュータの利用状況をふまえると，財物よりは管理された情報データの取得が通常であり，その場合には，不競法21条により処罰されることになり，現に裁判例が蓄積されている。

　処罰が肯定された例として，たとえば，信用金庫の職員が顧客情報を領得した場合（名古屋高判平成28年12月12日LEX/DB25544966），リフォーム関係の会社に勤務するリフォーム関連商品の仕入原価，粗利金額等の情報を領得し，開示した場合（大阪地判平成27年11月13日LEX/DB25541839），いわゆるSEが，通信教育業を業とするＡ社の情報システムの開発等の業務に従事中にＡ社の顧客情報を領得した場合である（東京高判平成29年3月21日高刑集70巻1号10頁（**ベネッセ事件**）。なお，ここでは営業秘密の要件である**「秘密管理性」**の有無が争われた。大企業としてとるべきアクセス制限の不備がＡ社にあったので，弁護人は，営業秘密の要件である「秘密管理性があるというためには，……相当高度な管理方法を採用し，実践することが必要であると解すべき」であると主張したが，東京高裁は「当該情報が秘密として管理されているというためには，当該情報に関して，その保有者が主観的に秘密にしておく意思を有しているだけでなく，当該情報にアクセスした従業員や外部者に，当該情報が秘密であることが十分に認識できるようにされていることが重要」だとしたうえで，「当該情報にアクセスできる者を制限する」ことはこのことを導くために重要なものに過ぎないとして，本件のように

A によるアクセス制限の不備があったとしても，「当該情報に接した者が秘密であることが認識できれば，全体として秘密管理性の要件は満たされていたというべき」であるとした。この点は，民事の議論もふまえながら慎重な検討が必要である）。

コラム 6-1：外国からの侵害に対する処罰

　例えば，[事例 2] の他社が外国企業で Y が（国籍を問わず）日本国外から A 社のコンピュータに侵入し，営業秘密を取得した場合でも処罰される（21条 6 項）。また，営業秘密は国内保存されていなくてもよい。これは，「営業秘密の侵害行為が国内外のいずれで行われても同等に発生するものであり，一層の経済のグローバル化が進展する中で，日本国外での営業秘密侵害行為を処罰の対象としないことは均衡を欠くため」とされる（逐条解説──参考 HP 参照）。刑法の場所的適用範囲について，いわゆる属地主義原則の拡張がなされていることになる。

3　図利加害目的

　少し視点を変えてみると，条文に規定された「不正の利益を得る目的で，又はその営業秘密保有者に損害を加える目的で」という目的がない場合には，仮に営業秘密が侵害されたとしても処罰が控えられることになる（**目的犯**）。これにあたらないものとして，例えば，多くの人に知らせるために内部の不正を暴こうとする場合や残業（業務遂行）のために無断で持ち帰る場合が挙げられよう（逐条解説──参考 HP　249頁以下参照）。では，次の［事例 3］のような場合はどうだろうか。

事例 3

　［事例 1］の X が，A 社を退職して他社に転職する直前に，その権限に違反して営業秘密を私物のハードディスクに複製して領得した。ただし，X の目的は，自己の借金等の返済のために営業秘密を利用することでもなく，A 社の業務関係データを整理するという業務を遂行することでもなかった。

(1) 裁判所による解決

　刑事裁判では，X の目的について，たとえば転職先から報酬等を得ようとするなど，積極的に利益を得ようとした（あるいは，A 社に損害を加えてやろう

とした）とまでは認定されなかった。そうすると，不正の利益を得る目的に当たらないので処罰されないことになるだろうか。

　［事例3］と同様の事案で最高裁は次のように述べて，不正な利益を得る目的を認め，処罰を肯定している（最高裁平成30年12月3日刑集72巻6号569頁）。

　「被告人は，勤務先を退職し同業他社へ転職する直前に，勤務先の営業秘密であるデータファイル（筆者注──営業秘密にあたる）を私物のハードディスクに複製しているところ，当該複製は勤務先の業務遂行の目的によるものではなく，その他の正当な目的の存在をうかがわせる事情もないなどの本件事実関係によれば，当該複製が被告人自身又は転職先その他の勤務先以外の第三者のために退職後に利用することを目的としたものであったことは合理的に推認できるから，被告人には法21条1項3号にいう『不正の利益を得る目的』があったといえる。」

　最高裁は，本件の弁護人が主張したような業務遂行目的があれば処罰は否定されるが，こうした正当な目的がない場合には営業秘密を自己または第三者のために退職後に利用することが推認できるので，不正の利益を得る目的があったとしている。最高裁は，「不正の利益を得る目的」について一般論を展開してはいない（事例判例にとどまる）ものの，正当な目的がなければ，A社ではない誰かのために活用することが許されないことを示しており，その点で重要な判断を示したといえる。

⑵［事例3］の解決にむけて

　さて，読者の皆さんはどのように考えるべきだと思われるだろうか。詳しくは，判例評釈等を読んでいただきたいが，仮に退職記念のためや子どもに教えるために営業秘密を自己のパソコンに保存した場合に処罰を肯定してもよいだろうか（非経済的利益の取得目的までこの目的に含めてよいだろうか。逐条解説では，こうした目的では「個別具体の事情」がふまえられて認めるか否かを検討するとされる）。

　一歩進んで，刑法を学ばれた読者は，この目的が「**図利加害目的**」とも呼ばれていると聞けば，**背任罪（刑法247条）**における図利加害目的をめぐる議論をすぐに想起できるだろう（詳しくは⇒第4章）。そこで多くの学説により理解された現在の判例理論に近い立場，すなわち，消極的動機説と同じだと仮に考えると，Xの目的が（主として）A社（本人）のためになされたと評価できれば図利加害目的たる不正の利益を得る目的は否定されることになる。そして，

業務の整理のため，というのはこれに含まれることになろう。もちろん，このように同じものとして考える前提には検討の余地があり，不競法の目的とは異なるとの理解も十分に成り立ちうる。

コラム *6–2*：領得と不正の利益を得る目的

　ここで問題とされた条文（不競法21条1項3号）には「**領得**」という文言があり，［事例3］の行為は「領得」にあたることが前提とされている。刑法を学ばれた読者の中には，そこから，横領罪における「領得」行為を想起し，それは「**不法領得の意思の発現**」を意味するのだからここでも同じように考えるべきなのでは，と思われた方がいるかもしれない。法文が「領得」という文言を用いており，不競法21条3号イの類型では物件の横領が方法として挙げられていることからして，それは素直な解釈である。

　そうすると，不法領得の意思と不正の利益を得る目的との関係が別途問題になりうるだろう。発想としては，営業秘密をわがもののように活用すること，すなわち，委託の任務に背いて，その営業秘密につき権限がないのに保有（所有）者でなければできないような処分をする意思を発現したことと，そこから利得を得る意思として「不正の利益を得る目的」を別に理解することも十分可能だと思われる（なお，スイス刑法では窃盗罪や横領罪に領得を意味する Aneignung と利得意思を意味する Bereicherung の意思の両方を規定する）が，どのように考えるとよいだろうか。

　もっとも，逐条解説によれば，領得とは「営業秘密を保有者から示された者が，その営業秘密を管理する任務に背いて，権限なく営業秘密を保有者の管理支配外に置く意思の発現行為」（先の経済産業省 HP 参照）とされるが，その後半部分の表現によると，不競法21条3号イ〜ハの方法によりさえすれば基本的に領得も同時に認められることになりそうである。イの方法については横領と同じだとしても，裁判で多く問題とされるロの方法はそれでよいのだろうか。ここでも「領得」の意義を慎重に検討する必要があろう。

Ⅳ　刑法学の視点から

　もしかするとこれからの令和の時代こそ，ネットワークのさらなる発達により，本当に重要な秘密を，違法な侵害から守るためにあえて昔に戻って財物たる「紙」媒体に残すのかもしれない。さて，その場合に，同じく昔に戻って窃

盗罪による処罰のままでよいのだろうか。

　刑法学では「**情報窃盗**」ということが議論されているが、その内実は、情報をいかに刑法的に保護すべきか、という問題だといえる。情報には本文のような営業秘密情報に加え、個人情報もあれば、知的財産で扱われる情報もある。こうしてみてくると、このような情報を保護するための方法が問われることになる。そして、現在、情報はデータ化されるのが一般的であるとすれば、デジタルデータとして保護し、不法な取得行為を処罰する方向もありうる（たとえば、ドイツ刑法202a条やスイス刑法143条、143bis条（後述参考文献参照）。なお、スイスでは刑法典中に営業秘密侵害罪が規定されている（スイス刑法162条）。）。もちろん、情報の価値それ自体も重要である。財産犯的見地からすれば、その情報が被害者側で利用できなくなることが重要ともいえる。AI開発が積極的になされている現在をふまえ、皆さんはどのような未来を想像するだろうか。

　いずれにせよ、現在、営業秘密ではない個人情報については**個人情報保護法**により、クレジットカードの番号情報は**割賦販売法**によりそれぞれ保護対象とされ、処罰規定があることも併せておさえていただきたい。

V　まとめ

- 営業秘密（企業秘密）の侵害行為は、不正競争防止法により処罰されている。
- 営業秘密侵害罪の基本類型は、刑法上の財産犯罪に近い条文構造で処罰されている。すなわち、外部者が営業秘密を詐欺的行為や管理侵害行為により取得すること、内部者が管理任務に背いてそれを領得することが処罰されている。
- 図利加害目的がなければ、侵害行為があっても処罰が控えられている（最高裁判例参照）。

〈**参考文献**〉

■ 講義にむけて
斉藤ほか・入門　429-440頁［髙山佳奈子］
芝原ほか・経済刑法　369-382頁［梅林啓］、383-410頁［大渕哲也］
山口ほか・経済刑法　55-69頁［山口厚］

■ 深化のために

・知的財産侵害に対する刑罰

　神山敏雄『［新版］日本の経済犯罪 ── その実情と法的対応』（日本評論社，2001）
　　264-279頁

　東雪見「無体財産権の保護」佐伯仁志・金光旭編『日中経済刑法の比較研究』（成
　　文堂，2011）199-216頁

・不正競争防止法

　経済産業省知的財産政策室編『逐条解説不正競争防止法〔令和元年 7 月 1 日施行
　　版〕』https://www.meti.go.jp/policy/economy/chizai/chiteki/index.html

　小野昌延・松村信夫『新・不正競争防止法概説［第 3 版］』（青林書院，2020）

　茶園成樹『不正競争防止法［第 2 版］』（有斐閣，2019）

・営業秘密侵害罪について

　内田幸隆「営業秘密侵害罪の基本的性格とその課題について」伊東研祐他編『市
　　民的自由のための市民的熟議と刑事法　増田豊先生古稀祝賀論文集』（勁草書
　　房，2018）361-377頁

　芝原邦爾『経済刑法研究　上』（有斐閣，2005）341-351頁

　松澤伸「営業秘密の保護と刑事法」甲斐克則編『企業活動と刑事規制』（日本評論
　　社，2008）170-187頁

・情報・データ保護と刑法に関して

　西貝吉晃『サイバーセキュリティと刑法』（有斐閣，2020）

　西貝吉晃「情報刑法 ── 序説」太田勝造編著『AI 時代の法学入門 ── 学際的アプ
　　ローチ』（弘文堂，2020）245-266頁

　佐藤結美「個人情報の刑法的保護の可能性と限界について」刑法雑誌56巻 2 号
　　（2017）33-48頁

◆ 第7章 ◆

金融商品取引法違反
── インサイダー取引を中心に ──

本章で学ぶこと

- 金融商品取引法は不公正取引に対してどのような規制を行っているか。
- インサイダー取引とは何か。
- インサイダー取引に対してどのような規制がなされているか，なぜ規制されるのか。
- インサイダー取引罪の成立要件はどのようなものか。
- 情報伝達罪・取引推奨罪の成立要件はどのようなものか。

I　インサイダー取引とは

1　概　要

　読者の皆さんの中にも株式に投資をしている方がいると思われるが，株式を売買する場合には事前に様々な情報を考慮した上で売買するのが通例であろう。しかし，その際に，自分だけに他の投資者よりも有利な，株価の上昇・下落に影響のある重要な情報が手に入った場合に，どうするだろうか。また，逆に，そのような情報が自分以外の一部の投資者だけに保有されて売買が行われていたら，どのように感じるだろうか。本章では，投資者の保護がいわれることの多い**インサイダー取引罪**（**内部者取引罪**）について考えてみよう。

　◇　金融商品取引法の規制の概要について
　・証券取引等監視委員会 HP
　　https://www.fsa.go.jp/sesc/index.htm
　・同委員会 HP「告発の現場から」

https://www.fsa.go.jp/sesc/actions/actions_menu02.htm

　株券に代表される有価証券等の売買等については，「**金融商品取引法**」（**金商法**）（旧名称「**証券取引法**」〔**証取法**〕）が，金融商品取引市場の公正と健全性および投資者保護の観点から，不公正な取引を規制している。具体的には，金商法157条以下で，不正行為の禁止，風説の流布・偽計・暴行脅迫の禁止，相場操縦行為等の禁止，インサイダー（内部者）取引規制，投機的行為の規制，虚偽・誤解情報表示などについて規定している。

コラム 7-1：証券取引所と取引の仕組み

　わが国では，企業株式を中心とする現物取引を行う取引所として，株式会社東京証券取引所（東証）のほか，名古屋，福岡，札幌にも証券取引所がある。現在の東証は，2011（平成23）年に株式会社大阪証券取引所（大証）と経営統合され，2013（平成25）年にともに日本取引所グループ（JPX）の子会社となったものである（大証は株式会社大阪取引所となり，デリバティブ取引に特化している）。これにより，東証は世界有数の取引所となっている。

　売買立会は，午前立会（通称，前場：午前9時から11時30分まで）と午後立会（通称，後場：午後立会は12時30分から15時まで）に分けられて注文を受け付けている。

　金商法では，金融商品取引所（取引所）における有価証券の売買取引は，その取引所の会員または取引所参加者（以下「会員等」という）でなければ行うことができず（111条），投資者は取引所の会員等である証券会社に取引を委託する（委託契約を締結する）。投資者からの注文の受託については，会員等が所属する取引所の定める受託契約準則によらなければならないとされている（133条1項）。

　売買注文には，①売買の別，銘柄，数量，価格等を投資者・顧客がすべて指定して行う**指値注文**と，②委託者が価格を指定しないで行う**成行注文**がある。売買は，注文同士を競争させるオーダードリブン方式といわれる**競争売買**が採用されており，価格優先の原則と時間優先の原則に従って最優先の売付および買付注文の価格が合致したところで，合致した数量について約定が行われる。**価格優先の原則**とは，値段の高い買付注文を低い買付注文に優先させ，値段の低い売付注文を高い売付注文に優先させることをいう。成行注文は他の注文に常に優先する。**時間優先の原則**とは，同じ価格の注文であれば市場に出された時間が先の注文を優先させるという（東証業務規程10条）。現在では，取引を成立させる行為（注文の付合せ）はすべてコンピューター・システムによって行われている。

　売注文と買注文の価格が合致したときは，対当する数量の範囲で売買契約が成

立する。売買契約は会員等の名で委託者の計算で締結されるが，不公正取引規制との関係では，売買，売付け，買付け等を行うのは会員等ではなく委託者であると解されている（最決平成 6 年 7 月20日刑集48巻 5 号201頁）。金融商品市場において成立した売買の決済は，原則として，約定日から数えて 3 日目に有価証券の移転と代金の支払を行うことにより完了する。

　金融商品市場における有価証券の売買取引には売買代金と有価証券の受渡しが前提であるが，証券会社が顧客に対し買付代金や売付有価証券を貸し付けて売買を行う**信用取引**といわれるものもある。この場合であっても取引所では現物の有価証券の売買が行われる（約定から 3 日目に代金の決済と有価証券の引渡しが行われる）ことから，決済に要した買付代金あるいは売付有価証券について，証券会社と顧客との間に貸借関係が生じることになる。証券会社は買い付けた有価証券または売付代金を顧客に引き渡さず，これを顧客に対する貸付債権の担保として保有する。顧客が信用取引を決済するには，①手持資金・手持有価証券で返済を行い，担保として預託している有価証券または金銭の返還を受けるか，②預託有価証券を売却し，または預託代金で有価証券を買い戻して，それぞれ借入金・借入有価証券の返済に充てることになるが，実際には②の決済方式が圧倒的に多いという。このような取引には資金的裏付けが弱いことから，金融商品取引法において一定の規制がはかられている（有価証券取引の仕組みにつき，⇒黒沼352頁以下）。

　　◇　証券取引の仕組みについて
　・東京証券取引所 HP：なるほど！東証経済教室
　　https://www.jpx.co.jp/tse-school/
　・東京証券取引所 HP：業務規定
　　https://jpx-gr.info/rule/tosho_regu_201305070003001.html

2　インサイダー取引罪の制定・改正

　上場会社の従業者等といった会社関係者等がインサイダー取引を行った場合（金商法166条），または公開買付者等関係者がインサイダー取引を行った場合（同167条）に，その実行者（自然人）を 5 年以下の懲役若しくは500万円以下の罰金，又はこれの併科とし（同197条の 2 第13号），その者が法人の代表者または従業者として法人の業務または財産に関して行った場合には，法人に対して 5 億円以下の罰金が科されうる（同207条 1 項 2 号）。さらに，インサイダー取引によって得た財産は没収・追徴の対象となる（同198条の 2 第 1 項 2 号，同条

２項）。

　インサイダー取引罪は，金商法違反の犯罪の中でも，とりわけ多く発生している犯罪である（⇒証券取引等監視委員会HP：「告発の現場から」）。

　じつは，旧証券取引法の下では，インサイダー取引は長らく処罰されてこなかった。それが，1987（昭和62）年に，債券先物取引で巨額損失を出したタテホ化学工業の取引銀行が，その事実が公表される前に保有株を売り抜けたという事実が発覚し（「タテホ化学工業事件」），これが契機となって，1988（昭和63）年改正により，インサイダー取引に対する処罰規定が設けられたのである（証取法旧190条の２，同190条の３）。

　当初の法定刑は，自然人につき「６月以下の懲役又は50万円以下の罰金」，「情状により，懲役及び罰金を併科することができる」（旧200条４号，同202条）とされ，法人に対しても「各本条の罰金刑を科する」（旧207条１項）とされていたが，法改正後もインサイダー取引が後を絶たないことから，幾度かの改正を経て重罰化がはかられてきた。

　また，上場企業の公募増資にからむ不正な株取引が相次いだ「増資インサイダー」問題を契機として，2013（平成25）年改正により，自らはインサイダー取引を行わなくとも，他人に未公表の重要事実を伝達し（**情報伝達**），あるいは特定銘柄の取引を推奨する（**取引推奨**）行為も処罰されることとなった（167条の２）。

　2004（平成16）年改正によって，**課徴金制度**が導入され，今ではインサイダー取引や情報伝達・取引推奨も課徴金の対象行為となっている（175条）（⇒第11章）。

　さらに，2019（平成元）年の金商法改正により，**暗号資産**が金商法上の金融商品（２条24項３号の２）に含まれることになり，第６章の３として「暗号資産の取引等に関する規制」が新設された。これにより，暗号資産の売買その他の取引または暗号資産関連デリバティブ取引等について，有価証券の取引等に関する法157条（不正行為の禁止），158条（風説の流布・偽計等の禁止）および159条（相場操縦罪等の禁止）が定める規制に相当する規定が新たに設けられるに至った（185条の22〜185条の24）。

3　保護法益・罪質

さて，インサイダー取引罪の処罰根拠あるいは**保護法益**について，判例・通

説は，これを「**証券市場の公正性と健全性（およびこれに対する投資家の信頼）**」
と説明している。この点につき，立法当時の議論として，「こうした内部者取
引が行われるとすれば，そのような立場にある者は，公開されなければ当該情
報を知りえない一般の投資家と比べて著しい有利となり，極めて不公平であ
る。このような取引が放置されれば，証券市場の公正性と健全性が損なわれ，
証券市場に対する投資家の信頼を失うこととなる。内部者取引の規制が必要と
される所以である」（証券取引審議会「内部者取引の規制の在り方について」（昭和
63年2月24日））と指摘されていたところである。このような判例・通説の立場
からは，①インサイダーと一般投資家との間の公平性，②証券市場の公正性と
健全性，③証券市場に対する投資家の信頼などが保護法益（を構成するファク
ター）としてあげられる（通説）。

　これに対して，刑法学説の中には，本罪の保護法益を「**投資者の（財産的）**
利益」とする見解もある（その中でも，投資者とインサイダーとが直接，相対して
取引する場合の投資者の損害として説明する考え方と，匿名化された市場レベルに
おける一般投資家の損害として説明する考え方がある）。このように解する場合に
は，通説や判例よりも，本罪の既遂時期が遅くなることになる。

　判例・通説の理解によれば，本罪は，行為者が重要事実の公表前に有価証券
等の売買をすれば直ちに既遂となる。本罪は抽象的危険犯として規定されてお
り，証券市場の公正性と健全性が実際に害されたか否かは問題とならない（検
察官・裁判官をこの点につき立証・認定する必要はない）。

コラム 7-2：規制の根拠・枠組みに関するアメリカの議論

　早くからインサイダー取引の処罰を肯定してきたアメリカの判例理論では，イ
ンサイダー取引規制の根拠・枠組みについて，情報の平等理論あるいは信任義務
理論から不正流用理論へと発展を遂げてきており，わが国の金融商品取引法に関
する教科書・体系書などでも広くこのことが紹介されている。

　①**情報の平等理論**は，インサイダー取引罪は未公開情報に接近できない投資者
の犠牲の上に情報保有者が不当に利得を獲得するという不平等を禁じるべきだと
する考え方であり，これによれば，内部情報を得た者はすべて規制対象となり，
その範囲はかなり広くなる。

　②**信任義務理論**は，会社・株主と信任関係にある者が，その信任義務に反して
利得を得ることを禁じるべきだとする考え方であり，規制対象者は取締役・従業

員など典型的な内部者のほか，公認会計士や顧問弁護士等に限定される。

　③**不正流用理論**は，未公開情報の利用が（守秘義務違反などの）契約違反となる場合には，その利用行為をすべてインサイダー取引規制の下に置くべきだとする考え方である。ここでの義務違反は，信任義務理論のように会社に対する義務に限定されることはなく，たとえば会社の財務書類の印刷を請け負った会社の従業員が印刷作業中に知った情報を利用した場合にも，規制対象となりうる。

　わが国の刑法学説における法益論は，インサイダー取引によってどのような利益・価値が侵害・危殆化されるのかという，いわば「被害者は誰か」あるいは「被害は何か」という視点からの議論であるのに対して，アメリカの判例理論の展開は，「誰のどのような行為を規制すべきか」あるいは「規制対象者（行為主体）は誰か」という視点からの議論であるといえる。このようなアメリカの規制根拠論は，わが国におけるインサイダー取引規制のあり方を考える上で重要な視点といえよう。

　もっとも，インサイダー取引についてかなり技術的かつ詳細な構成要件を規定したわが国のインサイダー取引罪の法解釈においては，上記のような規制根拠論のいかんによって，インサイダー取引の成立およびその範囲が左右されるわけではない。

コラム 7-3：インサイダー取引と民事責任

　インサイダー取引に対する民事責任については相場操縦罪のような特別の規定（金商法160条）はなく，原則として民法の**不法行為責任**規定（民法709条）に基づいて損害賠償責任を追及することになり，原告（投資者）側が被害を主張・立証しなければならない。この場合には，有価証券等の取引形態の違いによって責任追及の難易が大きく異なる。

　まず，①当事者間の合意に基づき特定有価証券を相対（あいたい）で売買等をした場合において，売主が買主に対して重要事実を開示することなく売買等をしたときは，買主が売主から当該重要事実を知らされていたら売買等はしなかったであろう（したがって，売主の情報秘匿行為と買主の損害との間に「あれなければこれなし」という条件関係＝因果関係がある）ことは比較的容易に立証できる。

　これに対して，②金融商品市場において売買等が匿名化されて取引・決済が行われる場合には，被害を被ったと主張する投資者が特定の売主（買主）がインサイダー取引をしたことによって自らが損害を被ったことを立証することは極めて困難となる。

　この点につき，ジャパンライン株事件に関して，東京地裁は，投資家 X（原告）が，東京証券取引所を通じて，ジャパンライン株式会社株49万4000株を３億

298万2000円で買い受けたところ，その後，ジャパンライン社（ジ社）と山下新日本汽船株式会社の合併と大幅減資が発表され，ジ社の株価が大幅に値下がりした（１株580円ないし623円から180円に下落）ことから，Ｘは，ジ社の大株主Ｙから上記株式を取得したものとしたうえで，Ｙはこの情報を知って，合併発表の４日前に高値で売却したという故意の不法行為（インサイダー取引）を行ったとして，現在の株価と購入価格の差額相当額２億1406万2000円の損害賠償を求めた事案につき，次のように判示して，Ｘの請求を退けた（東京地判平成３年10月29日金融・商事判例898号29頁）。

「……証券取引所における株式取引では，個々の顧客の委託注文は，証券会社を通じて証券取引所に集約され，値段及び時間を基準にして集計された売り注文と買い注文が集団的に結び付けられて売買が成立する。したがって，この場合，被告の株式売却と原告の株式買受けとの間に売買が成立したというには，まず，集団競争売買の中で，被告の売り注文と原告の買い注文とが，現実に結び付けられたことが，原告によって主張立証されなければならない。たとえば，ある銘柄について，当日の売り注文と買い注文がそれぞれ一つずつしかなく，それらが結び付けられて決済された場合を考えれば，証券市場を通じた株式取引であっても，右売付けと買付けとの間には売買が成立し，条件関係があると考えるべきである。これに対して，原告の買い注文が，そもそも被告以外の他の売り注文と結び付けられた決済されていたとすれば，現実に原告の買い注文と被告の売り注文は対応していないのであるから，その間に売買は成立せず，条件関係が存しないことは明らかである。」

このような裁判例の理解によれば，インサイダー取引によって損害を被った投資者は，その違反行為をした内部者から賠償金を取り立てる方法はないことになる。これは，インサイダー取引罪の保護法益・罪質をどのように理解・説明するか，という問題とも関連している。東京地裁の判示は，「投資者の財産的利益」は特定するのが不可能か（あるいは少なくとも）甚だ困難であることを示唆しているからである。

Ⅱ　インサイダー取引罪

事例１

上場株式会社Ａ社の営業部門の執行役員を務めるＸは，2021(令和３)年９月10日頃，定例の取締役会で，同社代表取締役Ｂらが投資ファンドＣキャピタルからの連絡により，ＣキャピタルがＡ社の株券の公開買付を行

うことについての決定をした旨を知ったとの報告を聞いた。そこで X は，この公開買付に関する事実の公表前である同年 9 月13日，D 証券会社（「D 証券」という。）を介し，東京証券取引所において，親族 E 名義で A 社の株券合計 2 万株を代金合計6340万円で買付け，また，その事実の公表前である同月14日から同月15日までの間，F 証券会社（以下「F 証券」という。）を介し，東京証券取引所において，親族 G 名義で A 社の株券合計6200株を代金合計1940万6000円で買い付けた。X はその後，A 社株を売り抜け，1330万円余りの利益を得た。

1　会社関係者のインサイダー取引罪（166条）

⑴　概　要

　一定の重要事実（内部情報）を知った会社関係者等がその事実の公表前にインサイダー取引（株券の売買等）をしたときは，5 年以下の懲役若しくは500万円以下の罰金，又はこれの併科（同197条の 2 第13号），法人に対しては 5 億円以下の罰金（同207条 1 項 2 号）が科され，その取引によって得た財産は没収・追徴される（同198条の 2 第 1 項 2 号，同条 2 項）。

　本罪の規定ぶりは極めて詳細かつ具体的である。その理由は，罪刑法定主義の観点から，これまで処罰されてこなかったインサイダー取引を可能な限り具体的に示すことが望ましいと考えられたからである。

⑵　主　体

　本罪の主体は，内部者である会社関係者等や，準内部者あるいは情報受領者といった，特定の「身分」をもった者に限定されており（**身分犯**），しかも，特定の重要事実を「知った」ものに限定されていることから「二重の身分犯」ということもできる。

　①**内部者**とは，上場会社等の役員・代理人・使用人・その他の従業者（166条 1 項 1 号），主要な株主等（同 2 号，2 号の 2），会社関係法人の役員等（同 5 号），以上の会社関係者でなくなった後 1 年以内の者（元会社関係者）（166条 1 項柱書後段）である。

　②**準内部者**とは，法令関係者（166条 1 項 3 号），契約関係者（同 4 号），以上の準内部者の立場を去ってから 1 年以内の者（166条 1 項柱書後段）である。

　③**情報受領者**とは，内部者または準内部者から，それらの会社の企業内容に関する一定の重要な情報の提供を受けた者（166条 3 項）である。情報受領者に

ついては，内部者あるいは準内部者から直接に重要情報を受け取った者に限られている（これを**第一次情報受領者**という）ことに注意すべきである。第二次情報受領者以降の者についても情報の伝播という意味では実質的に変わりがないはずであるが，これらの者も処罰するとなると処罰範囲が不明確になり法的安定性を害するおそれがあるなどといった理由から，立法に際してこのような限定がなされた。

(3) 重 要 事 実

インサイダー取引罪の成立にとって重要なのは，その「知った」情報が投資判断にとって重要なものであることである。投資者にとって考慮の対象にならないような情報から投資者が株式を購入しても，とくに影響はないからである。

金商法は，この重要事実（内部情報）について非常に細かく規定している（166条2項）。**重要事実（内部情報）**とは，投資者の投資判断に重要な影響を及ぼす情報であり，親会社及び子会社に関する，①**決定事実**（1号，5号），②**発生事実**（2号，6号），③**決算情報・決算変動**（3号，7号），そして④**その他の重要事実**（4号，8号）をいう。

①〜③の事実については，「有価証券の取引等の規制に関する内閣府令」（有価証券規制府令）49条以下が定める**軽微基準**（①・②について）ないし**重要基準**（③について）に該当する場合には本罪の重要事実から除外される（166条2項柱書）。また，④「その他の重要事実」とは，①〜③の事実以外の事実であり，4号・8号は①〜③を補完する趣旨の規定である（これを**包括条項**または**バスケット条項**という）。

①の決定事実について，判例によれば，「業務執行を決定する機関」とは，会社法所定の決定権限のある機関に限られず，実質的に会社の意思決定と同視されるような意思決定を行うことのできる機関であれば足り，また，その「決定」は，業務執行決定機関においてその実現が意図されたことを要するが，それが確実に実現されるとの予測が成り立つことは要しない，とされている（最判平成11年6月10日刑集53巻5号415頁〔日本織物加工事件〕）。

また，①〜③の事実と④の事実の関係について，判例はこれを重畳的なものと捉え，例えば薬剤の副作用による死亡事故発生という「損害の発生」という事実について，それが2号該当の事実かどうか判断が微妙な場合にも，その事実は同時に4号該当の事実かどうかという局面で評価・判断することができ

る，としている（最判平成11年２月16日刑集53巻２号１頁〔日本商事事件〕）。

(4) 株式等の売買等

本罪の行為は，会社関係者等が，重要事実の**公表**前に，当該会社の株式等の**売買等を行う**ことである。

「**公表**」とは，①当該上場会社等により，多数の者が知り得る状態に置く措置として政令で定める措置（公衆縦覧）がとられたこと，②有価証券届出書，有価証券報告書，半期報告書，臨時報告書が公衆の縦覧に供されたこと，または，③公開買付け届出書若しくは公開買付撤回届出書が公衆の縦覧に供されまたは公開買付の公告等がなされたことをいう（166条４項及び167条４項）。

①については，上場会社（167条では公開買付者）の代表取締役またはこの者から委任を受けた者が，重要事実について二つ以上の報道機関（新聞社，通信社や放送事業者）に公開し，かつ公開後12時間が経過したことをもって公表とされている（施行令30条）。

2　公開買付者等関係者のインサイダー取引行為（167条）

(1) 概　要

インサイダー取引により処罰されるのは，金商法によると「会社関係者」だけではない。公開買付者等関係者（167条１項）が，公開買付け等事実の発生後，その公表前に，当該公開買付け等事実を知りながら，株券等の買付け等または売付け等を行うことも処罰の対象となる。

従来は公開買付け自体がそれほど多くなかったことから本条適用事例はなかったが，最近ではM&Aや事業再編の手法として公開買付けが頻繁に利用されるようになり，2002(平成14)年の三笠コカ・コーラボトリング・三陽バックス事件を皮切りに立て続けに立件されており，著名な村上ファンド事件もその一例である。

◇　公開買付けの意義について
・日本取引所グループのHP：用語集 |「公開買付け（TOB）」
　https://www.jpx.co.jp/glossary/ka/143.html

(2) 主　体

本罪の主体は，公開買付者等関係者という特定の身分をもった者に限定され，しかも，公開買付者等等の実施・中止に係る事実を「知った」ものに限ら

れることから、これも「二重の身分犯」ということができる。

　　公開買付者等関係者（167条1項）とは、①当該公開買付者等の役員等（1号）、②会計帳簿閲覧等請求権を有する株主・社員（2号）、③法人の役員等（5号）、④法令関係者（3号）、⑤契約関係者（4号）、さらに、⑥元公開買付者等関係者（167条1項本文後段）である。

　　情報受領者（167条3項）とは、①公開買付者等関係者または元公開買付者等関係者から、当該公開買付者等関係者または元公開買付者等関係者がその職務等に関して知った公開買付け等の事実の伝達を受けた者（前段）、または、②情報受領者がその職務上公開買付け等事実の伝達を受けた場合には、当該情報受領者が所属する法人の他の役員等であって、その職務に関し当該公開買付け等事実を知った者も、インサイダー取引規制の対象となる（後段）。本罪の主体が第一次情報受領者に限定されることは、会社関係者等と同様である。

⑶　公開買付け等事実

　　公開買付け等事実（167条2項）とは、①公開買付け等の実施に関する事実、または②公開買付け等の中止に関する事実である。ただし、投資者の投資判断に及ぼす影響が軽微なものとして有価証券規制府令62条で定める基準に該当するものは除かれる。

　　ここにいう「公開買付け等」とは、①上場等株券等の公開買付け（27条の2第1項本文）、②上場等株券等の「買集め行為」、および③発行者による上場株券等の公開買付け（27条の22の2第1項）である（167条1項）。

　　「公開買付け等を行うことについての決定」をしたというためには、同項にいう「業務執行を決定する機関」において、公開買付け等の実現を意図して、公開買付け等又はそれに向けた作業等を会社の業務として行う旨の決定がされれば足り、公開買付け等の実現可能性があることが具体的に認められることは要しない、とされている（最決平成23年6月6日刑集65巻4号385頁〔村上ファンド事件・ニッポン放送事件〕）。

⑷　株券等の買付け等または売付け等

　　本罪の行為は、公開買付け者等が、公開買付け等事実の発生後、その公表前に、当該公開買付け等事実を知りながら、株券等の買付け等または売付け等を行うことである。

3　［事例 1］の解決にむけて

以上のことがらをふまえ，［事例 1］はどのように解決すべきだろうか。

X は会社関係者であろうか（166条），あるいは，公開買付者等関係者であろうか（167条）。X は A 社の執行役員とあるから，とーぜん（？）会社関係者だといえるであろうか，X はどのような経緯でその「事実」を知ったのであろうか，そしてその事実とは具体的にどのような内容のものか，慎重に見極める必要がある。

第 1 段落の X の行為について，本事例では，公開買付者である C キャピタルからの連絡すなわち「伝達」を受けて A 社代表取締役 B らがこの事実を知るところとなり，X はこれを定例取締役会で知ることとなった経緯がある。

この場合，B は167条 1 項 5 号に規定する「当該公開買付け等（……）に係る上場等株券等の発行者」が「当該公開買付者等からの伝達により知つたとき」に該当し，これを受けて，X は同 6 号に規定する「第二号，第四号又は前号［5 号］に掲げる者であつて法人であるものの役員等」が「その者の職務に関し知つたとき」に該当することになる。すなわち X は167条 1 項 6 号所定の「公開買付者等関係者」ということになる。

それゆえ X は，公開買付に関する事実が公表される前に株券の売買等を禁じた167条 1 項柱書きに違反することになる。

以上より，X には，第 1 段落の二つの行為について，それぞれ公開買付者等関係者によるインサイダー取引罪が成立する（金商法197条の 2 第13号，167条 1 項 6 号）。

Ⅲ　情報伝達罪・取引推奨罪

事例 2

　同じく［事例 1］の X はさらに，［事例 1］の公開買付けの実施に関する事実の公表前である令和 3 年 9 月11日頃，東京都内において，知人 Y にも利益を得させようと考え，Y に電話をかけて A 社の株券の買付けを勧め，さらに，同月12日頃，Y に対して電話をかけ，同公開買付けの実施に関する事実を伝達した。これを受けて，Y は，同公開買付けの実施に関する事実の公表前である同月14日，F 証券を介し，東京証券取引所において，A 社の株券合計300株を代金合計94万8000円で買い付けた。

1　概　要

　[事例2]では，Xが知人Yに対してもA社株を買うように勧め，また，情報を伝達をしている。Xのこのような行為をどのように評価すべきか。さらに，Xから得た重要情報からA社株を購入したYの責任はどうだろうか。

　金商法は，167条の2において，会社関係者および公開買付者等関係者の情報伝達・取引推奨行為を禁止し，その違反者に対して，5年以下の懲役または500万円以下の罰金（197条の2第14号・15号），法人に対しては5億円の罰金（207条1項2号）を科している。

2　主　体

　本罪の主体は，①166条1項の定める上場会社等に係る会社関係者であって，同項にいう当該上場会社等に関する重要事実を同項各号に定めるところにより知ったもの，または②167条1項に規定する公開買付者等関係者であって，当該公開買付者等の公開買付け等事実を同項各号に定めるところにより知ったものである。本罪の主体も，会社関係者等であるという「身分」と，重要事実等を「知った」ものという「身分」をもった「二重の身分犯」といえる。

　なお，これらの者から情報の伝達を受けた情報受領者は本罪の規制対象とはなっていないことに注意しなければならない。

3　情報伝達・取引推奨

　本罪の行為は，業務等に関する重要事実あるいは公開買付等事実について公表される前に，他人に対し，その事実を伝達すること，あるいは売買等や買付け・売付け等の取引をすることを推奨することである。

　情報伝達とは，業務等に関する重要事実あるいは公開買付等事実といった所定の情報を他人に了知させる一切の行為をいう。通常は，口頭，電話，手紙，電子メールなどであろうが，伝達者の置かれた状況のいかんによっては，たとえば相手方の質問に明示的あるいは黙示的に回答するなどの形態もありうるであろう。

　取引推奨とは，他人に特定有価証券等の売買等を勧める行為をいい，重要情報の伝達自体は必要でない。重要事実ないし公開買付等事実など一定の事実を知っている者が取引の推奨をすることが禁止の対象とされているのである。

本罪の相手方すなわち情報受領者はその取引が「インサイダー取引」にあたることを認識している必要があるか否かについては議論の余地がある。

4　取引要件

本罪の成立には，情報受領者等が特定有価証券等の売買を実際に行ったことが必要である（197条の 2 第14号・15号）。これを**取引要件**という。

取引要件の法的性質については，これを「客観的処罰条件」と解する通説に対して，これを「構成要件的結果」とみる見解もある。また，取引要件は「当該違反行為により……売買等をした場合」と規定されていることから，情報伝達・取引推奨とこれを受けた者の特定有価証券等の売買等との間に因果関係が必要だと解すべきであろう。

5　故意・目的

⑴　故　意

本罪の故意の内容は，①重要事実が未公表であること，②相手方に情報伝達又は取引推奨をすること，③情報受領者等がインサイダー取引をするであろうこと，の認識・認容が必要であり，それは未必的認識で足りる。

⑵　目　的

本罪が成立するためには，故意のほか，「当該他人に利益を得させ，又は当該他人の損失の発生を回避させる目的をもつて」行われることが必要である（目的犯）（第 4 章でみた背任罪における「図利加害目的」もこれと同じ目的犯であるが，本罪では，他人の利益を図る目的〔他人図利目的〕に限られる）。これを**目的要件**という。

1 項・2 項のいずれも目的要件を置いているが，これは特別な立場にある者が特定の者に利益を得させる等の目的をもった行為が，重要情報公表前に有利な取引を引き起こすことで証券市場に対する投資者の信頼を損なうおそれがあることから，インサイダー取引に準じる違法な行為とされたのである。同時に，そこには IR 活動（企業が，投資家に向けて，投資判断に必要な企業の経営・財務状況などの情報を提供する活動のこと）が萎縮しないようにという配慮もある。

具体的には，会社関係者等が当該上場会社等の特定有価証券等に係る売買等をさせることにより，他人に利益を得させ，または他人の損失の発生を回避さ

せる目的をもっていたことが要件となる。公開買付け等の実施に関する事実に
係る場合にあっては株券等に係る買付け等をさせ，公開買付け等の中止に関す
る事実に係る場合にあっては株券等に係る売付けをさせることにより，当該他
人に利益を得させ，または他人の損失の発生を回避させる目的をもって行われ
た場合に限られる。

6　［事例2］の解決にむけて

それでは［事例2］はどのように解決されるであろうか。

(1) Xの罪責について

Xは公開買付者等関係者である。XはYに対して電話で2回にわたり，A
社株の買付けを推奨し，あるいはCキャピタルによるA社株の公開買付けの
事実に関する情報を伝達している。Xは「Yにも利益を得させよう」との考
えから取引推奨・情報伝達に及んだものであり，Xに図利目的があったこと
は明かである。

YはXの取引推奨・情報伝達行為がなければA社株を買い付けることはな
かったであろうといえることから，Xの取引推奨・情報伝達行為と情報受領
者であるYのインサイダー取引行為との間に因果関係を認めることができる。

以上より，第2段落の行為については，公開買付者等関係者による取引推奨
罪と情報伝達罪が成立し（197条の2第15号，167条の2第2項），これらは同じ
Yに向けられた同一の公開買付に関する行為であるので，包括一罪というこ
とになろう。

(2) Yの罪責について

Yは，167条1項6号所定の公開買付者等関係者であるXから，公開買付の
実施に関する事実についての情報を受領した。Yは167条3項所定の第1次情
報受領者に該当することになる。Yはこの情報に基づいてA社株の買付けを
行ったものである。

以上より，Yには情報受領者によるインサイダー取引罪が成立する（197条
の2第13号，167条3項）。

［補足説明］

なお，本事例において，仮にXがYに対して（内部情報を伝達することなく）
単にA社株の買付けを推奨したにすぎない場合（すなわち，取引推奨行為のみの
場合）に，Yの罪責はどうなるだろうか。Xの取引推奨行為は，Yにとっては株

投資のための適切なアドバイスとしか映らないかもしれないからである。

　この場合に Y にインサイダー取引罪を認めるためには，Y において，X が公開買付者等関係者である，あるいはそれに関する情報を保有しているであろうとの認識・予見があること，言い換えれば，Y が X から実質的に情報伝達を受けたに等しい状況が必要となろう。この点についてはさらなる検討が必要であるが，入門の段階ではこれ以上は立ち入らない。将来の検討課題として心に留めておいてほしい。

Ⅳ　刑法学の視点から

　インサイダー取引罪が成立するためには，会社関係者・公開買付者等関係者といった特定の「身分」にある者が業務等に関連して未公表の重要事実を「知ったとき」に「インサイダー取引をしてはならない」という禁止規範が発動されるのであり，特定の身分と重要事実の知情（第二の身分）とを必要とする，いわば二重の意味での身分犯ということができる。

　従前のインサイダー取引規制では，インサイダー取引のみを正犯行為として処罰してきたが，2013（平成25）年改正により，情報伝達や取引推奨も処罰化されるようなった。これらの行為は，改正前は，インサイダー取引の周辺的行為であり，情報伝達者・取引推奨者は，自らもすすんでインサイダー取引をしない限り，せいぜいインサイダー取引をした者に対する教唆犯（刑法61条）あるいは幇助犯（同62条）としてしか処罰されなかったものである（改正前に情報伝達行為が問題となった事例として，横浜地判平成25年 2 月28日金法1980号153頁参照。ただし，情報伝達者は本件被告人ではない）。

　改正により，これらが正犯行為へといわば「格上げ」されたことになる。情報伝達あるいは取引推奨それ自体が正犯行為となることから，理論的には，さらにこれらの行為についての教唆犯や幇助犯を想定することができる（もっとも，内部者である情報伝達者・取引推奨者に対する外部からの教唆行為・幇助行為が現実にどれほどありうるかは疑問である）。

　さらに，インサイダー取引規制については，金商法に課徴金制度が導入されたことから，インサイダー取引の処罰化が図られた当初の法状況からは，制裁のあり方に大きな変化が生じてきていることにも注意する必要があるだろう。刑事規制と行政規制の役割分担，制裁としての実効性の違い，手続的負担の軽重などについても，さらに考えてみる必要があるだろう（⇒第11章，第12章）。

V ま と め

- 金商法は，157条以下で，有価証券等に関する不正行為，風説の流布・偽計・暴行脅迫，相場操縦行為等，インサイダー（内部者）取引，有価証券の取引に係る不正取引，および，暗号資産に関するこれらの態様の不正行為等を規制しているが，その中でも，インサイダー取引はとりわけ多く発生している犯罪である。
- インサイダー取引とは，内部者・準内部者または情報受領者など，有価証券等の取引において影響を及ぼす会社内部の未公表の重要事実を知った者が，当該重要事実が公表される前に，その有価証券等の売買を行い，不当に利益を獲得あるいは損害を免れる行為である。
- インサイダー取引が禁止される理由は，これにより投資者間に情報の不平等が生まれ，ひいてはそのような不公正な市場に参加する者がいなくなるおそれがあることから，証券市場の公正性と健全性を保つためである。
- インサイダー取引罪は，会社関係者・公開買付者等関係者といった内部者，準内部者，情報受領者が，重要事実を知って，その事実が公法される前に，株式等を売買することによって成立する。
- 情報伝達罪・取引推奨罪は，会社関係者・公開買付者等関係者といった内部者が，他人に利益を得させる目的で，内部情報を伝達しあるいは取引を推奨し，それによって情報伝達。取引推奨を受けた者が当該有価証券等の売買等を行った場合に成立する。

〈参考文献〉

■ 講義にむけて
斉藤ほか・入門196-221頁とくに203-214頁［平山幹子］
芝原ほか・経済刑法465-522頁［岡村和美・瀬戸毅・木目田裕・渋谷貞司・大崎貞和］とくに482-498頁［木目田］
山口ほか・経済刑法193-262頁とくに229-255頁［橋爪隆］
黒沼悦郎『金融商品取引法入門［第7版］』（日本経済新聞社出版，2018）163-188頁

■ 深化のために

神例康博「日本におけるインサイダー取引の刑事規制について」斉藤豊治・松宮
　孝明・髙山佳奈子編著『日中経済刑法の最新動向』（成文堂，2020）228-238頁

岸田雅雄監修・神作裕之ほか編『注釈金融商品取引法【改訂版】〔第 4 巻〕不公正
　取引』（きんざい，2020）151-276頁［行澤一人］

黒沼悦郎『金融商品取引法［第 2 版］』（有斐閣，2020）427-548頁

佐久間修『刑法からみた企業法務』159-181頁

松尾直彦『金融商品取引法〔第 6 版〕』（商事法務，2021）589-727頁とくに622-
　686頁

◆第8章◆

独占禁止法と犯罪
―不当な取引制限罪―

本章で学ぶこと

- 不当な取引制限罪とはどのような犯罪か。
- 相互拘束行為と遂行行為をどのように考えるか。
- 課徴金減免制度と刑罰の関係はどのようなものか。

I　独占禁止法における処罰

1　概　要

「**カルテル**」という言葉を報道（ニュース）で聞かれたことのある読者は多いことと思われる。その際には時間的制約もあり，内容について詳しくは語れないことも多い。また，「**談合**」という言葉を聞けば，犯罪に近いのでは，という印象を持たれる読者もいるだろう（すでに講義等で学ばれた読者はそうではないだろうが……）。

経済法や競争法と呼ばれる講義を受けて**「私的独占の禁止及び公正取引の確保に関する法律」（独占禁止法，独禁法）**の内容やエンフォースメント全体の見地から刑事罰を検討することがたいへん望ましいが，そうでないと刑事事件を学ぶことができないとまでは言い切れないので，そうした読者は下記の参考文献や次の**公正取引委員会**（以下，公取委）の HP で基礎的なことを学んでから本章を読むことをお勧めしたい（刑事訴訟関連については，⇒第12章参照）。

◇　独禁法の基本事項について
公正取引委員会 HP：https://www.jftc.go.jp/

さて，独禁法における犯罪は，条文上，89条以下に規定があるが，その中で

も最重要なのは**不当な取引制限**についての罰則である（独禁法89条1項1号，3条，2条6項。なお，事業者団体についても同様に処罰されている。事業者団体とは，「2以上の事業者の結合体又はその連合体」であり，具体的には，工業会，協会，協議会，組合といった団体を意味する）。というのも，これまで実務で問題とされてきたのは，ほとんどがこの不当な取引制限罪だからである。

2　法人処罰と自然人処罰

ここで処罰についてまず確認しておくべきことがある。それは，法人処罰に関する条文の構造である。通常は，**両罰規定**（これについて詳しくは⇒第11章Ⅲ）の適用については，自然人たる会社の代表者や従業員が刑罰に触れる行為を行い，その者が処罰されたうえで，その法人たる会社自体が処罰されると思われる方が多いと思われ，それで問題はない。

しかしながら，独禁法の処罰においては慎重に考える必要がある。独禁法3条は「事業者は，……不当な取引制限をしてはならない。」と規定し，事業者がその主体とされており，自然人である代表者や従業員は独禁法89条1項1号の主体には含まれていないのである。そうだとすると処罰されないことになると思われるかもしれないが，そのように考えられてはいない。この場合には，独禁法95条1項の規定，すなわち，両罰規定における「行為者を罰するほか」という規定により独禁法89条1項1号の構成要件が修正されて，代表者や従業員もその主体になると解されている（最決昭和43年4月30日刑集22巻4号363頁。他に，法人が脱税をした場合も同様である（⇒第9章））。

このように自然人を処罰するためにも両罰規定が用いられることは意識しておいていただきたい（さらに，加えて代表者も処罰するとする条文もある（独禁法95条の2。いわゆる三罰規定））。また，事業者が主体とされることにより，述べたように代表者等に刑事罰を科すこととの調整が必要になっているということ自体が，後述（Ⅱ）のように，不当な取引制限罪という犯罪のとらえ方に少なからず影響を及ぼしているように思われる。

Ⅱ　不当な取引制限罪

1　概　要

独禁法が成立した第2次大戦後の1947（昭和22）年以降，昭和の時代に不当な取引制限罪が適用されたのは，著名な**石油カルテル**をめぐるものだけであっ

た。その後，平成となり，1990(平成2)年6月20日に公取委によって「独占禁止法違反に対する刑事告発に関する公正取引委員会の方針」が公表されると告発がなされるようになり，処罰される事案も増加した。これまでの告発やその後の訴訟結果についても，公取委HPで表にされているので確認いただきたい。

◇ 公取委による告発について
公取委HP 「独占禁止法違反に対する刑事告発及び犯則事件の調査に関する公正取引委員会の方針」
https://www.jftc.go.jp/dk/dk_qa_files/kokuhatsuhoushin.pdf
公取委HP 告発事件一覧
https://www.jftc.go.jp/dk/dk_qa_files/hansokuitiran.pdf

2 処罰対象行為

事例1

> 被告会社A，B，C，D，Eの5社は，いずれもN市交通局が発注する高速度鉄道に係る土木工事の請負業等を営む事業者であり，被告人X1はAのN支店顧問であり，X2は上記BのN支店次長であり，X3はCのN支店営業部長であり，X4はD中部支店副支店長であり，X5はEのN支店次長であり，それぞれその所属する被告会社の従業員として，同工事の受注等に関する業務に従事していた。
>
> 被告人X1～X5は，同工事の請負業等を営む他の事業者の従業員らと共謀の上，面談等の方法により，N市交通局が一般競争入札の方法で特別共同企業体に発注する高速度鉄道第6号線延伸事業に係る土木工事に関し，各事業者の事業規模や実績等を勘案して，被告人X1の指示により，同工事の入札に参加する特別共同企業体の構成会社及び入札参加工区並びに各工区における受注予定の特別共同企業体を決定した上，当該受注予定の特別共同企業体が受注できるような価格で入札を行うなどする旨を合意するとともに，同合意に従って，上記事業に係る土木工事である高速度鉄道第6号線徳重第1工区土木工事等について，それぞれBのN支店を代表構成員とする特別共同企業体等を受注予定特別共同企業体と決定するなどした。

(1)[事例1]の解決にむけて
N市交通局が一般競争入札の方法で特別共同企業体（いわゆるJV）に発注す

る地下鉄延伸事業に係る土木工事に関し，受注調整が行われたのであるが，これは，このようなハードコアカルテルである**入札談合**に対して刑事法が関与したケースである。

　先にも述べたように，独禁法 3 条違反により独禁法89条 1 項 1 号が刑事罰を予定しているが，その違反行為である不当な取引制限自体については独禁法 2 条 6 項に規定されている。そこでは，事業者が，他の事業者と共同して対価の決定をする等，相互にその事業活動を拘束し，又は遂行することにより，公共の利益に反して，一定の取引分野における競争を実質的に制限することが不当な取引制限だとされている。入札談合のみならず，**価格調整行為**もこれに該当するとされる。

　［事例 1 ］にあてはめてみると，A〜E 会社は「事業者」に該当する（最判平成元年12月14日民集43巻12号2078頁も参照）。そして，他の事業者と共同して，すなわち，面談等の方法で互いに意思連絡を行い（民事判決であるが，最判平成24年 2 月20日民集66巻 2 号796頁（いわゆる多摩談合事件）は，事例判断ではあるが，「取決めに基づいた行動をとることを互いに認識し認容して歩調を合わせるという意思の連絡が形成されたものといえるから，本件基本合意は，同項にいう『共同して…相互に』の要件も充足するものということができる」としている。刑事事件では自然人間の互いの意思連絡が（共謀共同正犯を含める）刑法60条との関係でも必要となる。），受注予定の特別共同体が受注できるような価格で入札を行うなどする旨を合意したこと（いわゆる**合意時説**（最判昭和59年 2 月24日刑集38巻 4 号1287頁））で，相互にその事業活動を拘束し，遂行することにより，公共の利益に反して，同工事の受注に係る取引分野における競争を実質的に制限したことになる（詳しくは，名古屋地判平成19年10月15日判タ1284号321頁**（名古屋地下鉄談合事件）**。X 1 が談合の中心人物であり重く処罰されたが，執行猶予とされた）。

Ⅲ　入札談合の処罰

1　入札談合の理解

　さて，［事例 1 ］のような入札談合では，「基本合意」と「個別調整」の 2 つに分けて検討されるのが一般である。「**基本合意**」とは入札における落札者割り振りの大きなルールとされる。また，「**個別調整**」とは，こうしたルールに沿って具体的な発注案件について誰が受注予定者となるかを決めて，その者に落札させるようにする行為である。

では，次の［事案2］では犯罪の成否をどのように考えるべきだろうか。

事例2

　被告人ら25名は，1994(平成6)年4月15日に開催された会合に自ら出席し，東京都が平成6年度から水道メーターの発注を全面的に指名競争入札及び指名見積合わせの方法によることとしたことに対応してこれまでの各社の利益を維持するための受注調整を行うこととし，それぞれ自社の業務に関し，平成元年度から4年度までの受注実績を基に算出した比率を基準として平成6年度において各社が受注することを合意するとともに，これを実施するため，あらかじめ選出した幹事が入札の都度各社に受注予定社と入札予定価格を連絡してそのとおりに受注できるように各社が入札又は見積りを行うことを合意した。また，平成7年度（平成6年度の受注実績に基づく），平成8年度（平成7年度の受注実績に基づく）にも同様の合意をした。

2　［事例2］の背景

　［事例2］では，1994(平成6)年度において各社が受注することを合意した「基本合意」がなされており，それに続く形で平成7年度，平成8年度と受注調整行為が続けられている。本件は，いわゆる**水道メーター事件**（東京高判平成9年12月24日高刑集50巻3号181頁）と呼ばれている事案そのものであるが，背景事情を述べると平成6年以前は異なる状況であった。すなわち，判決によると，「水道メーターは，計量法上，検定制度と有効期限の制約がある上，必要に応じて速やかに調達されなければならない公共性の高いものであるから，これが安定供給されることは，行政の重要な利益である。また，水道メーターの市場は，中小企業者が多く，価格のみの競争にさらされるときは寡占を招く危険性のある特殊市場であるから，その受注にあたっては，中小企業の保護にも十分に配慮しなければならない。そうした特殊性から，東京都は，従前いわゆる単価同調方式を採用し，年度初めの入札における最低価格をその年度の受注価格とし，これに異存のない指名業者等に実績等に応じて受注させることとし，水道メーターの事業者も，この方向に協力してきた」というのである。もっとも，受注調整行為それ自体が許容されているわけではなく，「永年にわたり同様の受注調整を繰り返して平成3年12月に1社を除く被告会社が公正取引委員会の立入検査を受け，平成5年1月には審決まで受けた」にもかかわらず，方式が変更された平成6年度も引き続きこうした行為を行ったのである。

3　［事例2］の解決にむけて

　東京高裁は，結論として，平成6年度，平成7年度，平成8年度，「各年度の談合によりそれぞれ新たな不当な取引制限という法益侵害が生じているのであるから，各年度毎の罪は**併合罪**となると解するのが相当」であるとした（なお，併合罪については，⇒第5章Ⅰ5を参照）。これは別個の侵害行為（不当な取引制限行為）が3回なされたことを意味する。

　弁護人は，①平成7年度，8年度における談合は別個の罪にはならず，**不可罰的事後行為**として無罪である，②平成6年度，7年度及び8年度の談合は全体として一罪を構成するにとどまる，③本件の各談合の段階では**未遂罪**が成立するにとどまると主張したが，東京高裁はいずれも受け入れなかった。すなわち，①については，いずれにしても平成6〜8年度全体を処罰すべきなので，不可罰的事後行為ではない，②については，前年度の談合は事後の談合を拘束するものでなかった，③については，たとえば平成6年度では，「一年を通じた調整を続けてこの目標を達成するため，幹事が入札期日毎に受注予定価格と受注予定社とを決定して各被告会社がこれに従うことなどを合意」していたとされ，あとは「その後は入札の際にこれを実施に移せば足りた」のであり，具体的な危険が高まったとされている。

コラム 8-1：不可罰的事後行為について

　弁護人の主張の①について，毎年度，制限する行為が行われているようなのに…よくわからないと感じた読者がいるかもしれない。それを解きほぐすためには刑法の知識が必要である。

　たとえば，書店の本を盗み，読み終わった後にそれを破いた場合の処理を考えてみよう。この場合，書店の本を盗む段階で，その本を自分のものとして扱う意思である**不法領得の意思**（⇒第6章Ⅲ）を有しているのが通常である。そして，**窃盗罪**はそうした不法領得の意思の悪質さも含めて他人から物を奪ったことを重く処罰（10年以下の懲役または50万円以下の罰金）していると解されるのが一般的である。そうだとすると，不法領得の意思を実現する行為を事後的に行った，すなわち，読書や書き込み，とくに事後的に破くような行為はすでに窃盗罪による処罰にいわば「**織り込み済み**」と評価すべきことになろう。そのように解釈して，事後的な器物損壊行為は，処罰されない不可罰的事後行為であるとされるのである。

　もっとも，近年では，述べたような器物損壊行為も窃盗行為と共に処罰される

べきであり，罪数処理で決着を図る共罰的事後行為という考え方も有力である。また，判例でも，**横領罪**において，これまで不可罰的事後行為とされてきた判例を変更して事後的な行為を処罰できるとしたものが登場した（最大判平成15年4月23日刑集57巻4号467頁）。

　いずれにしても，弁護人は不可罰的事後行為の伝統的な理解に示唆を得て，おそらく，ここでも平成6年度の合意の中には事後的に継続的に受注調整を行う意思が「**織り込み済み**」と考え，平成7，8年度になされたのは平成6年度の不可罰的事後行為と主張したのであろう。詳しくは，刑法の講義（教科書）で確認いただきたい。

4　相互拘束行為と遂行行為

　では，仮に［事例2］の行為が2014(平成26)年4月に初めてなされ，その基本合意がそのまま引き継がれて2021(令和3)年4月に発覚したような場合にはどうなるだろうか。

　［事例2］と同じように平成27年度について相互拘束行為がなされたと理解して処罰すればよいと思われた読者もいるであろう。しかし，刑事罰を科すためには「**公訴時効**」制度（犯罪後一定の期間が経過すると，公訴の提起を認めない制度）も考えておかねばならない。現在では，独禁法89条1項1号（95条4項も）の公訴時効は5年とされており（刑事訴訟法250条2項5号），2014(平成26)年4月になされた相互拘束する基本合意はその対象にならないように感じられる（なお，独禁法学説では，個別調整行為も相互拘束行為に含める説も主張されていることには注意を要する）。

　この点に関して，［事例2］の東京高裁は次のように述べている。不当な取引制限罪は「**相互拘束行為**等が行われて競争が実質的に制限されることにより既遂となるが，その時点では終了せず，競争が実質的に制限されているという行為の結果が消滅するまでは継続して成立し，その間にさらに当初の相互拘束行為等を遂行，維持又は強化するために相互拘束行為等が行われたときは，その罪の実行行為の一部となるものと解するのが相当である」と。

　こうした理解からすれば，既遂後も行為の結果が消滅するまでは犯罪は継続するのであるから，2021(令和3)年4月においても継続している場合もありうることになり，「時効は，犯罪行為が終つた時から進行する」とする刑事訴訟法253条にも（継続中は終了していないので）親和的な解決が図られることにな

り，時効の問題は生じなくなる。このように犯罪が終了せずに継続するとする考え方を，刑法学では**継続犯**と従来呼んできた（たとえば，**監禁罪（刑法220条）**がその例とされる）。

　しかし，刑法を学ばれた読者は，事業者の合意が継続するのは一種のフィクションではないか，という疑問を持たれたかもしれないが，その感覚は正しいと思われる。合意自体は基本合意がなされた時点で終了し，あとはその違法状態が続いているだけであり，継続犯ではなく**状態犯**（たとえば，**窃盗罪**）と考えられるからである。もっとも，そうだとすると，平成26年4月時点で相互拘束行為は終了してしまい，その時点から時が過ぎ，時効が完成すればその後の行為は処罰されなくなるという問題が残ってしまうことになる。

　それを避ける方策はいくつかあろう。有力なのは，相互拘束行為のほかに，個別調整行為を，条文にある「又は遂行すること」という**遂行行為**ととらえて活用することである。そうすれば，個別調整行為自体に対して刑罰を科しうることになる。刑事事件における東京高判平成19年9月21日 LEX/DB28135442は，「不当な取引制限の罪は，事業者間の相互拘束行為が実行行為に当たるだけではなく，その相互拘束行為に基づく遂行行為も別個の実行行為に当たると解される」としたうえで，「本件における遂行行為は，相互拘束の合意に従って，受注予定会社を決定することであり，受注予定会社の決定を行った時点で不当な取引制限の罪が成立する」としている（もっとも，相互拘束行為も処罰対象とされていることには注意を要する）。ただ，公取委は，刑事告発をした事件であっても全体で1個の基本合意を認定し，個別調整は課徴金要件で論ずるという基本姿勢であるとの指摘もある。

　あるいは，［事例2］の東京高裁のように各年度に分割して違反行為をとらえることができるかもしれない。毎年4月に改めて合意を見直すと評価できるのであれば，各年度での相互に拘束する違反行為を認定できそうである（東京高判平成16年3月24日刑集59巻9号1747頁では1998（平成10）年度を第1期〜第3期と分けている。なお，罪数処理としては包括一罪とされた）。

　さらには，そもそも公訴時効の解釈と，継続犯と状態犯の議論による帰結を一致させないという発想もありうるかもしれない。Iで述べたように，この問題は，刑法が事業者に対してどのようなアプローチをするか，ということと密接に関連してくるように思われる。皆さんはどのように考えるだろうか。

コラム 8-2：談合罪（刑法96条の 6 第 2 項）と不当な取引制限罪の関係

　談合行為を処罰する条文は独禁法だけではない。刑法典にも**談合罪（刑法96条の 6 第 2 項）**の規定が存在する。実は，［事例 1 ］のＸ 1 は，Ｎ市上下水道局発注の土木工事に関する入札後資格確認型一般競争入札において，特定の土木建設業者が有利な価格で落札することができるよう入札参加業者間で談合したことについて談合罪により有罪とされている（罪数処理は併合罪。なお，これと異なり，同一の入札談合により処罰される場合には，観念的競合か法条競合かの争いがある。）。

　まずは両者の違いを確認しておこう。はじめに気づくのは**法定刑**（罰則に規定された刑）である。不当な取引制限罪は，すでにみたように， 5 年以下の懲役又は500万円以下の罰金であるのに対し，談合罪は 3 年以下の懲役または（及び）250万円以下の罰金であり，談合罪の方が法定刑は軽い。次いで，**法人処罰**の有無である。前者は処罰するが，後者はそうではない。そして，後者には，「公正な価格を害し又は不正な利益を得る目的」要件があるが，前者にはない。また，前者は公取委の**専属告発（独禁法74条）**であるが，後者はそうではない。

　こうした違いを前提として，独禁法の処罰と刑法の処罰とのいわゆる棲み分けをめぐる議論が存在する。すなわち，法定刑の違いをふまえるのであれば，独禁法上の違反行為の方が大きな侵害行為である必要があるとして，「**一定の取引分野**」に意味を持たせようとするのである。具体的には， 1 回の取引では足りないのでは，場所的，量的に広いものである必要があるではないのか，ということである。もっとも，公取委による排除措置命令の事案には，ある 3 社が東京都の発注する個人防護具の 1 件だけの入札においてなした事案で一定の取引分野を実質的に制限したとされたものがある（公取委排除措置命令平成29年12月12日（平成29年（措）第 8 号・第 9 号））。こうしたことからすると，刑法でもこの要件に意味を持たせるような限定は不要であるともいえよう。専属告発のない談合罪は，競争入札での国等の経済的損失を避け，手続きの公正さを維持するという意味で通常の刑事司法ルートが確保されていることに意味があるといえる。

　また，談合罪における目的について，不正な利益（たとえば，談合による御礼金）を得る目的は理解しやすいが，「公正な価格を害する目的」はそうしたことがないために考察を要する。最高裁は，**公正な価格**について，「入札において，公正な自由競争によって形成せられたであろう落札価格をいう」としており（競争価格説。最判昭和28年12月10日刑集 7 巻12号2418頁），工事の不完全さ等を避けるために一定の適正な利潤を加えた価格を公正な価格としていないことは押さえておきたい。

コラム *8-3*：入札談合等関与行為防止法

　「**官製談合**」という言葉を耳にした読者は多いだろう。これについて辞書を引けば，入札について公務員がかかわって談合することとされている。では，このような場合に関与した公務員は処罰されないのだろうか。

　まず，発注者である公務員が積極的に談合に関与すれば，独禁法89条1項1号，刑法60条により，**不当な取引制限罪の共同正犯**として処罰されることになる（刑法8条により共犯規定が適用可能。）。実際，（旧）日本道路公団の副総裁がその発注する鋼橋上部工事について「独禁法違反の犯行にとって，極めて重要かつ必要不可欠な役割を果たした」とされ，共謀共同正犯として処罰された事案がある（東京高判平成20年7月4日 LEX/DB25420383。なお，身分がないため刑法65条1項が活用される。）。また，関与度合いが低くても，たとえば，下水道事業団において電気設備工事の発注等の業務に従事していた工務部次長が，受注側会社の受注調整行為を知りながら工事件名，予算金額等を教示したという事案では**幇助**の成立が肯定されている（東京高判平成8年5月31日高刑集49巻2号320頁）。

　刑法からみた**「入札談合等関与行為の排除及び防止並びに職員による入札等の公正を害すべき行為の処罰に関する法律」**（入札談合等関与防止法）は，こうした処罰とは別に，「国等の」「職員が，その所属する国等が入札等により行う売買，貸借，請負その他の契約の締結に関し，その職務に反し，事業者その他の者に談合を唆すこと，事業者その他の者に予定価格その他の入札等に関する秘密を教示すること又はその他の方法により，当該入札等の公正を害すべき行為を行ったときは，五年以下の懲役又は二百五十万円以下の罰金に処する」と規定する。すなわち，国，地方公共団体，または特定法人（入札談合等関与行為防止法2条4項）の職員が，入札等の秘密を教示する等の方法で入札等の公正さを害すべき行為をすると処罰されることからもわかるように，必ずしも独禁法上の不当な取引制限罪が成立する場合に限られてはいない（もちろん，両罪が成立しても問題はない）。

　その意味では，**公正な競争**という視点のみならず，**担当する職員に対する信頼**も保護法益として考えられているともいえる。入札に関与する公務員についてはその身分・職責を負う者として，刑法典の**入札妨害罪（刑法96条の6第1項）**を超えた処罰領域が確保されたことになる。

　この法律の具体的な内容全体については，公取委 HP 内の「入札談合等関与行為防止法について」（https://www.jftc.go.jp/dk/kansei/）をご覧いただきたい。

Ⅳ　課徴金減免制度と刑罰

1　概　要

　不当な取引制限がなされた場合に，公取委は**課徴金納付命令**を出すことが
できるということはご存じだと思われる（これについては，下記参考文献，公取
委HP内の「課徴金制度」や第11章を参照いただきたい（⇒第11章Ⅱ）），さら
に，こうした課徴金が減免される制度が，2005(平成17)年に制定された（独禁
法7条の4以下）。その目的は，「事業者自らがその違反内容を報告し，更に資
料を提出することにより，カルテル・入札談合の発見，解明を容易化して，競
争秩序を早期に回復すること」とされる。その背景には，違反行為が巧妙化し
て，証拠収集が困難になっていることがある。

　公取委の調査開始日（独禁法7条の4第1項1号によれば，その事件について，
立入検査や販促調査が行われた最初の日とされる）前に第1順位で公取委に対し
て減免申請を行う事業者（以下，第1順位者とする）については課徴金納付が全
額免除され，第2順位以降は，申請順位に応じた減免額（第2順位は20％，第
3順位は10％等）に，協力度合いに応じた減算率（最大40％）が加算される（**調
査協力減算制度**と呼ばれる）ことになる。調査開始日後についても，減免額や減
算率は低下するものの，申請自体は可能である。下記で確認していただきた
い。

　◇　課徴金減免制度について
　　公取委HP　「課徴金減免制度について」
　　https://www.jftc.go.jp/dk/seido/genmen/genmen.html

　ここで考えていただきたいのは，仮に最初に減免申請して課徴金が免除され
たとしても，それとは別に刑罰を科されることにならないだろうか，というこ
とである。課徴金の減免はあくまで行政処分であり，刑罰とは切り離されてい
ることに注意が必要である。この点につき，上述した「独占禁止法違反に対す
る刑事告発及び犯則事件の調査に関する公正取引委員会の方針」が改正され，
「ただし」書が付加された。それは，端的に述べれば，第1順位で申請した事
業者及びその役員，従業員等については「告発を行わない」というものであ
る。

　これで問題は解決したようにみえるがそうではない。共犯者に対してなした

告発は，共犯者全員に対してその効力が生ずることになる（**告訴不可分の原則**。刑事訴訟法238条2項が準用する同条1項）ため，告発しなかった第1順位のものにもこの効果が及び，起訴される余地は残っているのである。こうしたことを受けて，法改正の国会審議において当時の法務省刑事局長は「一部の事業者を被疑者とする告発がなされた場合，告発されなかった被疑者につきましては，検察官において，その訴追裁量権の行使に当たり，専属告発権限を有する公正取引委員会があえて刑事告発を行わなかったという事実を十分考慮することになると考えられますので，措置減免制度は有効に機能するものと考えております。」と述べている（平成17年3月11日の衆議院経済産業委員会 https://www.shugiin.go.jp/internet/itdb_kaigirokua.nsf/html/kaigi-rokua/009816220050311004.htm 大林宏法務省刑事局長発言）。

　刑罰が科される余地は残されているものの，現在処罰されないという運用がなされているようである。そうすると，第1順位者は起訴されないが，それ以降の者は起訴される事案が生ずることになる。［事例3］もそのうちのひとつとなる。

事例3

　溶融55％アルミニウム亜鉛合金めっき鋼板及び鋼帯並びに塗装溶融55％アルミニウム亜鉛合金めっき鋼板及び鋼帯（以下，これらの商品を「GL鋼板等」という。）について，2018（平成30）年4月下旬ころから同年6月中旬ころまでの間，本件めっき鋼板等の販売価格をA社，B社，C社及びD社が共同して引き上げることについて，会合を開催するなどして協議を重ね，同年7月1日以降に出荷するGL鋼板等の販売価格を，同年6月時点における被告会社等又はE社の各販売価格から1kg当たり10円引き上げる旨合意するという価格協定がなされた。

　その後，2018年9月6日にこの行為は終了した。2019（令和元）年11月11日と同年12月8日に，A社〜C社の3社が起訴され，さらに，それぞれの会社の従業者3名も起訴された。なお，公取委による課徴金納付命令が2020（令和2）年9月15日に出されているが，第1順位者であったD社には命令は出されていない。なお，D社及びその従業員は，課徴金減免制度の趣旨に則り，告発されておらず，起訴もされなかった。

　こうしたことを受けて，弁護人は，不当な取引制限罪の成立については認めるものの，従業員たる被告人の量刑に関して次のように述べた。①「公正取引委員会がD社及びD社担当者を告発せず，それらが起訴されなかった

ことを量刑において考慮すべきである」また②「B社に対する課徴金額は，減免申請をしたことにより減額されるのであるから，その点についても量刑において考慮すべきである」と。どのように考えるべきだろうか。

2 ［事例3］の解決にむけて

これまでは**入札談合**事件であったが，こうした**価格協定**も刑事罰の対象となる行為である。［事例3］では，A社〜D社の4社が共同して競争を実質的に制限する行為を行ったものの，そのうちの1社であるD社が第1順位者として課徴金の納付を免除され，先に述べた理由から告発も起訴もされていない。違反行為の存在は否定できないとしても，こうしたことは他の会社の従業員の**量刑**判断に及ぶのであろうか。

［事例3］に似た事案における判決（東京地判平成21年9月15日LEX/DB25451426。以下，**GL鋼板判決**とする）では，弁護人の①の主張に対して，D社及びその従業員について「公正取引委員会が告発をせず，検察官が起訴しなかったのは，課徴金減免制度を有効に機能させるための措置と解されるところであり，本件各被告人の量刑事情として考慮する必要はないと考える」とされた。課徴金減免制度の恩恵によって起訴を免れた者と別の人物の情状評価であるのだから，それが及ばないことに問題はないだろう。

では，B社の課徴金額が仮に「30％」減額とされるとすると（GL鋼板判決では公取委の調査日後に申請がなされ，同様に30％が減額されている。），この部分は量刑判断に影響を及ぼすのだろうか。こうした［事例3］の弁護人の②の主張についてはありうることだと思われる。積極的にやめることに関与して公取委に申請し，協力したことは事後の反省等の事情として有利な事情と評価しうると思われるからである。もっとも，GL鋼板判決ではこの点について述べられていない。おそらくそれは公取委が調査等を開始した「後」に減免申請をしたからであり，仮に「前」になされた事案であれば評価は変わりうるだろう。

なお，GL鋼板判決では，公取委の調査開始「後」の申請であったとはいえ，A社は従業員を通じて「他社の鋼板営業担当者に対して今後は独占禁止法違反行為は行わない旨を連絡させており，それを契機として本件めっき鋼板等について価格カルテルが行われなくなったことが認められる」として，罰金額が2000万円減額されている（その他の被告会社には1億8000万円の罰金が科されている）。減額されてよかったと感じた読者がいるかもしれないが，ことは

複雑である。というのも，D 社は申請を第 1 順位で行ったため起訴されていないが，起訴された A 社の方が違反行為の終了には寄与していた側面があることは否めないからである。このような場合でも D 社が手厚い恩恵を受けることに対して読者の皆さんはどのように感ずるだろうか。

こうしたことを考えてくると，独禁法ではいわゆる司法取引に近いことが行われていると感ずる読者もいるであろう。詳しくは第12章を読んでいただきたい（⇒第12章Ⅳ）が，現在では，刑事訴訟法350条の 2 以下で**協議・合意制度**が運用されている。その「特定犯罪」には独禁法違反の罪も含まれており（刑訴法350条の 2 第 2 項 3 号），検察官は，提供される証拠の重要性，関係する犯罪の軽重及び情状，当該関係する犯罪の関連性の程度その他の事情を考慮して，必要と認めるときは，被疑者又は被告人との間で，彼らが必要な協力をすることに対し，公訴を提起しない等の合意ができることになっている（刑訴法350条の 2 第 1 項）。まだ独禁法違反での適用事例はないようであるが，法人でもそれは可能であり（⇒第12章の第 1 事件），今後活用されるかもしれない。もっとも，独禁法に関しては課徴金減免の第 1 順位者は事実上告訴されないこととされているので，どのような棲み分けになるのか，必ずしも明確ではないように思われる。

3　罰金との調整

なお，（両者が制裁的な機能を有するとすると）課徴金納付命令と罰金が**併科**されることもあり，その際に事業者に過剰な負担になることも考えられうる。2005（平成17）年改正では比例原則に配慮して，独禁法 7 条の 7 に，原則として，「罰金の刑に処する確定裁判があるときは」罰金額の半額を控除する規定が導入された。

この場合，刑事事件の結果を受けてから課徴金納付命令が出されるのが通例である。[事例 1] についても，半額を減額したうえで課徴金納付命令が出された（公取委課徴金納付命令平成19年11月12日（平成19年（納）第175号）。1 億5000万円の罰金なので7500万円が控除された）。

GL 鋼板判決は平成21年 9 月15日に出されているが，これは課徴金納付命令が出された日よりも遅い。すなわち，通例の場合と逆である。この場合には，独禁法63条により課徴金納付命令が変更されることになる（公取委控除審決平成21年11月 9 日（平成21年（納変）第 1 号など）。当時は旧独禁法51条による）。

V　刑法学の視点から

　以上のように，現在の独禁法における処罰は不当な取引制限罪による処罰といえる。ここで，イントロダクションで学んだ**保護法益論**を思い出していただきたい。独禁法の保護法益を最高裁は「**自由競争経済秩序**」と解している（前述した**石油カルテル事件**判決）。

　この議論が具体化するのはたとえば，価格協定の**既遂時期**である。[事例1]に関して述べたいわゆる**合意時説**で本当によいのだろうか。**一般消費者や企業全体の経済的利益**を守るために独禁法の刑罰規定が存在すると考えるとすれば，その具体的危険が生ずるような合意が実行されるまで処罰が控えられることになろう。もっとも，合意時説が「合意さえあればすべて処罰できる」とまで言い切るものではないと理解するのが通例であると思われる。この最高裁の調査官解説では，合意それ自体により，「潜在的には競争の実質的制限が生じているとみうる」と評されており，そうでない可能性は排除されていないと読めるからである。

　はじめにも述べたように，独禁法の全体像をふまえたうえで，刑法の議論を見つめなおしていただきたい。本章を読んで，事業者を対象とする経済法と，自然人処罰を原則とする刑法との交錯は難しいと感じられたかもしれないが，その難しさを克服しようとする努力こそ，画一的な見方を生まない両者の理論の発展に寄与するように思われるが，いかがだろうか。

VI　ま と め

- 不当な取引制限罪は，悪質とされる価格協定や入札談合がなされた場合に，両罰規定を通じて法人と自然人に対して適用される。
- 入札談合の刑事事件判決においては，基本合意である「相互拘束行為」がなされれば実質的な競争制限がなされたと評価されるとともに，個別調整行為も「遂行行為」として評価されている。もっとも，前者について公訴時効が完成するような場合には，遂行行為のみで犯罪とされるかどうかについて，議論がある。
- 課徴金減免制度の第 1 順位申請者（従業者も含む）は，告発がなされず，また，起訴もされないこととされている。なお，他の事業者が起訴され処罰されることと，この制度との関係をふまえる必要がある。

〈参考文献〉

■ 講義にむけて

斉藤ほか・入門　222-241頁［中里浩］

芝原ほか・経済刑法　523-535頁［杉山一彦］，536-549頁［上原龍］

山口ほか・経済刑法　263-290頁［島田聡一郎］

・独占禁止法の入門書

土田和博他『条文から学ぶ独占禁止法［第 2 版］』（有斐閣，2019）

白石忠志『独禁法講義［第 9 版］』（有斐閣，2020）

岸井大太郎他『独占禁止法と競争政策［第 9 版］』（有斐閣，2020）

■ 深化のために

甲斐克則「談合」甲斐克則編『企業活動と刑事規制』（日本評論社，2008）75-90頁

神山敏雄『独禁法犯罪の研究』（成文堂，2002）

郷原信郎『独占禁止法の日本的構造　制裁・措置の座標軸的分析』（清文社，2004）

佐伯仁志「第11章　罰則」根岸哲編『注釈独占禁止法』（有斐閣，2009）811-845頁

芝原邦爾『経済刑法研究　下』（有斐閣，2005）713-789頁

白石忠志『独占禁止法［第 3 版］』（有斐閣，2016）222-227頁，699-716頁

舟田正之『独占禁止法の研究』（勁草書房，2021）167-299頁

細田孝一「独禁法の制裁制度」田口守一他著『刑法は企業活動に介入すべきか』（成文堂・2010）67-85頁

山本慎・松本博明『独占禁止法における新しい課徴金減免制度 —— 調査協力減算制度の導入 ——』（公正取引協会，2021）

◆ 第9章 ◆
租 税 犯 罪
──租税ほ脱罪を中心に──

本章で学ぶこと

● 重加算税と刑罰との関係はどのようなものか。
● 狭義のほ脱犯と無申告ほ脱犯と単純無申告犯との違いはどのようにすべきか。
● 既遂時期はいつか。

I 租税と刑事法

1 概 要

「**脱税は犯罪になる**」と理解されている読者は多いと思われるが，どのようにふるまうと逮捕，処罰されるのか，についてまではあまり考えたことはないのではないだろうか。また，追徴課税や重加算税など，刑罰に関連するような単語を耳にすることはあるが，その内容までは知らないかもしれない。本章では，租税についての刑罰を学ぶことになるが，第8章と同様に，ここでも租税法の基礎を学びながら罰則の意義を考えていただきたい。

まずは，本章のテーマである租税犯罪で登場する法律を確認しておこう。刑罰を科すことが問題とされる重要な税金は，所得税と法人税とである（関税関係は除く）。こうした税を免れることを処罰してきているからである。

まず，**所得税**とは，個人の所得に対して課される国税のことであり，所得とは，収入から必要経費を差し引いたもの，つまり「もうけ」のこととされている（**所得税法**では，所得の種類を利子所得，配当所得，不動産所得，事業所得，給与所得，退職所得，山林所得，譲渡所得，一時所得及び雑所得の10種類に分類してそれぞれの所得の内容と計算方法を定めており，最後の雑所得が他の所得のいずれ

にも該当しない所得なので，すべての所得に対して原則課税されることになっている。もっとも，例外もある。詳しくは，国税庁 HP 参照）。そして，所得税法5条は，「居住者は，この法律により，所得税を納める義務がある。」とし，納税義務を規定する（憲法30条参照）。

また，**法人税**とは，法人の所得にかかる国税であり，基本的には，主に株式会社や協同組合などの法人が事業活動を通じて得た各事業年度の所得にかかる税金である（**法人税法**は，所得税法と異なり，特別に定めるものを除き法人の得た利益は法人の所得とし，また，その所得の算出法も必要な事項の全てを規定しているのではなく，会社法や一般に公正妥当な会計処理の基準によって計算された企業利益を前提とするなど相当部分を適正な企業会計の慣行に委ねているとされる。）。そして，法人税法4条は「内国法人は，この法律により，法人税を納める義務がある。」とし，納税義務を規定する（もっとも，公共法人は法人税を納める義務がないなど，例外はある。詳しくは，国税庁 HP 参照）。

実は，もう一つ知っておいていただきたいのが，**国税通則法**である。これは，「国税についての基本的な事項及び共通的な事項を定め，税法の体系的な構成を整備し，かつ，国税に関する法律関係を明確にするとともに，税務行政の公正な運営を図り，もつて国民の納税義務の適正かつ円滑な履行に資することを目的とする」法律（国税通則法1条）であり，税大講本によれば，「基本的には，納税義務者，課税標準，税率などの課税の実体に関しては各税法において規定し，各税に共通する期限後申告，修正申告，更正・決定，更正の請求，賦課，納付及び還付の手続，附帯税，税務争訟などに関しては通則法において規定しているということができる」とされ，税法の一般法として機能するとされる（参考文献　税務大学講本の国税通則法（令和3年度版））。そして，国税通則法15条2項は，「納税義務は，次の各号に掲げる国税については，当該各号に定める時に成立する。（括弧書きは省略）」として，所得税は「暦年の終了の時」（1号。2号を除く），法人税は「事業年度（連結所得に対する法人税については，連結事業年度）の終了の時」（3号）としている。それは，逆に言えば，国の租税債権が成立した時期であるといえる（納税方式については，コラム9-1参照）。

大学生の読者はなじみが薄いと思われるが，詳しい**租税法**の内容については，租税法の教科書や講義，国税庁 HP 等で確認いただきたい。

◇　所得税について

　国税庁 HP 「所得税」

　https://www.nta.go.jp/taxes/shiraberu/zeimokubetsu/shotoku.htm

◇　課税所得について

　国税庁 HP 「No.2011 課税される所得と非課税所得」

　https://www.nta.go.jp/taxes/shiraberu/taxanswer/shotoku/2011.htm

◇　法人税について

　国税庁 HP 「法人税」

　https://www.nta.go.jp/taxes/shiraberu/zeimokubetsu/hojin.htm

---

コラム 9-1：申告納税方式

　大学生の皆さんや就職しても確定申告をしていない読者の方は，税を「申告する」機会は少ないだろう。納税手続きの方式について所得税について**国税通則法**を下に確認をしておこう。

　まず，第2次大戦後より「**申告納税方式**」がとられていることは知っている方も多いと思われる。これは，「納付すべき税額が納税者のする申告により確定することを原則とし，その申告がない場合又はその申告に係る税額の計算が国税に関する法律の規定に従つていなかつた場合その他当該税額が税務署長又は税関長の調査したところと異なる場合に限り，税務署長又は税関長の処分により確定する方式」（国税通則法16条1項1号。以下，コラム内の条文は他の記載がない限りこの法律である）であり，国税の大半はこれにあたる。

　そして，「納税者は，国税に関する法律の定めるところにより，納税申告書を法定申告期限までに税務署長に提出しなければ」ならず（17条），所得税では，翌年3月15日とされている（所得税法120条1項）。確定申告の期限はこれを受けているといえる。なお，この期限を過ぎても申請はでき（18条），修正も可能である（19条）（なお，これをふまえて，「税務署長は，……その納税申告書に記載された課税標準等又は税額等の計算が国税に関する法律の規定に従つていなかつたとき，その他当該課税標準等又は税額等がその調査したところと異なるときは，その調査により，当該申告書に係る課税標準等又は税額等を更正する」ことになる。これは税務署長の行う行政処分とされる）。

　納税者は，申告をしたうえで納期限までに税金を納付しなければならない（34条以下）。申告納税方式による場合，納期限は**法定納期限**となる。これは，「国税に関する法律の規定により国税を納付すべき期限」であり（2条8号），所得税では，法定申告期限と同様に翌年の3月15日である。

　これを過ぎると，**附帯税**（延滞税，利子税，過少申告加算税，無申告加算税，不納付加算税，重加算税）の問題が生じてくる。たとえば，延滞税とは，「納付すべき国税をその法定納期限までに完納しないとき」に課される遅延利息的な性格を有するものである。納期限翌日から2か月以内の割合は7.3％であるが，それを超えると14.6％となる（60条）。過少申告加算税等については2を参照。

　こうした申告納税方式がとられており，申告と納付の両方が必要であるのが現在である。大学生でも株式の運用や競馬等で得た所得が多くある場合には自ら申告して納税をしなければならないのが基本である。これを放置してしまうと附帯税を納める義務が生じてしまう，さらには後述するように刑罰を科せられることにもなりかねないので注意いただきたい。

2　重加算税と刑罰

　この国税通則法に加算税についての規定がある。税大講本によれば，「加算税は，申告納税方式による国税について，法定申告期限までに適正な申告がなされない場合，及び源泉徴収等による国税について，法定納期限までに適正な納付がなされない場合に，その申告又は納付を怠った程度に応じて課されるものであり，申告又は納付の義務違反に対する一種の行政制裁の性格を有するもの」とされ，期限内に申告をしたが，期限後に過少申告で修正した場合（過少申告加算税），期限内に申告をせずに，期限後に申告書を提出した場合（無申告加算税），源泉徴収等により納付すべき税額を期限内に納付せず，期限後に納付した場合（不納付加算税）のことをいうとされる。

　そして，**重加算税**とは，こうした加算税のうちで，「課税標準等又は税額等の計算の基礎となるべき事実を隠蔽又は仮装していた場合」のことをいう（税務大学講本の国税通則法（令和3年度版））。重加算税に該当すると，たとえば，無申告加算税では，課税割合は40％とされることになる（国税通則法68条2項「無申告加算税の額の計算の基礎となるべき税額（略）に係る無申告加算税に代え，当該基礎となるべき税額に百分の四十の割合を乗じて計算した金額に相当する重加算税を課する。」）。

　このように重加算税は事実の隠蔽や仮装を伴う場合に課される行政制裁として理解される。

　さて，こうした行政上の措置がなされたからと言って刑罰が科されなくなるわけではない。そうすると，重加算税と罰金とを併科することが**二重処罰**を禁

ずる憲法39条に違反しないか，ということが問題とされることになる。これにつき，最高裁は，「国税通則法68条に規定する重加算税は，……納税義務違反が課税要件事実を隠ぺいし，または仮装する方法によつて行なわれた場合に，行政機関の手続により違反者に課せられるもので，これによつてかかる方法による納税義務違反の発生を防止し，もつて徴税の実を挙げようとする趣旨に出た行政上の措置であり，違反者の不正行為の反社会性ないし反道徳性に着目してこれに対する制裁として科せられる刑罰とは趣旨，性質を異にする」として，違反しないとした（最判昭和45年9月11日刑集24巻10号1333頁）。これについて議論はなされるが，憲法39条は「刑事上の責任」は問われないと規定するので，趣旨，性質が異なれば，基本的にはこれには当たらないとすることになろう。これを**二重訴追の禁止**を定めたものと解して，違反しないとする見解も主張される（あまりにも制裁が重くなり，罪刑均衡を欠くような場合には憲法31条に違反することになろうが，実際には起こりにくい）（⇒第11章）。

　租税刑事手続き（国税犯則取締法）も重要であるが，これについては，⇒第12章Ⅱ。

3　査察の状況

　では，最初に示した言葉「脱税は犯罪になる」というとき，その犯罪とはどのような行為なのだろうか。これについてまずは，**国税庁**による「査察の概要」をご覧いただきたい。

　検察庁に告発された2020（令和2）年度の件数は83件（令和元年度116件）で脱税総額は69億円（令和元年度93億円）とされている。たとえば，J社は，インターネット広告業を行っているが，不正加担先と通謀し，同人に虚偽の契約書等を作成させ架空の外注費を計上するなどの方法で法人税を免れたケースが挙げられる。このように架空の経費を計上して税を免れれば，処罰の対象となるとされている（第1審判決では，87件中86件に有罪判決が出され，令和元年度は124件全件が有罪とされた）。そして，このような脱税行為は**「ほ脱（逋脱）（以下，ほ脱とする）」**と呼ばれ，重く処罰されることになる。

◇　査察の概要について
　国税庁HP　「令和2年度　査察の概要」
　https://www.nta.go.jp/information/release/kokuzeicho/2021/sasatsu/

r02_sasatsu.pdf

Ⅱ　租税ほ脱罪概要

1　ほ脱と単純無申告

所得税法を見ると，所得税法238条が「**偽りその他不正の行為により**，第120条第１項第３号（確定所得申告）（第166条（申告，納付及び還付）において準用する場合を含む。）に規定する所得税の額…（中略）…につき所得税を免れ…（中略）…た者は，10年以下の懲役若しくは1000万円以下の罰金に処し，又はこれを併科する」とする一方で，所得税法241条は，「正当な理由がなくて第120条第１項（確定所得申告）…（中略）…の規定による申告書をその提出期限までに提出しなかつた者は，１年以下の懲役又は50万円以下の罰金に処する」とされ，前者と比較すると軽い法定刑が予定されている（なお，ここでの「者」は納税義務者であり，刑法学上は身分犯とされる。法人が納税義務者の場合には，第８章で説明した独禁法に関する両罰規定の適用と同様の解釈がとられることになる（最決平成９年７月９日刑集51巻６号453頁も参照）。⇒第８章）。

　前者が「**ほ脱犯**」と呼ばれ，狭義の脱税犯と解されている（なお，所得税法や法人税法等には，こうした行為により「税の還付を受けた者」も同様に処罰する受還付犯の規定がある。これは適正な税の納付後において，法定の事由を主張して国から不正に税の返還を受ける行為を処罰の対象とするものである。この規定がない法律もある（たとえば，相続税法））。

　後者は**単純無申告罪**と呼ばれており，「ほ脱犯」とは区別されている。後者は租税危害犯とされ，国家の租税確定権および徴収権の正常な行使を阻害する危険があるために可罰的とされ（参考文献参照），検査を拒否する行為（国税通則法128条１項２号。１年以下の懲役または50万円以下の罰金）や申告書の虚偽記載（法人税法162条。１年以下の懲役または50万円以下の罰金）がこれにあたるとされる。

2　単純無申告ほ脱犯の処罰 ── 2011（平成23）年改正

　このように，脱税犯と区別される単純無申告のような犯罪があるとしても，脱税犯との境界づけはやや複雑である。申告をせずに放置している状況は様々だからである。［事例１］を見てみよう。

事例1

　Ｘは，競艇の勝舟投票券の払戻金により多額の収入を得ていたものの，数年間，所得税の確定申告を一切しなかった。

(1)〔事例1〕の解決にむけて

　一読するとＸの行為は，所得税を申告しないという無申告と判断できるだろう。ただ，そうであるとしても，脱税に近い気もしないではない。

　第2次大戦後のまもない時期に最高裁は，こうした場合には狭義の脱税犯にあたらないとした。すなわち，その当時の所得税法について「詐欺その他不正行為を伴わないいわゆる単純不申告の場合にはこれを処罰することはできない」と述べたのである（最判昭和24年7月9日刑集3巻8号1213頁）。これを受けて，1950(昭和25)年改正により，先に述べた単純無申告罪が規定されるに至った（実は，先の最高裁判決でも「もし単純不申告による所得税の逋脱行為を処罰する実際上の必要があるならばそれは立法によつて解決すべき」と述べられていた）。

　そして，その後も最高裁は，「『詐偽その他不正の行為』により所得税を免れた行為が処罰されるのは，詐偽その他不正の手段が積極的に行われた場合に限るのであつて，たとえ所得税逋脱の意思によつてなされた場合においても，単に確定申告書を提出しなかつたという消極的な行為だけでは，右条項にいわゆる『詐偽その他不正の行為』にあたるものということはできない」とした（最判昭和38年2月12日刑集17巻3号183頁）。

　そうだとするとＸの行為は単純無申告罪として1年以下の懲役等という軽い罪で処罰されるのか。たとえば，FX取引等で高額の利益を上げたにもかかわらず申告しなかったケースも含めてこれによるとほ脱犯とは評価されないことになる。こうした行為の悪質さをふまえて，2011(平成23)年改正により，**単純無申告ほ脱罪**が規定された（たとえば，所得税法238条3項。法定刑は5年以下の懲役または500万円以下の罰金であり，単純無申告罪よりも法定刑は重い）。したがって，現在の法律ではＸはこの単純無申告は脱犯として処罰されることになろう（もっとも，下記のように，事案によっては後述の所得秘匿工作を伴う無申告（虚偽不申告ほ脱）とされることもある）。実際には，たとえば，脱税指南により得た所得に係る法人税及び消費税の申告義務を認識していながら，確定申告を行わず故意に納税を免れていた単純無申告ほ脱事案が告発されている。

3　ほ脱犯の類型

このように現在では単純無申告ほ脱という犯罪類型があるが，この規定がない，2011（平成23）年以前の状況では，無申告であっても，最も重い処罰である「偽りその他不正の行為により」税を免れる場合（ほ脱犯）に当たりうる場合があるのではないかが議論されてきた。

この点を理解するためには前述した所得税法238条，239条や法人税法159条1項前段を類型化する必要がある。具体的には，①所得金額を過少に記載した確定申告書を提出する**虚偽過少申告**，②**所得秘匿工作を伴う無申告（虚偽不申告ほ脱）**である。

ここで気が付いていただきたいのは，「**所得秘匿工作**」を伴う申告・無申告と呼ばれる類型があることである。こうした例としては，たとえば，商業ビル等の清掃業務を受注している X 社が，売上げの請求を複数の関連会社名義に分散するなど，事業の全体像の把握を困難にする事前の所得秘匿工作を行うことにより，確定申告を一切しなかったケースがある。

そうだとすると，所得秘匿工作を伴う①，それのない①，また，所得秘匿工作を伴う②，それのない②があることになり，最後の②についてほ脱犯とする立法がなされたと評価されることになる。では，その中身を見ておこう。

Ⅲ　虚偽過少申告と虚偽不申告

1　虚偽過少申告

この虚偽過少申告につき，最高裁は「真実の所得を隠蔽し，それが課税対象となることを回避するため，所得金額をことさらに過少に記載した内容虚偽の所得税確定申告書を税務署長に提出する行為（以下，これを過少申告行為という。）自体，単なる所得不申告の不作為にとどまるものではなく，……『詐偽その他不正の行為』にあたるものと解すべきである」として，事前に所得秘匿工作がなかったケースでほ脱罪の成立を肯定した（最決昭和48年3月20日刑集27巻2号138頁）。そうだとすると，①については，どちらも処罰可能である。通説もこれを支持している。

2　所得秘匿工作を伴う無申告（虚偽不申告）

(1)　概　説

以上に対して，この類型の理解は難しい。無申告の場合，最高裁は先にみた

ようにほ脱と評価するためには「詐偽その他不正の手段が積極的に行われた場合に限る」としていたからである。これを受けた最高裁は、その後、物品を移出して販売した事実を正規の帳簿に記載しなかった事案で、「所得税、物品税の逋脱罪の構成要件である詐偽その他不正の行為とは、逋脱の意図をもって、その手段として税の賦課徴収を不能もしくは著しく困難ならしめるようななんらかの偽計その他の工作を行なうことをいうものと解するのを相当とする」と述べた（最判昭和42年11月8日刑集21巻9号1197頁）のであるが、具体的にはどのようなことなのだろうか。次の［事例2］を考えてみていただきたい。

事例2

　Xは麻雀店3店舗を経営する者である。その売上げについて帳簿には正確な記帳がなされていた。また、2018（平成30）年末までは自己の口座で管理していたものの、2019（平成31）年以降はそのうちの1店舗の売上げはXの通称名であるO名義の預金口座に、2店舗については妻と娘名義の口座に預金をするようにした。これらの口座はXの住居地に近接する同一の銀行に設けられていた。なお、営業許可名義については、1店舗はXの名義であるが、他の2店舗は兄と他人名義になっていた。

　Xは、平成期では所得税確定申告を期限内に行っていたものの、課税額が大きくなってきたので、2019（平成31・令和元）年分からはXの実際総所得金額が6000万円あったのにかかわらず、所得税の法定納期限である2020（令和2）年3月15日までに、税務署長に対し、所得税確定申告書を提出しないで期限を徒過させ、所得税額2800万円を免れた。もっとも、帳簿についてはそれを税務当局から隠蔽しておらず、あるいは虚偽の表帳簿を作成してはいない。ただし、帳簿に記載されていない費用が存在し、その金額の確定は殆ど被告人の陳述に依存している。

⑵　［事例2］の解決にむけて

　Xは確かに申告をしていない無申告であるが、同一銀行とはいえ預金口座名をいわゆる仮名または借名に変更している。ただし、帳簿には正確な記載がなされ、いわゆる**二重帳簿**のような工作はしていない。まず確認しておきたいのは、先にも述べたように、無申告ほ脱（所得税法238条3項）として処罰されることに争いはないだろう。問題は、このような状況でXが「偽りその他の不正な手段により」税の支払いを免れたかどうか、すなわち、より重く処罰さ

れるか否か，である。

　［事例2］に類似した事案で，最高裁は，「このような場合であっても，税務当局が税務調査において右の帳簿の内容を確知できるという保障はないのであるから，仮名又は借名の預金口座に売上金の一部を入金保管することは，税務当局による所得の把握を困難にさせるものであることに変わりはなく，ほ脱の意思に出たものと認められる以上，所得秘匿工作に当たるものというべきであり，このような所得秘匿工作を伴う不申告の行為は，同法238条1項のほ脱罪を構成するものということができる」として，より重い所得税法238条1項違反を肯定した（最決平成6年9月13日刑集48巻6号289頁）。

　先の昭和42年判例が述べた「偽りその他の不正の手段により」の定義と読み比べると，「その手段として税の賦課徴収を不能もしくは著しく困難ならしめるような」偽計とは述べずに，「税務当局による所得の把握を困難にさせる」とされており，その判断が緩やかになったという評価もできるかもしれない。最近の下級審裁判例では，個人で輸入するなどした音響機器等をインターネットオークションサイトで販売する事業等を営んでいた被告人が，一貫して確定申告をしていなかったという事案で，被告人が居住実態がない住所に住民登録をしたことをもって，「被告人が，ほ脱の意図をもって，所得税の賦課徴収を困難ならしめるような何らかの偽計その他の工作を行ったものといえると判断した」としたものがある（大阪地判令和2年9月14日 LEX/DB25571127）。ここでも「困難」という表現が用いられている。

　①の虚偽過少申告の場合に所得秘匿工作がなくても，税務調査がなされれば，容易に所得の捕捉が可能な事案もあるだろう。そうすると，税務調査がなされるときには過少申告でも無申告でもそれを困難にする危険にあまり差異はないともいえ（平成6年判例の調査官解説でもその点が指摘されている），「困難にする」ことで足りるとも考えられうる。

　刑法を学んだ読者は，たとえば所得税法238条1項が，①と②の両者を同一の構成要件で判断することをふまえて，前者が作為犯類型で後者が不作為犯類型と考えると図式としてまずは分かりやすいかもしれない（なお，所得秘匿工作を含めて実行行為と判断すべきか否か，についての議論もあり，最決昭和63年9月2日刑集42巻7号975頁は含めない判断をしているが，詳しくは参考文献等を参照いただきたい）。

3　既 遂 時 期

　ほ脱犯が既遂に達するのは，「税を免れた」時である。**法定期限内**に虚偽過少申告をした場合や無申告の場合には，法定納期限の経過により既遂に達するといえる。判例も同様である（物品税につき虚偽過少申告をした最決昭和31年12月6日刑集10巻12号1583頁，法人税につき所得秘匿工作をして無申告の最決平成14年10月15日刑集56巻8号522頁）。また，法定納期限後に，虚偽の申告等がなされれば，その時に既遂となるとされる。

コラム 9–2：ほ脱犯の法定刑の変更，詐欺罪との関係

　このようにみてくると，ほ脱犯は「偽りその他の不正の手段により」「税を免れた」という表現からもわかるように，欺罔行為によって租税債務を免れるという点で**詐欺罪（刑法246条）**に類似していると感じた刑法を学ばれた読者が多いのではないだろうか。では，この両者の関係はどのように考えられてきたのだろうか。この点に触れる前に，租税犯罪の法定刑の変更を簡潔にみておきたい（後掲・島田157–158頁も参照）。

　第2次大戦前は，罰金・科料の額が税額の倍数によるいわゆる**定額刑**であり，本文のような所得税法や法人税法では3倍であった（たとえば，1920（大正9）年改正所得税法74条は「詐欺其の他不正の行為に因り所得税を逋脱したる者は其の逋脱したる税金の三倍に相当する罰金又は科料に処す」としていた。さらに当時は，刑法38条3項但書や39条2項など総則の規定の適用が排除されていた（同法77条。大正9年改正所得税法の条文は，国立公文書館デジタルアーカイブで確認できる。https://www.digital.archives.go.jp/DAS/meta/listPhoto?LANG=default&BID=F000000000000026315&ID=&TYPE=）。なお，わが国最初の所得税法である明治20年所得税法では，所得税を納める者が1年間で300円以上所得がある者に限定されているものの，すでに「所得金高ヲ隠蔽シテ」逋脱した者が処罰されていた（同法24条。明治20年所得税法についても https://www.digital.archives.go.jp/DAS/meta/listPhoto?LANG=default&BID=F000000000000014149&ID=&TYPE= 参照））。

　戦中でも酒税法や物品税法のような間接税の脱税に**懲役刑**が導入された。たとえば，物品税については，逋脱について税額の5倍であった（1943（昭和18）年物品税法18条）が，1944（昭和19）年の改正により，加重類型として5年以下の懲役もしくは「5倍を超え10倍以下に相当する罰金」に処せられる条項が追加された（1944（昭和19）年物品税法18条2項）。背後には，戦時下という特殊事情があった。

　第2次大戦後，**申告納税制度**が導入されたことに伴い，1947（昭和22）年に直接

税分野でも懲役刑が導入された。たとえば，当時の所得税法69条1項は，「詐欺その他の不正行為により……所得税額の全部又は一部につき所得税を免れた者は，これを1年以下の懲役又はその免れた税金の3倍以下に相当する罰金若しくは科料に処する。」と規定していた（1947(昭和22)年3月31日官報）が，3年以下に重くなり（1947(昭和22)年11月30日官報），さらに，5倍に引き上げられた（1948(昭和23)年7月7日官報）。そして，1950(昭和25)年に3年以下の懲役若しくは500万円以下の罰金とされることになる（1950(昭和25)年3月31日官報）。

　定額制がなくなり，ほ脱犯は形式犯から実質犯に変わったという評価がなされることになる。そうすると，今度は実際に構造的にはよく似た**詐欺罪**との違いを考える必要がでてきそうであるが，この点は**保護法益の違い**で従来説明されてきたといえる。すなわち，詐欺は財産権侵害という**個人的法益**に対する罪であり，ほ脱は課税権という**国家的法益**に対する罪である，と。刑法各論を学ばれた読者は，国家的法益と詐欺罪の成否という議論を思い出すことだろう。法定刑の違いもこのことを示しているのかもしれない。その後，ほ脱犯の法定刑は5年以下の懲役に改正され，2010(平成22)年まで続くことになる。

　けれども，国家も債権を実質的に保持するのであれば，課税債権（財産権）を侵害することが重要視されることになる。そうすると，一概に国家的法益の侵害ということのみから詐欺罪との差異を見出すのは困難になる。詐欺罪の解釈においても，ほ脱犯は詐欺罪と定型的に異なる，というよりも，ほ脱犯は**詐欺罪の特別法により処罰**されるというのが素直であろう。その違いは，租税債権は私人間の債権に比して様々な特権や優越的地位を有するので，回復が容易であるから詐欺罪よりもその違法性は低く抑えられていると説明される（さらに，個々の要件の解釈の相違もあろう）。

　こうした中，2010(平成22)年改正により，法定刑は10年以下の懲役または（及び）1000万円に引き上げられた（所得税法238条など）。その理由は，巨額脱税犯の存在や他の経済犯罪とのバランスとともに，詐欺罪の法定刑との均衡が述べられている。もはや回復は容易でないことが立法者により示されたともいえるが，法定刑に違いがほとんどないとすると，どんな違いがあるのだろうか。原則，ほ脱犯には未遂規定がないので，詐欺未遂によりそれを処罰することはできるだろうか。皆さんは，どのように思われるだろうか。

　なお，現在でも**罰金スライド制**（脱税額が罰金刑の上限を超える場合には罰金額をスライドさせて，罰金を脱税額以下とすることを認めること。所得税法238条2項，法人税法159条2項）がとられており，定額罰金制の名残のようにみえるが，これは租税罰の実効性を高めるものと評価されている。

Ⅳ　刑法学の視点から

　このようにみてくると租税犯罪の複雑さを感じ取っていただけたかと思う。現在では3種類の犯罪形態（**狭義のほ脱犯，単純無申告ほ脱犯，単純無申告**）があることを理解したうえで，犯罪の成否を検討する必要がある。この意味で，その違いを刑法的な観点からも見出す努力が求められており，保護法益に関する議論も避けては通れない。もっとも，翻ってみると，そもそも単純無申告ほ脱犯は申告もせず，税金を支払う気もないのであるから虚偽の過少申告によるほ脱犯よりも重い処罰に値するともいえるのではないだろうか。皆さんはどう考えるだろうか。

　ここでは扱えなかったが，現在では，**消費税**に関する脱税事件も多い。国税庁によると，たとえば，自動車部品輸出代行業を営んでいるB社が，取引先が中古自動車部品を海外に輸出する際，輸出手続きの代行のみを行っていたにもかかわらず，輸出手続きに必要な取引先の書類を流用することで，B社自らが輸出や国内での仕入をしているかのように装い，架空の免税売上及び架空の課税仕入を計上する方法で，不正に消費税の還付を受けていたケースや人材派遣業を営んでいるD社の代表者が，簿外口座や従業員を代表者にした実態のない法人名義の預金口座に売上金を振り込ませる方法により消費税を免れたケース等が挙げられている（2011(平成23)年改正により消費税の不正還付では未遂犯が処罰されることになった。また，輸入について2018(平成30)年改正により罰金上限額が引き上げられた）。

　「脱税は犯罪である」ことの理解が一歩進んだ方は，（第1章をふまえた）脱税における故意の内容（それに加えて，最高裁が「ほ脱の意図・意思」を重視しているのか）や脱税額確定の問題も含めて下記の参考文献を紐解き，その奥深さをさらに実感していただきたい。

V　まとめ

- 重加算税は行政上の措置，罰金は刑罰であり，趣旨，性質を異にするので二重処罰にはあたらないと解されている。
- 狭義のほ脱犯は，「偽りその他不正の行為」による虚偽過少申告及び無申告とされており，無申告ほ脱犯はそうした不正の行為なく「税を免れた」場合となる。単純無申告とは，申告書を提出期限までに提出しないことであり，「税を免れた」ことは不要である。
- 既遂時期は法定納期限と解されている。

〈**参考文献**〉

■ **講義にむけて**

斉藤ほか・入門　374-387頁［神例康博］

芝原ほか・経済刑法　315-324頁［深野友裕］，325-340頁［佐藤剛］，340-352頁［今村隆］

山口ほか・経済刑法　155-180頁［島田聡一郎］

・租税法の入門書として

浅妻章如・酒井貴子『租税法』（日本評論社，2020）

岡村忠生他『租税法［第2版］』（有斐閣，2020）

中里実他『租税法概説［第3版］』（有斐閣，2018）

税務大学講本 https://www.nta.go.jp/about/organization/ntc/kohon/index.htm

■ **深化のために**

朝山芳史「租税ほ脱犯の罪質について　詐欺罪との比較を中心として」植村立郎判事退官記念論文集編集委員会編『植村立郎判事退官記念論文集　現代刑事法の諸問題（第1巻第1編）』（立花書房，2011）203-221頁

金子宏『租税法［第23版］』（弘文堂，2019）1119-1130頁

神山敏雄『［新版］日本の経済犯罪　その実情と法的対応』（日本評論社，2001）304-316頁

佐藤英明『脱税と制裁［増補版］』（弘文堂，2018）

芝原邦爾『経済刑法研究　下』（有斐閣，2005）849-894頁

◆ **第10章** ◆

マネー・ローンダリング
── 組織犯罪・暗号資産・没収追徴 ──

本章で学ぶこと

- マネー・ローンダリングとはどのような行為か。
- マネー・ローンダリングに対してどのような規制がなされているか。
- 暗号資産を用いたマネー・ローンダリングに対してどのように対処しているか。

Ⅰ　マネー・ローンダリングとは

1　概　要

　マネー・ローンダリング（「**マネロン**」あるいは「**資金洗浄**」ともいわれる）とは，犯罪によって不正に獲得した収益（**犯罪収益**）を，その発生源・同一性・行方等を隠ぺいするために，金融システム等を利用して資金の形態・所有者名義等を変更して犯罪の痕跡を浄化し，合法的な資金であるかのように見せかける手法をいう。従前はヤミ（闇）組織・組織犯罪における地下経済の主要な資金移動手段として，近年ではテロ集団の活動資金やオレオレ詐欺など特殊詐欺における犯罪収益の隠ぺい手段としても利用されるに至り，その規制・取締りの必要性・重要性はますます増大している。また，犯罪収益は，将来の犯罪行為を産み出す資金（**犯罪資金**）ともなりうるものであり，いわゆるフロント企業（暴力団・反社会勢力が影で経営する企業）などに犯罪収益が投入されるのを放置すれば，健全な経済活動は著しく阻害されることになる。

　このように，マネー・ローンダリング規制の目的には，過去に行われた犯罪の収益を犯罪者の手元に残さない（剥奪する）という側面と，それが将来の犯罪資金として利用されないようにする（枯渇させる）という側面がある。

2　法整備の経緯

　マネー・ローンダリング規制については，国際的な動向を受けて，わが国では，1991(平成3)年に「国際的な協力の下に規制薬物に係る不正行為を助長する行為等の防止を図るための麻薬及び向精神薬取締法等の特例等に関する法律」(**麻薬特例法**)によって薬物事犯についてマネー・ローンダリング規制がなされたが，その後，1999(平成11)年に「組織的な犯罪の処罰及び犯罪収益の規制等に関する法律」(**組織的犯罪処罰法**)によって犯罪収益の範囲が大幅に拡大され，2001(平成13)年9月に発生したアメリカ同時多発テロ事件を契機として，2002(平成14)年に，テロ資金について規制する「公衆等脅迫目的の犯罪行為のための資金等の提供等の処罰に関する法律」(**テロ資金提供処罰法**)が制定された。

　2002(平成14)年には，「金融機関等による顧客等の本人確認等に関する法律」(**〔旧〕金融機関等本人確認法**)が制定され(2003〔平成15〕年1月6日施行)，金融機関に顧客の本人確認と確認記録の保存を義務づけることとした。同法は，2004(平成16)年12月30日より名称を「金融機関等による顧客等の本人確認等及び預金口座等の不正な利用の防止に関する法律」(**金融機関等本人確認法**)に改題して施行され，他人になりすまして口座を開設する行為，第三者への譲渡目的での口座開設や不正な口座譲渡・譲受等の行為に罰則を設けることとした(同法16条の2)。2006(平成18)年9月22日には同法施行令及び施行規則の一部改正がなされ，10万円を超える現金送金等に本人確認が義務づけられた。

　さらに2007(平成19)年には「犯罪による収益の移転防止に関する法律」(**犯罪収益移転防止法・犯収法**)によって「本人確認義務」および「疑わしい取引の届出義務」が整備され，2008(平成20)年3月1日の全面施行に伴い，金融機関等本人確認法が廃止され，また，疑わしい取引の届出を義務づけていた組織的犯罪処罰法第5章も削除された。本法はその後，数次の法改正を経て現在に至っている。なお，本法の制定・施行とともに，FIU(特定金融情報室)が警察庁に移管されている。

　また，2006(平成18)年には，没収・追徴した収益の被害者への給付を定めた「犯罪被害財産等による被害回復給付金の支給に関する法律」(**被害回復給付金支給法**)が成立している。

◇　マネー・ローンダリング対策の概要・現状と課題

・金融庁 HP：「マネー・ローンダリング対策」

　https://www.fsa.go.jp/p_fsa/fiu/fiuj/fm001.html

・同：「マネーローンダリング及びテロ資金供与対策の現状と課題（2019年9月）」

　https://www.fsa.go.jp/news/r 1 /20191021amlcft/20191021amlcft.html

◇　マネー・ローンダリング対策の沿革

・警察庁 HP：警察庁「マネー・ローンダリング対策の沿革」

　https://www.npa.go.jp/sosikihanzai/jafic/maneron/manetop.htm

Ⅱ　犯罪収益移転防止法による規制

事例1

　X は，SNS 上で氏名不詳の者から，手軽な「アルバイト」として，複数の銀行等で預金口座を開設し，その通帳を渡してくれれば，通帳1冊につき5万円の手数料を支払うと持ちかけられた。

　アルバイト先が倒産して食費にも事欠いていた X は，5日の間に，A 銀行 B 支店，C 信用金庫 D 支店および E 銀行 F 支店において，職員から求められた本人確認の際に，あらかじめ用意した偽造運転免許証を提示するなどして偽名と虚偽の住所を申告し，それぞれ他人名義の預金口座を開設し，合わせて3通の預金通帳と3枚のキャッシュカードを受け取った。

1　概　要

　犯罪収益が金融機関等を利用して入金・送金・払戻等が行われることを防止するためには，まずは，金融機関等がいわばゲートキーパー（門番）として怪しい金融取引をチェック・監視し，このような取引をさせないようにする必要がある。ここではまず。マネー・ローンダリングの予防的措置を規定した犯罪収益移転防止法（犯収法）の規制内容について確認することにしよう。

　犯収法1条は，「この法律は，犯罪による収益が組織的な犯罪を助長するために使用されるとともに，これが移転して事業活動に用いられることにより健全な経済活動に重大な悪影響を与えるものであること，及び犯罪による収益の移転が没収，追徴その他の手続によりこれを剝奪し，又は犯罪による被害の回

復に充てることを困難にするものであることから，犯罪による収益の移転を防止すること（……）が極めて重要であることに鑑み，特定事業者による顧客等の本人特定事項（……）等の確認，取引記録等の保存，疑わしい取引の届出等の措置を講ずることにより，組織的な犯罪の処罰及び犯罪収益の規制等に関する法律（……）及び国際的な協力の下に規制薬物に係る不正行為を助長する行為等の防止を図るための麻薬及び向精神薬取締法等の特例等に関する法律（……）による措置と相まって，犯罪による収益の移転防止を図り，併せてテロリズムに対する資金供与の防止に関する国際条約等の的確な実施を確保し，もって国民生活の安全と平穏を確保するとともに，経済活動の健全な発展に寄与することを目的とする。」と規定する。

　このような目的のもと，本法は金融機関等をはじめとする**特定事業者**（犯収法2条2項）に対し，顧客との取引を行うに際して，本人特定事項等の確認（同4条）と確認記録の保存（同6条）および取引記録の保存（同7条），さらに「疑わしい取引」の届出等（同8条）を義務づけ，罰則規定において，この確認の際に顧客等が虚偽申告をし，あるいは，なりすまし等により不正に取引を締結する行為を処罰している（27条以下）（⇒中崎『詳説　犯罪収益移転防止法』）。

　本法第6章は，基本的に改正金融機関等本人確認法の罰則規定を引き継いでいるが，その後の改正で罰則規定の拡充・重罰化がはかられている。本法25条・26条は行政庁の命令違反等に対する罰則を規定し，マネー・ローンダリングについては，27条が顧客等の本人特定事項に関する不実告知を，28条がなりすまし等による預金通帳等の譲受等・譲渡等，29条がなりすまし等による為替取引カード等の不正譲受等・譲渡等を，30条がなりすまし等による暗号資産交換用情報の受提供・提供について規定し，31条は25条から27条の違反行為についての両罰規定となっている。

　　◇　金融機関等本人確認法
　　・金融庁HP：「金融機関等による顧客等の本人確認等に関する法律」の概要
　　　https://www.fsa.go.jp/houan/154/hou154_01a.html
　　・金融庁HP：「金融機関等による顧客等の本人確認等に関する法律要綱」
　　　https://www.fsa.go.jp/houan/154/hou154_01b.html
　　◇　犯罪収益移転防止法

・警察庁 HP：犯罪収益移転防止法の解説

　https://www.npa.go.jp/sosikihanzai/jafic/hourei/law_com.htm

・警察庁 HP：犯罪収益移転防止対策室（JAFIC）

　https://www.npa.go.jp/sosikihanzai/jafic/index.htm

・日本弁護士連合会 HP：日弁連は「弁護士から警察への依頼者密告制度」
　に反対しています

　https://www.nichibenren.or.jp/activity/improvement/mimoto_kakunin/
　gatekeeper.html

◇　テロ資金提供処罰法

・警察庁 HP：2　テロ資金対策

　https://www.npa.go.jp/hakusyo/h28/honbun/html/sf122000.html

2　金融機関等に対する規制（25条・26条）

(1) 概　要

　本法4章は，行政庁による監督として，特定事業者において取引時本人確認等の措置が的確に行われるようにするため，特定事業者の所管行政庁（22条）は，その業務に関して報告・資料の徴収（15条），立入検査（16条），指導等（17条），是正命令（18条）をすることができるものと規定しており，その実効性を確保するために，25条と26条に罰則を設けている。

(2) 是正命令違反罪等

　25条では，18条の是正命令違反に対して，2年以下の懲役若しくは300万円以下の罰金又は併科，法人対しては3億円以下の罰金（31条1号）とされている。

　本法では，この是正命令違反が一番重い罪となっている。

(3) 報告・情報の不提出等罪

　26条では，15条若しくは19条所定の報告・資料の不提出若しくは虚偽報告・虚偽資料の提出，または，16条1項若しくは19条3項所定の質問に対する答弁拒否・虚偽答弁若しくは検査拒否・検査妨害・検査忌避に対して，1年以下の懲役若しくは300万円以下の罰金又は併科，法人に対しては2億円以下の罰金（31条2号）とされている。

3　顧客等に対する規制（27条〜30条）

⑴　概　要

　本法による顧客等に対する規制は，いわゆる振り込め詐欺など特殊詐欺事犯の犯人，闇組織あるいはテロ団体等が他人名義の預貯金口座等を利用することによって捜査機関の追求を免れることを防止するために設けられた規定である。マネー・ローンダリング規制の予防段階での直接的な顧客規制として位置付けられる。

⑵　取引時確認事項の不実告知罪（27条）

　本法27条は，顧客が預貯金口座を開設する際に，金融機関等が確認を行う本人特定事項について，本人特定事項を隠蔽する目的で，不実告知を行う者を処罰するものであり，その法定刑は1年以下の懲役若しくは100万円以下の罰金であり，法人についても同様の罰金である（31条3号）。本罪は，目的犯である。

　27条は，「顧客等又は代表者等の本人特定事項を隠蔽する目的で，第四条第六項の規定に違反する行為（当該顧客等又は代表者等の本人特定事項に係るものに限る。）をした者」と規定しており，4条6項では，「顧客等及び代表者等（前二項に規定する現に特定取引等の任に当たっている自然人をいう。以下同じ。）は，特定事業者が第一項若しくは第二項（これらの規定を前項の規定により読み替えて適用する場合を含む。）又は第四項の規定による確認（以下「取引時確認」という。）を行う場合において，当該特定事業者に対して，当該取引時確認に係る事項を偽ってはならない。」とされている。

　本罪の行為主体は，顧客等のうち「現に特定取引等の任に当たっている自然人」に限定されている。

　虚偽申告の内容は，法4条1項1号所定の「本人特定事項（自然人にあっては**氏名，住居**（本邦内に住居を有しない外国人で政令で定めるものにあっては，主務省令で定める事項）及び**生年月日**をいい，法人にあっては**名称及び本店又は主たる事務所の所在地**をいう。以下同じ。）」とされている事項である。

　不実申告による預金通帳等の不正取得は，詐欺罪（刑法246条）に該当しうる行為でもある。詐欺罪と犯収法上の犯罪とはどのような関係に立つと考えるべきだろうか。

　この点については，詐欺罪と犯収法上の犯罪との「棲み分け」の見地から，詐欺罪の成立を否定し不実申告罪のみを認めるという理解もありうるが（⇒山

口厚『新判例から見た刑法（第3版）』277頁参照），判例は，他人名義で預金口座を開設した事案（最決平成14年10月21日刑集56巻8号670頁），および，第1章でみたように，第三者への譲渡目的を秘して銀行から預金通帳やキャッシュカードを入手し事案（最決平成19年7月17日刑集61巻5号521頁）において，交付された預金通帳等についての1項詐欺罪（刑法246条1項）を認めている（⇒第1章［事例1］）。

　このような判例の立場を前提とすれば，27条に該当する行為についても1項詐欺罪が成立し，不実告知罪と詐欺罪とは併合罪（刑法45条前段）あるいは牽連犯（同54条1項後段）になる，ということになろう（罪数関係については議論の余地があるだろう）。

⑶ なりすまし等による預金通帳等の不正譲受等・譲渡等（28条〜30条）

　28条は，金融機関等の特定事業者に対する「なりすまし」等による預貯金通帳等の不正な譲受等および譲渡等を処罰する（⇒第1章Ⅰ2）。

　まず，同条1項は，①「他人になりすまして」**金融業者等**から「**預貯金通帳等**」（預貯金通帳やキャッシュカードなど）を「譲り受け，その交付を受け，又はその提供を受けた者」（前段），または，②「通常の商取引又は金融取引として行われるものであることその他の正当な理由がないのに」，有償で，預貯金通帳等を「譲り受け，その交付を受け，又はその提供を受けた者」（後段）は，1年以下の懲役若しくは100万円以下の罰金，又は併科とする。

　1項前段および後段の主体に限定はない。「譲り受け」とは通帳等の自主占有を得る場合，「交付を受け」とは，レンタルなど他人の観念的な占有を受けつつ，自分が直接占有する場合，「提供を受ける」とは，キャッシュカードの暗証番号等の情報の取得を対象とする場合をいう。

　2項は，①「相手方に前項前段のなりすまし目的があることの情を知って」，その者に預貯金通帳等を譲渡，交付，または提供した者，②「通常の商取引又は金融取引として行われるものであることその他の正当な理由がないのに」，有償で，預貯金通帳等を譲渡，交付または提供した者も，1項と同様の法定刑とする。前段の行為主体は，通常，1項前段の行為主体（契約申込者）と対向関係にある金融機関等の職員等であるろうが，必ずしこれに限らない。後段の主体に限定はない。相手方に目的があることの認識は，未必的なもので足りる。

　3項は，「業として前二項の罪に当たる行為をした者」は，3年以下の懲役

若しくは500万円以下の罰金，またはこれの併科とする。1項・2項の加重規定である。

　4項は，「第一項又は第二項の罪に当たる行為をするよう，人を勧誘し，又は広告その他これに類似する方法により人を誘引した者」も，第1項と同様の法定刑で処罰する。本項は，預貯金通帳等の不正譲受等を助長する行為を本犯と同様に処罰する規定である。

　29条では，同様に，為替取引業者等の「**資金移動業者**」から「**為替取引カード等**」を不正に譲受等・譲渡等する行為等が，それぞれ，同様に処罰される。

　28条ないし29条の1項あるいは3項に該当する行為についても，上記判例の立場を前提とすれば，1項詐欺罪が成立し，これらの犯罪と詐欺罪とはそれぞれ併合罪ないし牽連犯になる，ということになろう。

　さらに30条は，**暗号資産**（⇒第5章コラム5-1）に関して，暗号資産交換契約を締結する際に**暗号資産交換業者**から，他人になりすましまたは正当な理由がないのに，「**暗号資産交換用情報**」の「提供を受けた者」（1項）あるいはその情を知って「提供した者」に対して，1年以下の懲役若しくは100万円以下の罰金，またはそれの併科，「業として」これらに該当する行為を行った者に対して，3年以下の懲役若しくは500万円以下の罰金，またはこれの併科とし（3項），1項・2項にあたる行為の勧誘・誘引についても1項と同様に処罰するとしている。

　上記判例の考え方からすると，具体的には，暗号資産取引に係る口座を開設する際に，①他人名義でウェブウォレットを開設した場合には，本法30条の「なりすまし罪」が成立することになる。他人名義でのウェブウォレット開設行為は，口座開設によって暗号資産を運用しうる事実的・法的地位を得たといえることから，ここでは2項詐欺罪（刑法246条2項）が成立することになろう。また，②第三者に譲渡する意図で自己名義のウェブウォレットを開設した場合にも，正当な理由がないのに暗号資産用交換情報の提供を受けたとして本罪が成立するとともに，①と同様に，2項詐欺罪が成立しうる。そして，2項詐欺罪（刑法246条2項）と本罪とは併合罪ないし牽連犯になる。

　これに対して，③ウェブウォレットを適切に開設した後，これを他人に譲渡した場合には，本条が28条・29条のような譲渡行為についての禁止規定をもたない（「提供を受ける」行為と「提供する」行為に限っている）ことから，特段の犯罪は成立しないことになる。

　さらに，④ウェブウォレット開設の際の確認事項に関して不実告知をした場合には，詐欺罪の成否とは別に，本法27条の不実告知罪が成立することになる。

　◇　暗号資産について
　・金融庁 HP：暗号資産関係
　　https://www.fsa.go.jp/policy/virtual_currency02/index.html
　・日本暗号資産取引業協会（JVCEA）HP
　　https://jvcea.or.jp/
　・同 HP：定款・諸規則 rule
　　https://jvcea.or.jp/about/rule/

4　［事例1］の解決にむけて

(1)　問題の所在

　X の A 銀行 B 支店，C 信用金庫 D 支店および E 銀行 F 支店に対する預金口座開設の際の本人確認において，氏名や住所を偽った行為は，どのように評価されるか。

　この点につき，犯罪収益移転防止法28条1項は，「他人になりすまして」預金通帳等を不正に譲り受けた者を処罰している。それが，「業として」行われた場合には，刑が加重される。X の行為は，これらの規定に違反する行為といえるかが問題となる。

(2)　犯罪収益移転防止法28条にあたるか

　まず，A 銀行 B 支店等は，それぞれ犯罪収益移転防止法2条2項1号ないし同2号にいう特定事業者にあたる。そして，X は，預金口座開設に求められる本人確認の際に，虚偽の氏名・住所を申告していることから，虚名である他人になりすまして預金通帳等を譲り受けているといえ，犯罪収益移転防止法28条1項に該当するといえる。

　この場合さらに，X は同条3項所定の「業として」これを行ったといえるか，が問題となる。氏名不詳者の依頼は，複数の銀行等で口座を開設してほしいというものであったことから，最初の3回の行為は，今後継続して繰り返し行う口座開設行為の始まりにすぎない。X は反復継続の意思で行なったものであり，しかも，口座開設行為も近接した日時において複数回行われており，

これを「業として」行ったものと評価してもよいように思われる。

　以上より，Ｘには，上記金融機関等の預金通帳等について３個の業としてのなりすまし譲受罪が成立する。

⑶　詐欺罪の成否

　さらに，本事例のように，他人に譲渡する意思を秘して預金通帳等を受け取る行為は，それ自体として銀行等に対する詐欺罪が成立するのではないか，が問題となる。銀行としては，マネー・ローンダリング対策の一環として犯罪収益移転防止法において預貯金契約締結の際の本人特定事項等の確認が義務づけられているばかりでなく，本人以外の者が預金口座を不正利用することを防止するため，契約約款等で，口座名義人（本人）以外の者への譲渡や貸与を禁止しているところである。

　したがって，銀行としては，偽名や虚名による預金口座と分かればその契約を拒絶したはずであり，これを偽った点に欺罔行為がある，といえる。最高裁判例もこのような場合には，１項詐欺罪が成立するものとしている。

⑷　ま　と　め

　以上より，Ｘには，詐欺罪が３罪成立し，また，犯罪収益移転防止法28条３項の業としてのなりすまし譲受罪が３罪成立し，これらはそれぞれ併合罪となる。

　［補足説明］

　もっとも，犯罪収益移転防止法上の犯罪については，マネー・ローンダリングの未然防止という規制目的を合わせ考えると，犯罪収益等の移転を防止しようとする刑事司法作用を阻害する犯罪として理解するなら，近接した日時で同様の行為が反復された本設問行為はそれぞれ包括一罪となる，と解する余地がある（⇒本章Ⅲ⑵）。この点については，読者の皆さんにもよく考えていただきたいところである。

Ⅲ　組織的犯罪処罰法による規制

事例 2

　土木工事会社である甲株式会社（以下「甲社」という）の代表取締役Ｘは，知人のエジプト人Ａから，「クェート人Ｂが多額の送金を受けたが現金にすることができずに困っている。２パーセントの報酬を払うから，甲社の

口座に送金を受けて，現金を出金して持ってきてくれないか。」との依頼を受け，Xはこれに応じることにした。

　2021年10月18日，C銀行D支店における甲社名義の預金口座に，クェート人Bから7500万円が送金された。Xは，「これが詐欺か何か犯罪による収益の一部ではないか。」とも考えたが，あえてそのことに目をつむりその払戻しを受けようと考え，同日，D支店において，同支店銀行員Eに対し，「この送金は，機械購入のための資金で，これから機械の買い付けに行くんだ。」などと説明して金員の払戻しを請求しこれの払戻しを受けた。Xは，その払戻金のうちから報酬の150万円を差し引き，その残額をエジプト人Aに渡した。

　その後，警察から上記C銀行D支店に，上記送金はマネー・ローンダリングの疑いがあるので，関係口座を凍結してほしい旨の要請がなされ，同支店は，同月20日，甲社に対し，上記預金口座について，犯罪利用預金口座等に係る資金による被害回復分配金の支払等に関する法律（振り込め詐欺救済法。⇒第1章コラム1-1）に基づき，「取引の停止及び解約後の債権等の消滅手続に係る通知書」を郵送した。そのため，Xは，同月27日頃，同支店に出向き，Eらから，当該送金についてマネー・ローンダリングの疑いのある不正な送金ではないかと尋ねられた際に，「機械の取引代金として入金されたが入金後に取引が解除されたため，送金者の代理人に返金した。」との説明をした。

1　概　要

(1) 法規制の枠組み

　本法1条は，「この法律は，組織的な犯罪が平穏かつ健全な社会生活を著しく害し，及び犯罪による収益がこの種の犯罪を助長するとともに，これを用いた事業活動への干渉が健全な経済活動に重大な悪影響を与えることに鑑み，並びに国際的な組織犯罪の防止に関する国際連合条約を実施するため，組織的に行われた殺人等の行為に対する処罰を強化し，犯罪による収益の隠匿及び収受並びにこれを用いた法人等の事業経営の支配を目的とする行為を処罰するとともに，犯罪による収益に係る没収及び追徴の特例等について定めることを目的とする。」と規定している。

　本法における犯罪収益規制に関するマネー・ローンダリング罪の行為類型として，「事業経営支配罪」（9条），「犯罪収益等隠匿罪」（10条），「犯罪収益等

収受罪」（11条）の三つを定めている。これらのマネー・ローンダリング罪については，刑法3条による国外犯処罰（12条），両罰規定（17条）により法人等の処罰が認められている。

　事業経営支配罪，隠匿罪，収受罪相互の関係については，犯罪収益による事業経営支配を目的として，犯罪収益の隠匿や収受はそのための手段という関係にある，との指摘もある。

(2) 保護法益・罪質

　本罪の処罰根拠ないし保護法益については，一般に，犯罪収益等が将来の犯罪活動に再投資される側面のみならず，犯罪収益が事業活動に投資されることによって，合法的な経済活動が悪影響を受けるという側面が強調され，「社会的法益に対する罪」として理解されているが，これを，犯罪収益の没収・追徴を妨げるという「国家の刑事司法作用に対する罪」として理解する見解も有力である。

　もっとも，事業経営支配罪については，当該法人等の事業活動（ないしその健全性）という財産的利益が危険にさらされるという側面もあり，また，犯罪収益等隠匿罪・同収受罪については，犯罪被害者による財産的被害の回復追求を困難にするという側面もあることに注意する必要があるだろう。これら「個人的法益としての財産的利益」への危険という側面も「法益論」として考慮する理論的可能性・必要性があるのかもしれない。この点についても，読者の皆さんに考えていただきたいところである。

2　事業経営支配罪（9条）

(1) 概　要

　本法9条は，事業経営支配罪を規定し，5年以下の懲役若しくは1000万円以下の罰金又はこれの併科としている。本罪には未遂処罰や予備処罰の規定はない。法人についても行為者と同様の罰金刑である（17条）。

　本罪は，いわゆる「反社会的勢力」が不法収益等によって法人等の事業経営を支配することを防止しようとするものである。

(2) 成立要件

　本罪の行為は，①株主等の地位取得型（1項），②法人等に対する債権取得型（2項），③株主等に対する債権取得型（3項）の三類型からなる。いずれも，「当該法人等またはその子会社の事業経営を支配する目的」が要件とされ

ており，いわゆる目的犯である。

　いずれの類型も，「不法収益」等の利用によって，株主や債権者の地位を取得することが要件とされている。行為は，「役員の選任，解任」，「代表役員の地位の変更」である。債権取得型の二つの類型では，債権取得と役員等の変更の前後により，事前取得と事後取得の両方の態様を予定している。

　本罪については，「不法収益」の利用，事業経営支配の「目的」の立証は困難であるといった事情から，事業経営支配罪の適用は必ずしも容易ではない，と指摘されている。本罪の適用例としては，東京地判平成15年1月20日判タ1119号267頁（大正生命事件）がある。

3　犯罪収益等隠匿罪（10条）

(1) 概　要

　本法10条1項は，①犯罪収益等の取得または処分についての事実の**仮装**，②犯罪収益等の**隠匿**，③犯罪収益の**発生原因**についての事実の**仮装**に対して，5年以下の懲役若しくは300万円以下の罰金又はこれの併科とし，未遂（同2項）・予備（同3項）も処罰する。法人についても行為者と同様の罰金刑である（17条）

(2) 成 立 要 件

　「犯罪収益等」とは，犯罪収益，犯罪収益に由来する財産，またはこれらの財産とそれ以外の財産とが混和した財産である。

　犯罪収益の取得の仮装は，取得の原因を仮装する場合であり，そのお金が正当な借り入れ金，あるいは事業収益等であるかのように偽る場合などがこれに当たる（東京高判平成23年4月26日高検速報（平23）93頁，さいたま地判平成20年2月14日 LEX／DB 25440163など）。

　処分につき仮装するといえるのは，犯罪収益の帰属を分からなくする場合であり，典型的には他人名義や偽名を用いた口座に犯罪収益の現金を預貯金等する場合（いわゆる「入れ子」あるいは「出し子」の場合）である。なお，他人の口座から同名の別の口座に移した場合にも仮装にあたる（福岡高判平成25年1月25日高検速報（平25）237頁）。この場合に，口座開設等に機械的・補助に関わったとしか見えない行為者については，判断は微妙となる。かりに隠匿，仮装の事実について認識を欠く場合には，故意がないとして本罪の成立を否定することも考えられるが，少なくとも「組織的な犯罪」の一部を担っていること

の認識・予見がある場合には，これを否定するのは難しいであろう。

　犯罪収益の隠匿としては，物理的な隠匿だけではなく，秘密保持が固い外国銀行への送金・預金などがある。偽名あるいは第三者名義での海外の銀行への送金は「隠匿」・「仮装」となる（東京地判平成11年3月25日判時1690号156頁〔ただし，麻薬特例法の不法収益等隠医罪に関する事案〕）。

　本罪の故意は，客体となる財産が犯罪収益等であることの認識及び仮装・隠匿に該当する行為の認識・認容であり，「犯罪収益であることを隠匿する目的・意図」などは要しない（東京高判平成16年6月16日東高刑時報55巻1＝12号47頁参照）。客体が犯罪収益等であることの認識を欠けば本罪の故意はないが，犯罪収益等であることの認識があれば，それがどのような犯罪に由来する犯罪収益等であるかについて誤認があっても，同一構成要件内の錯誤にすぎず，故意は阻却されない。

　なお，たとえば特殊詐欺などによって得た金員を預金口座に出し入れして仮装・隠匿等する行為が繰り返された場合には，①詐欺罪（ないし組織的詐欺罪）と本罪とは観念的競合であり，繰り返された本罪は包括一罪であることから，いわゆるかすがい理論により，全体として一罪になるとする裁判例（大阪高判平成18年11月2日刑集61巻9号835頁，東京高判平成20年7月3日高裁刑裁速報（平成20）109頁）と，②複数の詐欺罪と包括一罪としての本罪とは併合罪であるとする裁判例（名古屋高判平成17年11月14日高検速報（平17）号283頁，東京高判平成25年6月12日高刑速報（平成25）117頁，東京高判令和元年9月13日高刑速報集（令1）号260頁）が対立している。

コラム 10-1：五菱会やみ金融事件

　五菱会やみ金融事件とは，山口組系暴力団五菱会のメンバーが，法定利息を大幅に超える違法な高金利によるやみ金融を展開し，海外の銀行を使って巨額の利益をマネー・ローンダリングしたというものである。被害者は全国で約3万人といわれる。事件の中心人物は五菱会幹部Kである。Kは，2003(平成15)年8月に組織的犯罪処罰法の犯罪収益隠匿罪で逮捕・起訴され，東京地裁は，Kに懲役7年，罰金3000万円を言い渡した（東京地判平成17年2月9日判タ1185号159頁）。

　東京地裁は，判決理由において，Kは「犯罪企業集団というべきやみ金融グループの頂点に君臨していた主犯で，海外の銀行に犯罪収益を隠匿したマネー

ローンダリングは過去に例を見ない大規模で，悪質なものである」としたものの，検察官が求めた追徴金約51億円，没収170万ドルについてはこれを認めなかった。

そこで，検察官はこれを不服として控訴し，被告人も量刑不当などを主張して控訴した。

東京高裁は，海外に隠匿した94億円について，「追徴を認めないならば，犯罪利得が犯罪者の手元に残ってしまう」として追徴を認めたが，他方で，被告人側の量刑不当を理由とする控訴について，原審の判決を破棄し，一部の被害者に弁済したことを考慮して，Ｋについて懲役 6 年 6 月，罰金3000万円の判決を言い渡し，これが確定している（東京高判平成17年11月17日判タ1212号310頁）。

本件では，スイスの司法当局が，スイスの銀行口座から約5800万スイス・フラン（当時のレートで，約59億円）の犯罪収益を没収したが，当時は被害回復給付金支給法の成立前で，日本には外国政府が没収した犯罪収益を受け入れる国内法が存在しなかった。

事件後，こうした法の不備が明らかとなったことから，これを是正すべく，被害回復給付金支給法が制定されるに至ったのである。

コラム 10-2：被害回復給付金支給法による被害者救済

上記経緯を背景として制定された被害回復給付金支給法によってようやく，犯罪被害財産についても没収・追徴が可能となった（同法13条 3 項，16条 2 項）。そして，没収・追徴された犯罪被害財産は，本法により，被害者に支給される仕組みとなっている。刑法の没収・追徴制度では，没収財産等は国庫の収入となるが，本法により没収・追徴された犯罪被害財産の被害者への支給は，没収・追徴制度における国庫収入主義の例外である。

被害回復給付金の支給手続は主として検察官が行うとされたが，具体的には次のような手順で行われる（⇒法務省 HP：被害回復給付金支給制度　Q & A）。

まず，検察官は，判決に基づいて没収・追徴を執行し，次いで，支給の対象となる犯罪行為の範囲，給付金の額を公告する。支給対象となる犯罪行為は，没収・追徴の理由となる犯罪だけではなく，一連の犯行として行われたものとする。被害者は，対象となる犯罪行為で失った財産の額を，資料を添えて申請できる。検察官は申請を受けて，支給の当否，金額などを裁定し，支給する。被害者への給付金額が被害の総額に満たない場合は，被害額に応じて支給額を決定する。被害者は，検察官の裁定に対して，不服申立もできる。支給後，余った財産については，改めて公告し，期限内に申請できなかった被害者の申請を可能にする。それでもなお，余剰が出る場合には，一般会計に繰り入れる。

　被害回復給付金支給法では，外国の法令によって没収された犯罪被害財産ないし追徴額を外国政府の当局から譲与を受けることも可能とされた（同法35条～39条）。この財産は，「外国譲与財産」と呼ばれるが，それが給付資金となったときは，同法による支給手続が開始され，進行するものとされている。

　◇　被害回復給付金支給法制度について
　・法務省HP：被害回復給付金支給制度　Q&A
　　http://www.moj.go.jp/keiji1/keiji_keiji36.html
　・検察庁HP：被害回復給付金支給制度
　　http://www.kensatsu.go.jp/higaikaihuku/

4　犯罪収益収受罪（11条）

(1) 概　要

　本法11条は，情を知って，犯罪収益等を収受した者に対して，3年以下の懲役若しくは100万円以下の罰金又はこれの併科としている。法人についても行為者と同様の罰金刑である（17条）。

(2) 成立要件

　「情を知って」とは確定的な認識である必要はなく，収受した財産が具体的状況において犯罪によって得られたことについての未必的認識で足りる。

　収受は無償か有償かを問わない。

　「収受」とは，不法収益等について所有権等を取得した場合に限らない。実質的に自己のものであると同様の支配関係を持つに至った場合，単に受領したにすぎない場合も含む（大阪高判平成10年9月25日判例タ1008号286頁〔麻薬特例法に関するもの〕）。

　本条ただし書は，法令上の義務の履行として提供されたものを収受する場合，または，契約のときに当該契約に係る債務の履行が犯罪収益等によって行われるという事情を知らないで契約し，履行の段階で犯罪収益によって提供された場合については本罪は成立しないものとしている。後者の場合，履行段階では情を知るに至った場合でも，取引の安全の保護を優先させ，犯罪は成立しないとしている。

　具体的には，たとえば金融機関の職員が，顧客が預け入れる金員が犯罪収益等であることを知りつつ，新規に預貯金を受け入れていれば，本罪が成立しう

ることになる。

5　没収・追徴

⑴　概　要

　本法13条から16条は，**犯罪収益等の没収・追徴**について規定する。また，第
3 章（18条〜21条）は没収に関する手続等の特例を規定し，第 4 章（22条〜53
条）は没収・追徴の保全手続を，さらに，第 6 章（59条〜74条）は没収・追徴
の裁判の執行・保全についての国際共助手続等を規定している。

　マネー・ローンダリング規制の眼目は，犯罪収益等を没収・追徴することに
よって，犯罪によって獲得された利益・資金は犯罪者の手元に残さない，とい
う点にある。そのため，本法は没収・追徴について詳細な規定を置いている。

⑵　没　収

　犯罪収益等の没収・追徴に関する13条および16条は，刑法19条および19条の
2 の特則である。

　13条 1 項は犯罪収益等についての任意的没収を定め，同 2 項および 3 項は，
犯罪被害財産の没収について規定する。 2 項は，本条 1 項各号に掲げる財産が
犯罪被害財産であるとき没収することができないことを規定し， 3 項は，その
例外として，財産犯等の行為が組織的に行われた場合等，被害者による損害賠
償請求権等の行使が困難であると認められる一定の場合に，犯罪被害財産の没
収を可能とする旨を規定する。

　刑法19条の没収の対象は，犯罪行為によって生じ，またはこれによって得た
物，若しくは犯罪行為の報酬として得られた物など，すなわち有体物である
が，本法13条 1 項による没収では，①不動産または動産といった「有体物」だ
けでなく，「金銭債権」も対象とされていること，②一時的な対価に限らず，
犯罪行為によって得た財産として特定・追跡可能なかぎり，その存在形態が転
換された後も没収できるものとされており，刑法の没収を拡大している。

　なお，本条 3 項の例外規定は，2006(平成18)年改正前の規定では，被害者に
よる損害賠償請求権を優先させるため，国による犯罪被害財産の没収・追徴を
禁じていた（旧13条）。それは，被害者の損害賠償の請求に応じられるよう，
犯罪者（被告）側に資金を残そうという狙いによるものであった。しかし，実
際には，被害者が犯人からの報復を怖れる，訴訟費用を負担しなければならな
い，被害額の立証が困難である，犯罪収益がマネー・ローンダリングで隠匿さ

れていて発見しにくいなどといった事情から，被害者が直接損害賠償の訴訟によって被害回復をはかることが容易ではないことが明らかとなったため，上記のような改正がなされたのである（⇒第1章コラム1-1）。

(3)　追　徴

16条1項は，13条1項各号に掲げる財産が一定の理由でこれを没収できないとき，または当該財産の性質，使用状況，当該財産に関する犯人以外の者の権利の有無その他の事情からこれを没収することができないと認められるときは，その価格を犯人から追徴できる旨を定めている。

本条2項の犯罪被害財産の価格の追徴も，上記法改正により，13条3項が追加されたと同様の趣旨で追加されたものである。

6　〔事例2〕の解決にむけて

(1)　問題の所在

それでは，〔事例2〕はどのように解決されるべきだろうか。ここでは，Xの罪責についてのみ検討し，AやBの罪責については問題外としておく。

ここでは，組織的犯罪処罰法10条1項前段の犯罪収益仮装罪，さらにはC銀行D支店に対する詐欺罪の成否が問題となろう。

(2)　第2段落の行為について

Xは，第2段落にあるように，Bからの送金が犯罪収益でないかという点について少なくとも未必的な認識があったといえる。このことから，Xは，払戻請求にあたってEから出金目的を問われた際に，機械購入の資金である旨虚偽の説明をしており，この点において，犯罪収益等の取得について事実を仮装したものと言うことができるであろう。Bからの送金が組織的詐欺などによる犯罪収益であるとすれば，組織的犯罪処罰法10条1項前段にいう「犯罪収益の取得につき事実を仮装し」に該当するであろう。

また，Xは，この虚言によってC銀行D支店のEらをあざむいて本来は払戻を受けることのできない現金7500万円を交付させていることから，同銀行に対する詐欺罪（刑法246条1項）にも該当することになろう。

(3)　第3段落の行為について

では，第3段落の，現金が払い戻された後に，「取引が解除となり送金者の代理人に返金した」とのXの説明はどうだろうか。このような行為は，すでに犯罪収益である金銭の払戻しが完了した後の行為にすぎず，Xの上記説明

は，X は，犯罪収益の取得について事実を仮装しようという意図からではなく，口座の解約を阻止したいという趣旨で虚偽の説明をしたにすぎないものであり，また，すでに現金は払戻し済みであって，違法な収益に対する資金洗浄を回避できる状況はもはや存在していなかったから，組織的犯罪処罰法10条1項前段にいう「犯罪収益等の取得につき事実を仮装」したことにはならないのではないだろうか。

　この点について，本事例と類似の事案において，東京高裁は，上記と同様の趣旨の弁護人の主張に対して，次のように判示してこれを退けた（前掲東京高判平成23年4月26日高検速報（平23）号93頁）。

　「被告人による前記(1)の行為［＝本事例での第3段落の行為に相当する行為：筆者注］は，銀行からの口座の解約の要請に対し，それを阻止したいという意向の下になされているが，同時に，解約の理由とされる口座の不正利用（マネーロンダリング）の疑いに対して，送金された現金は機械購入のための資金であったとの従前の説明を維持した上で，その後取引が解除されて返金した旨の説明を重ねて，いわば虚偽の上塗りをすることにより，あくまで上記送金による現金の取得が正当な事業収益の取得であったかのように装おうとする意図も存していたと認めることができる。このような虚偽の説明により，犯罪収益である上記現金と前提犯罪である詐欺との関係が隠蔽され，その結果，同詐欺の被害者ないし捜査機関による犯罪収益の追求，回復が困難にさせられたことも認めることできる。」また，同判決では，弁護人の本件「行為時には，既に預金は払戻し済みであったから，違法な収益に対する資金洗浄を回避できる状況は存在していなかった」という主張に対しては「しかし，その後の上記行為，すなわち，機械購入の取引が解除され現金を相手に返還したとの被告人の説明は，共犯者らによる犯罪収益の保持，隠匿を容易にさせ，資金洗浄の目的達成に資するものであったということができる」と判示した。このようにして，本件では，本事例の第3段落の行為に相当する行為についても，犯罪収益仮装罪の成立が肯定されているのである。

　このような裁判例の立場を前提とする限り，第3段落の行為についても，犯罪収益仮装罪の成立を認めることになろう。もっとも，この点については，弁護人の主張はまったく根拠のない，あるいは説得力のないものであろうか，なお検討の余地はあるだろう。読者の皆さんには，さらに考えてみていただきたい）。

⑷　ま と め

　以上より，①Ｘの第２段落の行為は，犯罪収益仮装罪（組織的犯罪処罰法10条１項前段）および詐欺罪（刑法246条１項）に該当し，②第３段落の行為も犯罪収益仮装罪（組織的犯罪処罰法10条１項前段）に該当するところ，①と②の犯罪収益仮装罪は包括一罪であり，これと①の詐欺罪とは併合罪（刑法45条前段）となる。

　［補足説明］

　もっとも，併合罪とするにはなお議論の余地もある。現金を交付させる行為と仮装行為とはまったく重なり合っており社会的評価として１個の行為である（観念的競合），あるいは，主観的・客観的にみて手段と目的の関係にある（牽連犯）といえるとすれば，これを科刑上一罪（刑法54条前段ないし後段）と評価することもありうるからからである。現に高裁レベルで判断が分かれていることは，上にみたとおりである（⇒本章Ⅲ 3⑵）読者の皆さんには，この点についてもさらに考えてみていただきたい。

Ⅳ　刑法学の視点から

　マネー・ローンダリング規制については，国際的動向に留意しながら国内法の整備が重ねられてきた。

　マネー・ローンダリングの予防という観点からは，金融機関等による事前チェック機能が大いに期待されるところであり，警察をはじめとする行政・司法機関ばかりでなく，民間の金融機関等にも犯罪予防の役割を担わせることは，刑事政策に係るコスト削減というだけでなく，広く「国民の司法参加」という観点からも，望ましい姿なのかもしれない。

　マネー・ローンダリング規制については，規制のために刑事立法や裁判実務が先行しており，理論的検討が追いついていないように見える。たとえば，マネー・ローンダリング罪の保護法益の理解の相違から，あるいは，罪数処理の場面などで結論に違いが出てくる余地を残しているようにも思われる。

　この点は，入門書という本書の性格から，これ以上深入りすることはできないが，読者の皆さんにも，ゆくゆくはぜひ考えてみてほしいトピックである。

V　ま と め

- マネー・ローンダリングについては，現在，犯罪収益移転防止法と組織的犯罪処罰法が規制の中心である。
- 犯罪収益移転防止法では，金融機関等の特定事業者に対して，契約締結の際に顧客等の本人確認や疑わしい取引の報告が義務づけられるとともに，罰則規定において，なりすまし等により不正に預金通帳等を取得する行為を処罰しているが，これらの行為は詐欺罪にもあたりうる。
- 組織的犯罪処罰法では，事業経営支配罪，犯罪収益等隠匿罪，および，犯罪収益等収受罪が規定されている。

〈参考文献〉

■ 講義にむけて
　斉藤ほか・入門106-124頁［斉藤豊治］
　芝原ほか・経済刑法353-367頁［白井智之］
　山口ほか・経済刑法119-139頁［橋爪隆］

■ 深化のために
・マネー・ローンダリングについて
　加藤俊治編著『組織的犯罪処罰法ハンドブック』（立花書房，2019）
　城祐一郎『マネー・ローンダリング罪——捜査のすべて〔第2版〕』（立花書房，2018）
　中崎隆『詳説　犯罪収益移転防止法』（中央経済社，2020）
・暗号資産を用いたマネー・ローンダリング
　河合健ほか編著『暗号資産・デジタル証券法』（商事法務，2020）295頁［近藤克樹・田中智之・長瀬威志］
　塩崎彰久ほか編著『サイバーセキュリティ法務』（商事法務，2021）292-302頁［德山佳祐］
　増島雅和・堀天子編著『暗号資産の法律』（中央経済社，2020）
　城祐一郎「仮想通貨をめぐるマネー・ローンダリング捜査」警察学論集73巻6号（2020）19-65頁

◆ **第11章** ◆

経済犯罪に対する制裁
── 課徴金との関係・法人処罰 ──

本章で学ぶこと

- 経済犯罪に対する制裁としてどのようなものがあるか。
- 経済犯罪に対する刑罰はどのように機能しているか。
- 経済犯罪に対して課徴金と罰金の両方が賦課される場合，それは「二重処罰の禁止」に違反しないか。
- 両罰規定とはどのようなものか。
- 法人処罰についての議論はどのようなものか。

I 制裁とは

1 概 要

　経済犯罪に限らず，一定のルール・規範から逸脱した行為に対しては一定の**制裁（sanction）** が用意されている。たとえば，交通事故で人にケガを負わせた場合，①**行政制裁**として，違反点数の付加，反則金あるは運転免許取消などの処分があり，②**民事制裁**として，被害者・遺族に対する損害賠償責任が生じ，さらに，③**刑事制裁**として，懲役・禁錮または罰金といった刑罰が科されることは，読者の皆さんもご存知だろう。

　行政制裁は，特定の行政目的を達成するために国民・住民に一定の義務を賦課し，その履行を担保するために課されるものであり，過料，排除措置，課徴金，業務改善命令，許認可・登録取消，入札参加資格停止，勧告，警告，注意，氏名公表などがある（⇒ケースブック30頁）。**民事制裁**は，違反行為によって生じた損害を回復・填補するものであり，**不法行為**を理由とする**損害賠償責任**（民法709条以下），**差止請求**（特商法58条の18以下，商法12条2項，会社法8条

175

2項，同360条，同385条，特許法100条，著作権法112条，不競法3条，独禁法24条など）がある。もっとも，被害者が民事裁判を提起するには裁判費用や裁判の長期化といった困難を伴い，有効に機能しているとは必ずしもいえない。なお，会社法にはいわゆる**株主代表訴訟**制度（会社法847条以下）があり，重要な役割を果たしている。

　その他，厳密には本来の「制裁」とはいえないものの，企業あるいは事業者・事業者団体の**自主規制**も重要である。最近では，各企業に対して，法令遵守のためのより具体的行動準則である**コンプライアンス（法令遵守）プログラム**を策定するなど，実効的なコンプライアンス体制の構築が求められている。さらに，消費者保護の場面では，不祥事・事故を起こした企業等の商品・サービスの購入を拒否する不買運動や，署名運動・陳情などによる法規制・立法化への働きかけ，さらには不良企業の「告発」なども，企業等の逸脱行為・違反行為の抑止に一定の役割を果たしている。

　　◇　自主規制について
　　・金融庁HP：自主規制機関等一覧表
　　　https://www.fsa.go.jp/koueki/koueki10.html
　　・日本証券業協会HP：自主規制
　　　https://www.jsda.or.jp/about/jishukisei/index.html
　　・日本取引所グループHP：自主規制
　　　https://www.jpx.co.jp/regulation/
　　・日本貸金業協会HP：自主規制基本規則
　　　https://www.j-fsa.or.jp/association/regulation/self_regulation.php

2　経済犯罪に対する制裁をめぐる問題点

　経済犯罪に対する制裁の問題には，二つの局面がある。

　一つは，刑罰の運用実態の問題である。経済犯罪に対する刑罰は果たして実効的に機能しているのだろうか，刑罰以外の制裁とはどのような関係にあるのか，それらとうまく連携しているのだろうか，といった問題である。もう一つは，法人処罰の問題である。刑法（刑法典）は自然人しか処罰しないが，企業ぐるみ・組織ぐるみの大規模災害・事故により多数の死傷者が出た場合に，従業者等の自然人（行為者）を罰するだけで足りるのだろうか，このような法状

況は果たしてその事故・犯罪行為を正しく評価しきれているのだろうか，という疑問が生じるのである。この点は刑法総論の構成要件論で説明されている問題でもある。

　ここでは，この二つの局面について考えることにしよう。

Ⅱ　刑罰と課徴金

事例1

　金融コンサルタント業を営む株式会社A社の従業員Xは，社内の会議中に，同僚Bから，A社がファイナンシャルアドバイザリー契約を締結しているC社が，東京証券取引所に上場されている株式会社D社の株券の公開買付けを行うことについての決定をした，と聞いた。Xは，友人Yに「ひともうけさせてやろう。」と考え，この事実をメールで伝えた。Yは，この公開買付け実施に関する事実が公表される前に，証券会社E社を介し，東京証券取引所において，自己名義で，信用取引によって25万株の株券を合計4800万円で買付け，その後，合計6500万円で売り付けた。

　XとYの罪責はどうか，また，没収・追徴はどのように判断すべきか。

1　刑　罰

　刑法は，主刑として，死刑，懲役，禁錮，罰金，拘留，科料，附加刑として，没収・追徴を規定しているが（刑法9条以下），経済犯罪に対して適用される刑罰は，自然人には懲役ないし罰金，両罰規定により法人が処罰される場合には罰金が科され，いずれについても附加刑として没収・追徴が科されうる。

(1)　懲　役

　金融商品取引法違反や独占禁止法違反の裁判では，執行猶予（刑法25条以下）がつくことがほとんどである（例外的に実刑が言い渡された事件として，最決平成23年4月25日LEX／DB 25471531〔ライブドア事件〕）。

　これに対しては，アメリカなどと比較して，わが国の自由刑は軽い，もっと重くすべきだ，との評価もある。もっとも，この点は，執行猶予制度のもつ刑事政策的意義をどう考えるか，法人処罰と自然人（行為者）処罰との関係をどのように理解すべきか，といった点などともあわせて考える必要があろう。

(2)　罰　金

　わが国の**罰金刑**は定額制である（租税法では変動制〔**罰金スライド制**〕が採用

されている〔所得税法238条2項，4項，法人税法159条2項，4項〕⇒第9章コラム9-2）。法人に対する罰金については，後述のように，両罰規定において自然人（行為者）の処罰と法人の処罰とが切り離され，法人への重罰化（法人重課）がはかられ，現在では，すでに本書でもみたように，罰金の上限が10億円以下（不競法22条，外為法72条），7億円以下（金商法207条1項1号）といった法律もある。

　罰金については，①罰金額引上げが直ちに犯罪抑止と結びつくのか，②小規模な法人組織では違反行為者が法人の代表者でもあることが多く，この場合に自然人と法人の両方を処罰するなら実質的に二重処罰とならないのか，③法人に罰金を科せば，それは結局従業員の給与や商品価格等にはね返るのではないか，などといった指摘がある。また，懲罰的損害賠償（⇒ケースブック33頁[21]）が認められ，罰金の上限が「利得額又は損失額の2倍」（反トラスト法）とされているアメリカなどと比較すると，まだ低い（軽い），さらなる制度改革の余地がある，といった指摘もある。

(3) 没収・追徴

　犯罪抑止の観点からは，不法収益・犯罪収益を剥奪することが何よりも重要である。マネー・ローンダリング対策はその一環であるが（⇒第10章），制裁として直接不法収益を剥奪する仕組みが課徴金と没収・追徴である。

　刑法上の**没収**は対象となる「物」（有体物）の所有権を剥奪して国庫に帰属させることである（刑法19条）。没収ができないときは**追徴**が行われる（同19条の2）。金銭のような代替物は，特定していない限り没収することができないため，その価額の追徴がなされる。刑法では，賄賂罪（同197条の5）を除き，すべて**任意的・裁量的没収・追徴**である。

　経済犯罪に対する没収・追徴については，1998(平成10)年の証券取引法改正により**必要的没収・追徴**が導入され，没収対象も，犯罪行為で得た「**財産**」（債権等の無形財産を含む）である（金商法198条の2）（⇒岸田監修『注釈金融商品取引法【改訂版】〔第4巻〕』866-874頁[小野上＝弥永]）。

　金商法198条の2第1項は，没収の対象となる「財産」として，①風説の流布・偽計，相場操縦，利得目的による不公正取引，あるいはインサイダー取引などの「犯罪行為により得た財産」（1号）や，②この財産の対価として得られた財産（2号前段），あるいは，③これらの犯罪行為により得たオプションその他の権利を行使して得た財産（2号後段）をあげている。財産を没収でき

ないときは，追徴される（198条の2第2項）。

　なお，198条の2第1項ただし書は，**没収の裁量的減免**を規定している。こ
れは，たとえば変動操作による相場操縦などでは，膨大な数の買付け・売付け
が繰り返されることから，実質的に「得た利益」に比べて名目上「得た財産」
が莫大な額になる可能性があり，その「財産」の全額を追徴すれば，被告人に
過酷になる場合もあることから，これを考慮したものである。その判断にあ
たっては，①財産の取得の状況，②損害賠償の履行の状況，③その他の事情に
照らして判断される，とされている。

　没収・追徴の範囲は，売買差益に限らず，犯罪行為に係るすべての財産に及
ぶのが原則であるが，風説の流布や相場操縦では，株式の売却代金から当該株
式の買付代金相当額を控除した売買差益相当額のみが没収・追徴の対象とされ
ることが多い。これに対して，インサイダー取引では，インサイダー取引に
よって買い付けた株式またはその売却代金全額を対象とするものが多い（東京
地判平成19年7月19日刑集65巻4号452頁〔村上ファンド事件第1審判決〕，東京地
判平成25年6月28日刑集70巻7号689頁〔経産省職員インサイダー取引事件第1審判
決〕，東京地判平成27年8月18日判タ1431号240頁など）。信用取引によってイン
サイダー取引が行われた場合（証券会社から借り受ける形で株券を買い付け，高値
になった時点で売り付けてその売買差益を得る場合）については，違反行為者が
手にするのは実質的に売買差益だけになる点を考慮し，売買差益と委託保証金
のみを追徴した裁判例（東京地判平成22年4月5日判タ1382号372頁）もあるが，
「没収が相当でない」すなわち被告人に過酷となる事情がない限り，売却代金
全額が追徴されている（大阪地判令和元年5月13日 LEX/DB25564317）。

　犯罪行為が複数人によって行なわれた場合には，共犯者らによって利得され
た財産の全体について，共犯者らは連帯して追徴が命じられるのが一般である
が（東京高判平成17年9月7日高刑集58巻3号42頁（裁ウェブ掲載）／判タ1208号
314頁〔キャッツ株不正操作事件〕など），インサイダー取引の事案につき，他の
共犯者の利得分も含めた価額全部を追徴するのではなく，被告人の利得額に応
じて按分した価額を追徴した裁判例もある（東京地判平成27年8月18日判タ1431
号240頁）。

　なお，金商法では課徴金（172条以下）も課されうるが，後述のように，同一
事件で課徴金と没収・追徴が併科（課）されるときは，課徴金から没収・追徴
額が減額される仕組みになっていて，没収・追徴額が変更されることはない。

2　課　徴　金

⑴　概　要

　課徴金制度が導入されたのは，1977(昭和52)年の独占禁止法改正が最初である。その後，2005(平成17)年に証券取引法（現金融商品取引法），2007(平成19)年に公認会計士法，2014(平成26)年に景品表示法（不当景品類及び不当表示防止法），さらに，2019(令和元)年には薬機法（医薬品，医療機器等の品質，有効性及び安全性の確保等に関する法律）に導入されている。

　ここでは，独占禁止法と金融商品取引法の課徴金制度について概観しよう。

　◇　独占禁止法の課徴金制度について
　・公正取引委員会 HP：課徴金制度
　　https://www.jftc.go.jp/dk/seido/katyokin.html
　・公正取引委員会 HP：課徴金減免制度について
　　https://www.jftc.go.jp/dk/seido/genmen/genmen_2.html
　◇　金融商品取引法および公認会計士法の課徴金制度について
　・金融庁 HP：課徴金制度について
　　https://www.fsa.go.jp/policy/kachoukin/02.html
　・金融庁 HP：課徴金事例集・開示検査事例集
　　https://www.fsa.go.jp/sesc/jirei/index.htm
　◇　景品表示法の課徴金制度について
　・消費者庁 HP：景品表示法違反行為を行った場合はどうなるのでしょうか？
　　https://www.caa.go.jp/policies/policy/representation/fair_labeling/violation/
　◇　薬機法の課徴金制度について
　・厚生労働省 HP：医薬品等の広告規制について
　　https://www.mhlw.go.jp/stf/seisakunitsuite/bunya/kenkou_iryou/iyakuhin/koukokukisei/index.html

⑵　独占禁止法の課徴金制度

　独占禁止法（独禁法）上の犯罪である不当な取引制限の罪についてはすでに触れた（⇒第 8 章）。ここでは，課徴金制度について概観しよう。

　課徴金制度は，違反行為を防止するという行政目的を達成するために行政庁

が違反事業者等に対して金銭的不利益を課す行政上の措置である（最判平成17年9月13日民集59巻7号1950頁〔機械保険連盟料率カルテル事件〕）。

　課徴金の**対象行為**は，①カルテル・談合などの**不当な取引制限**（7条の2～7条の8，8条の3），私的独占（7条の9），②共同の取引拒絶（20条の2），差別代価（20条の3），不当廉売（20条の4），再販売価格の拘束（20条の5），優越的地位の濫用（20条の6）などの**不公正な取引方法**である。

　課徴金額は，違反行為に係る期間中（始期は調査開始日から最長10年前まで遡及）の対象商品又は役務の売上額又は購入額に事業者の規模・業種に応じた算定率（原則10%，中小企業は4％）を掛けて計算する。課徴金は，100万円未満のときは納付を命じることができないが，課徴金減免制度の適用により100万円未満となる場合は，100万円未満の額の納付を命じる（7条の2第1項，7条の9第1項，第2項，20条の2～6）。不当な取引制限及び支配型私的独占の場合は，「対象商品又は役務の売上額又は購入額」に「密接関連業務の対価の額」を加えて算定率が掛けられるとともに，「財産上の利益（談合金等）に相当する額」と合算される。不当な取引制限について，①違反行為が繰り返され（7条の3第1項），あるいは，②当該事業者が主導的役割を果たしていた（7条の3第2項）ときは，課徴金は1.5倍に加算される（たとえば，10%であれば15%となる）。課徴金の加算の具体例として，「北陸新幹線消融雪設備工事の入札参加業者らに対する排除措置命令及び課徴金納付命令」（公（排・課）命令平成27年10月9日公取委ウェッブサイト）がある。

　課徴金制度の導入以後，課徴金の算定率が徐々に引き上げられる一方でカルテル・談合の手口はさらに巧妙化し，外部から見えにくいものとなり，物的証拠を得ることがますます困難となっていった。そこで，2005（平成17）年改正により，不当な取引制限に限り，自らの違反行為を公取委に報告した事業者に対して課徴金を免除・減額する**課徴金減免制度（リーニエンシー制度）**が導入され，2019（令和元）年改正では，さらにこれを拡大する趣旨で，調査協力の度合いに応じて減算率を付与する**調査協力減算制度**も加えられている（7条の4～6）（⇒第8章Ⅳ）。

　具体的には，公取委の調査開始前に違反事実に係る報告，情報の提供による減免申請を行う場合には，申請順位1位の事業者は課徴金を全額免除，2位は20%，3位から5位までは10%，6位以下は6％の減額とし，調査開始後の申請の場合は，最大3社までは10%，それ以下は5％の減額とするもので，さら

に，協力度合いに応じて，それぞれの減額を，調査開始前の減額であれば最大40％，開始後であれば最大20％を減算するというものである。なお，課徴金の除斥期間は7年であり，違反行為終了から7年を経過したときは，公取委は課徴金の納付を命じることができなくなる（7条の8第6項）。

　課徴金減免制度は，違反行為に関する情報・証拠等を積極的に獲得するとともに，調査協力について事業者のインセンティブを高め，事業者と公取委の協力による効率的・効果的な真相解明・事件処理につながることを目指したもので，2016（平成28）年の刑事訴訟法改正により導入された**司法取引**制度（⇒第12章）の先駆けでもある。本制度の存在により，企業にとっては違反行為発覚のリスクが高まり，これをやめる大きなインセンティブにもつながる，と考えられている。

　本制度が適用された事例としては，2006（平成18）年12月に調査・捜査が開始された「名古屋地下鉄工事談合事件」で，自主申告したゼネコン1社が本制度を適用して刑事告発対象から除外されている（⇒第8章Ⅱ［事例2］）。また，2008（平成20）年11月に告発された「溶融亜鉛メッキ鋼板価格カルテル事件」の捜査の端緒も，事業者らが違反行為（カルテル）を公取委に自己申告したことによる（⇒第8章Ⅳ［事例3］参照）。このほか，「北陸新幹線融雪設備工事談合事件」（2014年3月告発）や「東日本大震災高速道路復旧工事談合事件」（2016年2月告発）でも本制度が適用されており，さらに，「リニア中央新幹線工事談合事件」（2018年3月告発）では，公取委の調査開始後に大林組が自主申告している。

　なお，不当な取引制限及び私的独占の場合において，同じ違反行為について課徴金と罰金が併科（課）されるときは，罰金額の2分の1に相当する金額が課徴金から控除される（7条の7，7条の9第3項及び第4項）。最近の事件の処理として，たとえば「東日本大震災復旧工事談合事件」に係る被告会社10社に対する刑事裁判（東京地判平成28年9月7日審決集63巻423頁ほか）を受けた公取委の課徴金納付命令の一部控除・取消決定（課徴金納付命令決定平成28年12月13日（平成28年（納決）第1号））がある。

(3) 金融商品取引法の課徴金制度

　金融商品取引法（金商法）では，1997（平成9）年から証券取引等監視委員会に犯則事件の調査権限が与えられ（⇒第12章），2005（平成17）年には課徴金制度が導入された（2006年施行）。

　課徴金の**対象となる行為類型**は，以下の通りである。

　①発行開示に係る有価証券届出書等の不提出（172条，172条の2第6項）・虚偽記載等（172条の2第1項〜5項），②継続開示に係る有価証券報告書等の不提出（172条の3，172条の4第3項）・虚偽記載等（172条の4第1項・2項），③公開買付開始公告の不実施（172条の5），公開買付届出書等の不提出・虚偽記載等（172条の6），④大量保有報告書等の不提出（172条の7）・虚偽記載等（172条の8），⑤プロ向け市場等における特定証券等情報の不提供等（172条の9），虚偽等（172条の10）及び発行者等情報の虚偽等（法172条の11），⑥虚偽開示書類等の提出等を容易にすべき行為等（172条の12），⑦風説の流布・偽計（173条），仮装・馴合売買（174条），現物取引による相場操縦（174条の2），違法な安定操作取引（174条の3），インサイダー取引（法175条）の不公正取引である。

　課徴金額の算出についてはそれぞれの違反行為類型ごとに個別に規定されている。具体的には，たとえば以下の通りである。

　上記①類型のうち，有価証券届出書等の不提出・虚偽記載等については，募集・売出総額の2.25％（株券等の場合は4.5％）を法定。上記②類型のうち，有価証券報告書等の不提出については，直前事業年度の監査報酬相当額（該当するものがない場合は400万円）を法定（四半期・半期報告書の場合はその2分の1）。有価証券報告書等の虚偽記載等については，発行する株券等の市場価額の総額等の10万分の6又は600万円のいずれか大きい額を法定（四半期・半期・臨時報告書等の場合はその2分の1）。上記⑦類型のうち，インサイダー取引については，「重要事実公表後2週間の最高値×買付等数量」から「重要事実公表前に買付け等した株券等の価格×買付等数量」を控除する方法等により算出。

　課徴金の加算・減算制度は，独禁法の課徴金加算・減免制度（独禁法7条の2第5項〜9項）を参考に，2008(平成20)年改正により導入されたものである。

　課徴金加算制度は，過去5年以内に違反行為で課徴金納付命令を受けたことがある場合（すなわち，違反行為を繰り返した場合）は，課徴金額は1.5倍になる（185条の7第13項）。この場合，違反行為の類型は問われない。これに対して，**課徴金減算**制度は，継続的・反復的に違反行為が行われる可能性が高い類型に限定して，違反者が当局の処分（報告・資料提出命令または検査）が行われる前に当局に報告した場合に，課徴金額を半額に減額するものである（185条の7第12項）。課徴金の免除制度は設けられていない。具体的には，①虚偽記載等の

ある発行開示書類・継続開示書類の提出（172条の 2 第 1 項，172条の 4 第 1 項・2 項），②大量保有報告書・変更報告書の不提出（172条の 7 ），③虚偽等のある特定証券等情報・発行者等情報の提供・公表（172条の10第 1 項，172条の11第 1 項），④特定関与者（172条の12第 1 項）および⑤上場会社等による自己株式の取得に際してのインサイダー取引（175条 1 項・ 9 項）が対象となる。

　経済的利得が同一であると想定される場合にも，形式的に複数の違反行為が存在する場合には複数の課徴金納付命令決定がなされうることから，この場合に実質的に課徴金額が重複しないようにする観点から，課徴金額を調整する諸規定が設けられている（185条の 7 第 2 項〜11項）。

　金商法では，特定の行為類型，すなわち上記②類型のうちの**虚偽記載等のある継続開示書類の提出**，または上記⑤類型のうちの**虚偽等のある発行者等情報の提供・公表**について，**課徴金と罰金の調整**がはかられる。罰金の確定裁判があったときは，課徴金額から罰金額全額が控除される（185条の 7 第14項，課徴金府令61条の 8 ）。調整の理由については，これらの課徴金は違反行為抑止を目的とするもので，刑事罰と同等の効果があることから，立法政策として調整規定が置かれたものと説明されている。もっとも，課徴金制度の運用実務では，課徴金か刑罰かは選択的に棲み分けられて処理されており，同じ違反行為について重畳的に両手続が進行することはないという（⇒松尾『金融商品取引法〔第 6 版〕』744頁）。しかしながら，理論的には併科（課）の可能性は残されており，実際にも，オリンパス事件については両手続が進行した（⇒コラム11-1 ）。

　さらに，上記⑦類型の**不公正取引に対する課徴金**については，**没収・追徴との調整**が行われることにも注意を要する。同じ違反行為について必要的没収・追徴（198条の 2 ）があったときは，課徴金額から当該没収・追徴の合計額（「没収等相当額」）が控除される（185条の 7 第15項）。

3　刑罰と課徴金の関係

(1) 課徴金の法的性質

　これまで，加算税や課徴金といった行政制裁と罰金との関係について，二重処罰（憲法39条参照）にあたらないかが議論されてきた。この点について，判例は行政制裁と罰金とはその目的が異なるなどとして，二重処罰にあたらない，としてきた（租税法につき，最大判昭和33年 4 月30日民集12巻 6 号938頁，最判昭和45年 9 月11日刑集24巻10号1333頁⇒第 9 章 I ，独禁法につき，東京高判平成

5年5月21日高刑集46巻2号108頁〔ラップカルテル事件〕，最判平成10年10月13日判時1662号83頁〔シール談合事件〕）。

　独禁法に課徴金制度が導入された当初は不法利得の剥奪の側面が強調されたが，今では課徴金の制裁的機能が正面から論じられている。違反行為の抑止という制度目的や財産的負担を強いるという点では，課徴金と罰金とに本質的な違いはない，ともいえる。課徴金は今や「制裁金」と呼んでよい，との指摘もある。このことから，憲法的要請として，すべての制裁の合算額について「比例性原理」を妥当させるべきだ，あるいは，課徴金手続か刑事手続かを事案の軽重に応じて択一的に選択する制度にすべきだ，といった主張もある。経済界からは，法人に対する制裁は課徴金に一本化すべき，との要望もある。

　これに対して，金商法では，課徴金と罰金の調整は，継続的開示規制違反の類型に限られ，また，不公正取引に対する課徴金については，没収・追徴との調整が行われる。同じ課徴金制度といっても，規制対象の違いに応じて多様な展開を見せている。この点は，景品表示法や薬機法の課徴金制度においてもいえるだろう。

　なお，独禁法と金商法のいずれにおいても，ほとんどの事件は課徴金事件として処理されているのが実情である。景品表示法や薬機法においても，課徴金の運用が中心的な役割を果たすことになろう。

(2) 刑罰と課徴金の異同

　法人に対する制裁としての罰金は，両罰規定があることによってはじめて法科されるものである（特商法74条，預託法38条，景表法38条，食表法22条，不競法22条，金商法207条，独禁法95条，所得税法243条，法人税法163条など）。法人を処罰するためには，手続上，法人の代表者や使用人その他の従業者といった直接行為者（自然人）の違反行為を特定することが必要である。

　これに対して，課徴金では，法人自体が課徴金納付命令の対象となると解されており（行政解釈），理論的には，直接行為者を特定する必要はないとされている。たとえば，金商法違反についていえば，虚偽記載等のある有価証券報告書が提出された場合には，法人である発行者が「提出したとき」に当たると解されている（金商法172条の4第1項。⇒第3章Ⅲ［事例3］）。もっとも，インサイダー取引では，「知った」ことが要件とされている（同166条1項・3項，167条1項・3項）ことから，当該行為者が法人の計算でインサイダー取引を行った場合に法人に対して課徴金を課すためには，直接行為者を特定し，その

者が「知った」ことを認定する必要がある（同175条1項3号・2項3号・9項，175条の2第13項・14項参照）。ただ，実務的には，法人に対して課徴金を課す場合には，インサイダー取引以外であっても，行為者を特定することが望ましいとされている。

　経済刑法では，**過失犯**を処罰するような規定は見当たらないようである。経済刑法は**故意犯処罰**が原則である（刑法38条1項）。これに対して，課徴金では一般に，違反行為者に故意は要求されていない（過少申告加算税に関する最判平成18年4月20日民集60巻4号1611頁参照）。

　金商法についていうと，金融庁は，課徴金納付命令には，とくに明文で求められている場合を除いて，故意やこれに相当する認識の存在を必要としないと解している（金融庁〔課〕決定平成23年7月20日金融庁ウェブサイト，金融庁決定平成24年10月22日金融庁ウェブサイト）。裁判例でも，故意を必要としないと解されている（大阪地判平成25年2月21日LEX／DB 25445899，東京地判平成26年2月14日判時2244号6頁，および，これの控訴審・東京高判平成26年6月26日LEX／DB 25446877）。一定の認識が要件とされる場合には，「知りながら」または「知った」が要件として明記されている（法172条の2第2項・5項，172条の10第2項，175条1項・2項，166条1項・3項，167条1項・3項）。

コラム *11–1*：オリンパス事件

1　事案の概要

　上場会社であるオリンパス株式会社（以下「X社」という）では，1990年前後の「バブル経済」以後より長期にわたり，金融資産の運用により多額の含み損（東京地裁は約900億円と認定している）が生じていたところ，含み損を抱えていた金融資産を海外に設立したファンドに簿価（帳簿価格のこと。資産の時価が大幅に下落したにもかかわらず，これを帳簿に反映させない・修正しない場合には，見せかけ・虚偽の資産価格となる）で買い取らせるなどして損失を隠すスキーム（「飛ばし」といわれる）が歴代の経営陣である代表取締役Y1，監査役Y2，副社長Y3らによって実行されていた。X社の損失隠しスキームの構築と実行に当たっては，Z1～Z5らが損失隠しの指南役としてこれに深く関与していた。2011（平成23）年11月に上記の事実が発覚し，証券取引等監視委員会が調査に入った。

2　裁判の経過

　2012（平成24）年3月6日と同月28日，証券取引等監視委員会（監視委）は，X

社は，①平成18年 4 月 1 日から平成19年 3 月31日までの連結会計年度，②平成19年 4 月 1 日から平成20年 3 月31日までの連結会計年度，③平成20年 4 月 1 日から平成21年 3 月31日までの連結会計年度，平成21年 4 月 1 日から平成22年 3 月31日までの連結会計年度につき，それぞれ重要な事項につき虚偽の記載のある有価証券報告書を提出した，としてX社ほか関係人を虚偽有価証券報告書等提出罪（金商法197条 1 項，207条 1 項 1 号，24条 1 項 1 号）で告発した（⇒第 3 章Ⅲ）。

　同年 4 月13日，監視委は金融庁に課徴金納付命令を勧告し，同日，金融庁は審判を開始した。

　同年 7 月11日，金融庁は，X 社に 1 億9181万9994円の課徴金納付命令を決定した（金融庁平成24年 7 月11日決定）ものの，同一事件について刑事裁判が継続中であったことからその効力が停止された。

　2013(平成25)年 7 月 3 日，東京地裁は，X 社に虚偽有価証券報告書等提出罪，Y 1 ，Y 2 ，Y 3 に同罪の共同正犯を認め，X 社に罰金 7 億円，Y 1 およびY 2 に懲役 3 年（執行猶予 5 年），Y 3 に懲役 2 年 6 月（執行猶予 4 年）をそれぞれ言い渡した（東京地判平成25年 7 月 3 日 D 1 －Law 28212286）。

　同年 9 月 4 日，金融庁は，この確定裁判による罰金額（ 7 億円）が同一事業年度の課徴金合計額を超えたことから，当該部分の課徴金納付命令を取り消した（金融庁平成25年 9 月 4 日決定）。

　なお，本件関与者であるZ 1 ～Z 5 については，それぞれ虚偽有価証券等提出の幇助犯が認められている（Z 1 ～Z 3 につき，最決平成31年 1 月22日 LEX/DB25562738，Z 4 につき，最決平成30年 6 月13日 LEX/DB 25561173，Z 5 につき，東京地判平成28年10月13日 LEX/DB25544429）。

3　その他の裁判

　さらに本件に関連して，X 社および株主が旧経営陣 Y 1 ら 8 名に対して損害賠償を求めて訴訟を提起し，東京地裁は，請求の一部を認容し，Y 1 ら 3 名に対して，連帯して合計約594億円を会社原告（X 社）に支払うよう命じ（東京地判平成29年 4 月27日資料版商事法務400号119頁），最終的にこれが確定している（東京高判令和元年 5 月16日判時2459号17頁／金商1585号12頁，最決令和 2 年10月22日公刊物未登載）。

◇　オリンパス事件における行政制裁
・証券取引等監視委員会 HP：証券取引等監視委員会「オリンパス株式会社に係る有価証券報告書等の虚偽記載に係る課徴金納付命令勧告について」（平成24年 4 月13日）
https://www.fsa.go.jp/sesc/news/c_2012/2012/20120413- 1 .htm
・金融庁 HP：金融庁「オリンパス株式会社に係る有価証券報告書等の虚偽記載に対する課徴金納付命令の決定について」（平成24年 7 月11日）

https://www.fsa.go.jp/news/24/syouken/20120711-3.html
・金融庁 HP：金融庁「オリンパス株式会社に係る有価証券報告書等の虚偽記
　載に対する課徴金納付命令一部取消しの決定について」（平成25年9月5日）
　https://www.fsa.go.jp/news/25/syouken/20130905-1.html

4　［事例1］の解決にむけて

⑴ 問題の所在

インサイダー取引罪の成立要件については，本書でもすでに触れた（⇒第7章）。記憶があいまいであれば，また読み返してみていただきたい。

Xについては，情報伝達罪（金商法167条の2）の成否が問題となる。Xは公開買付者等関係者にあたるか，Yへのメールが情報伝達行為にあたるか，が問題になるだろう。情報伝達罪が成立するには，故意のほかに「他人に利益を得させる目的，または損失を免れさせる目的」（目的要件）が必要であり，情報伝達の相手が実際にインサイダー取引を行ったこと（取引要件）も必要であることを思い出してほしい。

Yについては，公開買付に係る事実についての情報受領者といえるか，が問題になる。

⑵ X・Yの罪責について

Xは，C社と契約を締結しているA社の従業員としてその業務に従事している際に，Bから，C社によるD社の株券の公開買付に係る決定事実を知らされたものであるから，金商法167条1項4号・6号所定の公開買付者等関係者にあたる。そのXが，Yに「ひともうけさせてやろう」と考えて情報伝達をしていることから目的要件も充たし，実際にYが当該銘柄の株券を，公開買付け実施に関する事実の公表前に買い付けていることから取引要件も充たしており，情報伝達罪の成立要件を充足する。

Yは，公開買付者等関係者であるXから情報の伝達を受けていることから，167条3項所定の情報受領者にあたり，それと知りながら，公開買付け実施に関する事実の公表の前に，当該銘柄の株券を買い付けていることから，公開買付者等関係者（情報受領者）のインサイダー取引罪にあたる。

以上より，Xには，公開買付者等関係者による情報伝達罪（金商法197条の2第15号，167条の2第2項，167条1項4号・6号），Yには，公開買付者等関係者（情報伝達）によるインサイダー取引罪（同197条の2第13号，167条3項，1項4

号・6号）がそれぞれ成立する。

⑶ 没収・追徴について

さて，本章では，ここからが本題である。

　Ｙは，信用取引で25万株の株券を合計4800万円で買付け，その後，合計6500万円で売り付けており，単純計算すると，その売買益は1700万円である。信用取引の場合には，25万株買付の原資は証券会社に対する借入金となるものであり，Ｙの実質的なもうけ・利得は1700万円相当となる。金商法198条の2第1項は，原則として犯罪行為により得た財産，またはその対価として得た財産のすべてを没収することとしており，インサイダー取引については，原則として売付けた株券の全額に対して没収・追徴するのが裁判例であることは，上に見たとおりである（⇒本章Ⅱ1⑶）。

　本事例では，インサイダー取引によって売り付けた25万株すべての対価である6500万円を追徴すべきようにも思えるが，Ｙの実際上の利得とはだいぶかけ離れているようにも思える。この場合，198条の2第1項ただし書を適用すべきではないのか，が問題となる。

　この点について，本事例と類似の裁判例は，被告人が信用取引等で，29万6000株を代金合計5326万8100円で買付け，合計6866万7500円で売り付けたという事案について，弁護人が，売却代金は売却益合計1539万9400円に比して相当高額であり，売却代金全額を追徴額とするのは被告人にとって酷であるから，金融商品取引法198条の2第1項ただし書を適用して追徴額を売却益の範囲にとどめるべきであると主張したのに対して，次のように判示して，これを退け，売却代金全額について追徴を命じた（前掲大阪地判令和元年5月13日 LEX/DB25564317）。

　　「必要的没収・追徴を規定した金融商品取引法198条の2第1項本文，2項は，いずれも違法な証券取引によって取得した財産を残らずはく奪することによって，更なる違法行為への再投資を妨げて，不公正な取引を抑止し，健全な証券取引市場の確保を図る趣旨の規定であると解される。こうした法の趣旨に照らせば，インサイダー取引によって取得した不正財産は全て没収・追徴されるのが原則である。他方で，同法198条の2第1項ただし書は，取得の状況その他の事情から見て財産を没収・追徴することが被告人にとって過酷な結果をもたらすなどの例外的な場合があり得ることから，そうした場合に没収・追徴を例外的に減免することを許容するものと解される。

　信用取引によって多額のインサイダー取引が行われた場合には，売却代金全額のうち実質的に行為者が手にできない部分が高額にのぼり，それをすべて没収・追徴することが過酷となる場合があり得るが，本件の売却代金や売却益等に照らすと，本件において売却代金全額を没収することが被告人にとって過酷な結果をもたらすような特段の事情があるとは認められず，本件が同法198条の2第1項ただし書を適用すべき場合に当たるとはいえない。」

　この判決はしかし，結論を示しただけで，その判断基準を具体的に示しているわけではない。ただし書の適用については，①財産の取得状況，②損害賠償の履行状況，③その他の事情を考慮して判断される，といわれているが，本判決はその判断のプロセスを示してはいないのである。

　[事例1]において，売却代金全額と売却益との間にどれくらいの開き（格差）があれば「被告人に過酷」となるのであろうか。そのような判断をするには，Yの資産状況などもあわせて考慮する必要があるのだろうか，裁判官の裁量に委ねられ規定について一定の解釈基準を示すことには限界がある。

　このような実務の動向からすると，本事例においても，株券売却代金全額について追徴を命じることになろう。読者の皆さんは，自分がこの事件の担当裁判官になったつもりで，ただし書適用のための「判断基準」と本事例の結論について考えていただきたい。

Ⅲ　両罰規定と法人処罰論

事例2

　畜産食肉加工・卸売業等を目的とする甲株式会社（甲社）の代表取締役Xは，同社取締役で製品加工部長であるY，および，同社取締役である営業本部長Zと相談の上，

　(1) 2020（令和2）年5月29日ころから2021（令和3）年6月18日ころまでの間，前後327回にわたり，自社工場において，牛肉に，豚肉，鶏肉，羊肉又は鴨肉等の牛肉以外の畜肉を加えるなどして製造した挽肉及びカット肉（合計約13万8044キログラム）を梱包した段ボール箱に，「宮崎産牛バラ挽肉6mm挽」，「牛フォア&ハインド6mmアメリカ産」，「牛肉ダイヤカットアメリカ産10mm」等と印刷されたシールを貼付して，これらの商品が牛肉のみを原料とする挽肉等であるかのように表示し，さらに，

　(2) 2020年（令和2年）5月30日ころから2021年（令和3年）6月19日ころ

までの間，上記挽肉を，前後331回にわたり，取引先A社，B社，C社に発送して引き渡し，それぞれから甲社名義の当座預金口座に合計4870万円の振込入金を受けた。

　Zは，「このままあくどい商売を続けていると，会社は潰れてしまう，従業員が路頭に迷ってしまう……。」などと考え，再三にわたりXに進言したものの，Xは一向に聞き入れず，かえって，Zに「嫌なら会社を辞めてもらう。」などと言っておどした上，Zを営業課長に降格させた。

[設問1] 甲社，X，Y，Zの罪責はどうか。
[設問2] 甲社，X，Y，Zが刑事責任の追及を免れるためには，どのような
　　　対応がありうるか。

1　問題の所在

　現行法上，法人に対する処罰は**両罰規定**によって行われている。「**法人処罰(論)**」という場合には，刑法典（あるいは何らかの特別法）に法人処罰に関する総則規定ないし個別規定を導入すべきか，導入するとすればどのような形式が望ましいか，という立法論を指すこともある。ここでは，現行の両罰規定の問題と立法論としての法人処罰論の概要について確認した上で，事例の解決について考えることにしよう。

2　両罰規定

(1)　概　要

　刑法典の各本条（「第2編　罪」における個別の規定）の条文は通常，「○○した者は，○○の刑に処する」という形で規定されている。刑法典における刑罰の名宛人は「者」すなわち「自然人」である（大判昭和10年11月25日刑集14巻1217頁），したがって，法人は，殺人罪や業務上過失致死傷罪，あるいは窃盗罪や詐欺罪などで処罰されることはない。

　わが国の両罰規定の歴史は古く，1900(明治33)年の「法人ニ於テ租税及葉煙草専売ニ関シ事犯アリタル場合ニ関スル法律」が最初といわれているが，今日では，多くの立法に導入されている（本書の関係では，特商法74条，預託法38条，景表法38条，食表法22条，不競法22条，金商法207条，独禁法95条，所得税法243条，法人税法163条など）。

　両罰規定は通常，「法人の**代表者**又は法人若しくは人の**代理人**，**使用人**その

他の**従業者**［**①行為主体**］が，その法人又は人の**業務に関し**［**②業務関連性**］，第○条の違反行為をしたときは，**行為者**を罰するほか，その**法人又は人**に対しても，各本条の**罰金刑を科する**」という形で規定されることが多い。行為者（自然人）が法人または人の業務に関して一定の違反行為をした場合に，その法的効果として，行為者（自然人）だけでなく，事業主としての「法人」（法人事業主）または「人」（自然人事業主）に罰金刑が科されるのである。なお，独占禁止法ではさらに，「法人の代表者」をも処罰する**三罰規定**が置かれている（独禁法95条の2）。

　このうち，①の行為主体は，法人の機関または法人による統制・監督を受けて事業に従事する者をいい，雇用その他の契約関係は必ずしも必要でない（大判昭和9年4月26日刑集13巻527頁）。②の業務関連性については，客観的に法人の業務たる性質を備えている限り，定款にない事業であっても認められる（最判昭和25年10月6日刑集4巻10号1936頁）。

　両罰規定により法人に科される刑罰は，通常は「（当該）各本条の罰金刑」である。かつては，法人の処罰は自然人の故意・過失を媒介としてはじめて認められることから，法人の処罰は自然人を超えないものと理解され，法人に対する罰金額の上限は自然人のそれと同一であった。しかし，これでは法人にとって低額にすぎ抑止がはたらかないとの考慮から，1992（平成4）年の独占禁止法改正によって，自然人の処罰と法人の処罰が切り離され，法人に対する罰金額が大幅に引き上げられた（**法人重科〔重課〕**）。このような対応はその後，金商法や銀行法などでも行われている。

　なお，独占禁止法の両罰規定（95条）については，法規制の名宛人（行為主体）が「事業者」（3条）または「事業者団体」（8条）であることから，直接行為者は独禁法95条の「行為者を罰するほか……」の規定を介して処罰されることになる点に注意を要する（⇒第8章Ⅰ）。

(2) 法人の犯罪能力

　それでは，両罰規定のもとに法人が処罰されているのは，そもそもどのような根拠に基づくのだろうか。

　この点については，①刑事責任とは道義的非難であり法人には「違法性の意識」とか「期待可能性」を観念することができないとして，法人の犯罪能力を否定する見解が根強かったが（大判昭和10年11月25日刑集14巻1217頁），法人には従業者等が違反行為を行わないようにする選任・監督上の義務があるとの理

解から，②両罰規定はこの点についての過失の存在を擬制したものと解する「**過失擬制説**」と，③過失の不存在についての反証を許す規定だと解する「**過失推定説**」とが対立したが，最高裁は，③説を採用している（自然人事業主につき，最大判昭和32年11月27日刑集11巻12号3113頁，法人事業主につき，最判昭和40年3月26日刑集19巻2号83頁）。

　もっとも，過失がなかったとの反証がなされて免責が認められた事例は極めて少なく，企業におけるコンプライアンス体制の構築の必要性が強調されるようになった今日では，企業・法人がコンプライアンス・プログラムを整備するなどして日頃から違反行為・犯罪防止システムを構築していた場合には，過失を否定する方向で企業・法人に有利に考慮すべきだ，との見解も有力に主張されている。

(3) 両罰規定の機能

　このような両罰規定には，①法人処罰創設機能，②選任・監督義務創設機能，そして，③身分拡張機能があるといわれる。

　①**法人処罰創設機能と**は，両罰規定の設置によってはじめて法人処罰が基礎付けられるという機能である。

　②**選任・監督義務創設機能**とは，両罰規定の設置によって，法人または自然人である業務主・事業主に，従業員等に対する選任・監督の義務が課される，という機能である。

　③**身分拡張機能**とは，たとえば，相続税法上は納税義務者でない代理人Xが，納税義務者Yの相続税を免れさせた場合，両罰規定である同法71条によって，代理人も行為主体となりうるとされている（大阪高判昭和62年3月17日判タ639号246頁）ように，両罰規定の適用によって，特定の身分を持たない者にも行為主体性が拡張される機能である。

3　法人処罰論
(1) 立法課題としての法人処罰

　立法論を意識した法人処罰論として，近時，比較法的知見を駆使しつつ，①同一視理論，②組織モデル，さらには，③両モデル併用論など，わが国における法人処罰のあり方を検討する動きがある（⇒川崎『企業の刑事責任』，樋口『法人処罰と刑法理論〔増補新装版〕』）。

　どのような種類の犯罪を法人処罰の対象とするかについては，諸外国の立法

例として，①全犯罪を処罰対象とするもの，②個別の犯罪で異なる処罰要件を認めるものがある。②の場合には，どのような種類の犯罪類型について法人処罰を認めるかについて，さらに個別に選択する必要がある（立法例としては，過失致死，マネー・ローンダリング，賄賂などについて法人処罰を認めるものがある）。それに連動して，立法の仕方として，全犯罪を処罰対象とする方式と，個別規定を設ける方式が考えられている。

(2) 法人処罰のモデル論

比較法的知見をふまえ，法人処罰の要件論として，同一視理論と組織モデルといわれるモデル論が提示されている。

①**同一視理論**は，特定の行為者による犯罪を法人の犯罪と捉える（同一視する）ものである。この場合，法人処罰には，特定の行為者が犯罪成立要件を充足していれば足りることとなる。もっとも，本説の中でも，具体的に誰の行為を同一視するか，代表者の行為か末端従業員のそれか，はさらに問題となる。本説に対しては，同一視をすることができる論拠がなお明確でないことなどに批判がある。

②**組織モデル**は，大規模企業による公害犯罪や経済犯罪を念頭において，自然人個人の活動レベルを超えた，法人・組織体固有の活動や意思決定プロセルを想定するものである。

同一視理論と組織モデルは必ずしも排斥しあうものではなく，わが国では，①同一視理論と②組織モデルの両方を併用する形で立法化をはかることが望ましい，との提案もある。

(3) 法人に対する刑事制裁

法人に対する刑事制裁としては，**被害弁償命令**や**企業プロベーション**（企業を監視・監督するしくみ）などが提案されている。また，違反事業者名の公表，入札参加資格停止，業務停止，解散命令（会社法824条）などの行政措置を刑罰として導入することも考えられる。もっとも，解散命令や認可等の取消し，業務停止命令といった処分は法人の営業活動を大きく制限するもので，刑罰以上にダメージが大きくなることもありうる。刑事制裁として導入するとしても，なお慎重な検討を要するであろう。

◇　法人処罰について
・組織罰を実現する会 HP

http://soshikibatsu.jp/index.html

・日経 BizGate：郷原弁護士のコンプライアンス指南塾；「日本の法人処罰を考える⑴～⑶」

https://bizgate.nikkei.co.jp/series/DF200320183531/

コラム *11-2*：第二の電通事件と法人の訴追

1　事案の概要

　本事件は，広告代理店 D 社の各事業部の部長である A，B，C の 3 名が，それぞれ各部署において労働時間の管理を行うものであるところ，同社が労働基準監督署長に届け出ていた，労基法36条所定の時間外・休日労働に関する労使協定（いわゆる「三六協定」）が要件を欠き無効であったにもかかわらず，これを有効と誤信して，過労自殺した新入社員を含む 4 名の社員に対して，それぞれ違法な時間外労働を行わせたとして**労働基準法違反罪**（121条 1 項，119条 1 号，32条 1 項）に問われたものである。

2　刑事裁判とその周辺

　労働基準法の罰則には両罰規定があることから，A ら 3 名は不起訴処分とされ，D 社のみが略式起訴されたところ，略式起訴という非公開の書面審理では不十分として正式裁判が開かれるという異例の経過をたどった。東京簡裁は，D 社に罰金50万を言い渡し，これが確定している（東京簡判平成29年10月 6 日 NBL1116号19頁）。

　A ら 3 名が不起訴処分とされた理由については「違法性の意識」の立証に難点があったから，との報道も見られた。過労自殺した新入社員の母親が検察の不起訴処分を不服として申請した**検察審査会**では「不起訴処分相当」の議決（2018〔平成30〕年 7 月12日付け）がなされた。議決書では「（検察審査会内部でも）元上司の責任を問うべきだとの意見もあった」が，「D 社では違法な長時間労働が全社的に行われ，中間管理職の元部長が，会社組織の中で個人でできる対策は限られていた」として，検察の判断を支持したという（2018〔平成30〕年 7 月28日付け新聞各紙朝刊より）。

3　法人のみの訴追

　経済犯罪に関わる事件として法人のみが訴追された最近の事例として，いずれもデータ改ざんなどの不正競争防止法違反事件である「東洋ゴム免震ゴム偽装事件」（枚方簡判平成29年12月12日公刊物未登載〔罰金1000万円〕）および「神戸製鋼品質データ改ざん事件」（立川簡裁平成31年 3 月13日 LEX／DB 25570168〔罰金 1 億円〕）がある（⇒第 3 章Ⅱ参照）。

4　その他

　同社に関しては，一般に「電通事件」と呼ばれる過労自殺事件（最決平成12年3月24日民集54巻3号1155頁）があることから，本件を「第二の電通事件」と表記している。

4　[事例2]の解決にむけて

(1)　問題の所在

　「あれれ……，どこかで見たような……？」そう，[事例2]は，第3章の[事例1]のいわば「現代版」である。ミートホープ事件では元社長のワンマン経営的側面が前面に出て他の「共犯者」は従属的関与だとして起訴が見送られた（⇒第3章I）。

　本事例では，①甲社，X，Y，Zの行為はどのように評価されるか，という実体刑法上の問題が，まず検討される必要がある。これが[設問1]の問題点である。さらに，②Zの内部告発によって事件が明るみに出たなら，甲社の存続にとって大打撃であろうから，甲社としては，何とか汚名を挽回して，会社の経営を建て直す必要が出てくる。そのために現段階でできる最善の対応策はどのようなものであろうか。これが[設問2]の問題点である。

(2)　[設問1]の解決にむけて

　まず(1)の事実については，すでに第3章で検討したように，X，Y，Zについて，不正競争防止法の商品の品質・内容を偽る誤認惹起行為にあたり，これによって不当な利益を得ようとしていることから「不正の目的」も肯定できる。

　X，Y，Zに共謀も認められることから，不正目的による商品等誤認惹起罪の共同正犯が成立し，327回にわたるこれらの行為は，Xらの同一の意思の下に実行された同種同様の行為であり，その保護法益も誤認表示による不正な競業の防止（競業者間の自由な競争）にあることから，これを包括一罪とみることができる。

　甲社も，両罰規定により処罰される。

　以上より，甲社，X，Y，Zについて，不正競争防止法違反罪の共同正犯が成立する（刑法60条，不競法22条1項，21条2項1号，2条1項20号）。

　ここまでは第3章で学んだことの延長であり，さほど難しいことはないだろ

う。

　次に，(2)の事実については，誤認表示をした「牛肉」をＡ社，Ｂ社，Ｃ社
それぞれに対し複数回にわたり送りつけて，それぞれから代金を当座預金口座
への振込送金を受けていることから，Ｘ，Ｙ，ＺにはＡ社，Ｂ社，Ｃ社の３社
に対する詐欺罪の共同正犯が成立し，それらは併合罪となる（刑法60条，246条
１項，45条前段）。甲社はこの点について何らの責任を負わない。

　　［補足説明：なお，Ａ社，Ｂ社，Ｃ社それぞれに対する複数回の送付行為は，そ
　　れぞれの会社についての包括一罪である。］

　以上より，Ｘ，Ｙ，Ｚには，(1)不正目的による商品等誤認惹起罪の共同正犯
の包括一罪と(2)３つの詐欺罪の共同正犯が成立し，それらは全体として併合罪
である（刑法60条，不競法22条１項，21条２項１号，２条１項20号。刑法60条，246
条１項。45条前段）。

　甲社は，(1)の事実について，罰金刑によって処罰される（刑法60条，不競法
22条１項，21条２項１号，２条１項20号）。

(3)［設問２］の解決にむけて

　甲社，Ｘらは，自らへの刑事責任追及を免れるためにどうしたらいいだろ
うか。この点については，刑事訴訟法上の合意制度（刑訴法350条の２以下）を
利用することが考えられる（⇒第12章）。

　本事例で真っ先にそのような動きをするのはＺのように思えるが，これは
他の共犯者の可能性を否定するものではない。法的には甲社，Ｘら３名のす
べてにその可能性は開かれている。

　問題は，甲社のために誰が動くか，という点である。仮に，Ｘ，Ｙ，Ｚのい
ずれかが自分のために合意制度の利用を考えて行動するなら，あわせて甲社の
ためにもこれを利用するほうが，検察官との交渉では，有利にはたらくであろ
う。もっとも，本事例のような食品偽装の事件については，そのような不祥事
を起こした企業・事業者の多くは，消費者・顧客からの信用・信頼を失って倒
産する場合が多い。

　本事例の現実的な見通しとしては，Ｚが所轄の警察署や農林水産省地方事務
所などに内部告発するとともに，合意制度を利用することになろう。

Ⅳ　刑法学の観点から

1　課徴金と刑罰

　独占禁止法に課徴金制度が導入された当初の規制目的は不法収益の剥奪であり，それゆえに，制裁としての刑罰との目的の違いがある意味で自然に受け入れられた。その後，課徴金のもつ制裁的意味合いが必ずしも否定されなくなり，最近ではむしろ制裁としての意義が強調されてもいる。刑罰との違いは相対的なものでしかない。その意味で，罰金と課徴金の調整が行われるのはむしろ当然のこと，ともいえる。

　金融商品取引法でも，これまでの刑罰による規制では必ずしも実効的な規制が達成されなかったことから，課徴金制度を導入することによって，証券取引等監視委員会・金融庁による実効的な規制を実現しようとしたものである。その意味では，両法の規制の方向性には共通するものが見られる。もっとも，独占禁止法と金融商品取引法とでは，その調整の仕方にも違いがあることにも注意する必要がある。

　これに対して，最近の景表法や薬機法における課徴金制度の導入は，これまでの民事的・行政的規制を中心とする対応では必ずしも実効性を確保できなかったことから，より制裁的意味合いの強い課徴金制度が導入されたものである。独禁法・金商法の課徴金制度とは，導入の理由についての方向性が逆である。

　いずれにせよ，経済犯罪の規制の中心は課徴金にシフトしているのが現状である。

2　法人処罰論のゆくえ

　読者の皆さんには，電通事件（⇒コラム11-2）は単なる「労働事件」にすぎないように思えるかもしれないが，ここで，本事件が企業不祥事・企業犯罪の本質を示唆するものであることに気づくべきである。

　これまでにも，法人それ自体の刑事責任を問えないことの問題性が浮き彫りになった事件は少なからずある。経済犯罪に関する事件として，ずさんな管理・検査等による商品・製品の欠陥等を原因とする事故・事件（たとえば，大阪地判平成15年5月27日 LEX/DB 28085635〔雪印乳業集団食中毒事件〕，横浜地判平成20年1月16日 LLI/DB06350160〔三菱自動車リコール隠し事件〔山口県内死亡事

件〕〕，最決平成24年2月8日刑集66巻4号200頁〔三菱自動車リコール隠し事件〔瀬谷母子死傷事件〕〕，ずさんな労務管理や長時間労働の強制等による大規模事故・事件（たとえば，前橋地判平成26年3月25日LEX／DB 25446352〔関越自動車道バス事故事件〕，広島地判平成28年9月29日LEX／DB 25544145，最決平成29年6月12日刑集71巻5号315頁〔福知山線脱線事故事件〕）がある。これらの事件では，直接行為者が業務上過失致死傷罪や過失運転致死傷罪に問われ，あるいは，その上位役職者等が管理監督過失の理論により刑事責任が問われることはあるものの，法人・企業組織体そのものは，これに対応する法人処罰の規定がないため，当該事故結果に対する刑事責任は問われていない。

　電通事件では，労働基準法に両罰規定があることから，長時間労働を強いる行為の害悪性が浮き彫りになったにすぎない。また，不正競争防止法違反に関する事件も，たまたま関与した自然人・行為者が起訴されなかったにすぎない。これらの事件はむしろ，法人・企業組織体そのものの責任追及がいかに困難かを示す事例である。

　企業犯罪とは一般に，営利追求の果てに「外部」に向けて害悪をもたらすものと考えられているが，第二の電通事件のように，その「内部」すなわち本来守るべき従業員に害悪を及ぼすものもある。過労運転による死傷事故の事件なども同様である。事故を起こしたバス運転手等は，当該事故の加害者であると同時に，「企業犯罪」の被害者でもある。企業が経済活動の一環として違反行為・犯罪行為を行うのであれば，企業・法人それ自体としての刑事責任を適正に評価することのできる制度設計が必要であろう。

　刑法上の犯罪については法人処罰はないとしても，たとえば殺人罪をはじめとする一部の犯罪については，組織的犯罪処罰法における「組織的殺人等」（3条）によって「一応の対応（重罰化？）」がはかられている，と見ることができるのかもしれない。もっとも，組織的殺人等は，「犯罪の態様」によって刑法上の犯罪を加重したにすぎず，「団体」や「組織」といった法人・組織体そのものを処罰するものでないことにも注意する必要がある（組織的犯罪処罰法につき，⇒第2章）。しかしながら，上記の事件において問題となった業務上過失致死傷罪等については，やはり，問題は残されている。最近では，前掲「福知山線脱線事故事件」を契機に「組織罰」論も展開されている。経済犯罪についても，さらなる法人処罰の立法が必要かどうか，今後の課題として，読者の皆さんに考えていただきたい。

Ⅴ　ま　と　め

- 経済犯罪に対する制裁には，行政制裁として，過料，措置命令，業務停止，営業停止命令，業務改善命令など，民事制裁として，不法行為を理由とする損害賠償，差止命令，株主代表訴訟，刑事制裁として，懲役，罰金，没収・追徴などがある。

- 経済犯罪においては，懲役が言い渡される場合にも執行猶予が付くことが多く，また，法人に対する罰金の上限も，諸外国と比較して低いレベルにとどまっているとの指摘もある。犯罪で獲得した不法収益を犯人の手元に残さないために，没収・追徴が実効的に機能している。

- 経済犯罪に対して課徴金と罰金が併科（課）される場合があり，これは「二重処罰の禁止」に違反するとの批判もあるが，判例・通説は両制度の目的が異なることからこれに違反しないとしている。ただし，独占禁止法では一般的に，金融商品取引法では継続的開示違反に対する課徴金について，課徴金と罰金の調整が行われている。

- 両罰規定とは，法人の代表者や代理人，使用者その他の従業者が，法人の業務に関して違反行為を行った場合に，その行為者（自然人）を処罰するだけでなく，法人も処罰する規定である。刑法には法人を処罰する規定はなく，法人を処罰する場合には，それぞれの法律において，個別に両罰規定が設けられている。

- 法人処罰については，そもそも法人に犯罪能力があるか，という点について争いがあったが，現在では，法人は，違反行為者に対する選任・監督上の義務違反があるから処罰される，と解されている。また，立法論として，刑法上の犯罪についても法人を処罰対象とすべきであるとして，その理論構成について，同一視理論や組織モデル論が展開されている。

〈参考文献〉

■ 講義にむけて

斉藤ほか・入門31-47頁［斉藤豊治］，75-84頁［佐川友佳子］，85-96頁［髙山佳奈子］

芝原ほか・実務と理論117-145頁［加藤俊治・樋口亮介］

山口ほか・経済刑法339-361頁［樋口亮介］

菅久修一編著『独占禁止法［第4版］』（商事法務，2020）211-254頁

松尾直彦『金融商品取引法［第6版］』（商事法務，2021）728-746頁

■ 深化のために

・制裁論

佐伯仁志『制裁論』（有斐閣，2009）

・金融商品取引法の没収・追徴

岸田雅雄監修・神作裕之ほか編『注釈金融商品取引法［改訂版］〔第4巻〕不公正取引』（きんざい，2020年）866-874頁［小野上真也＝弥永真生］

・課徴金制度

伊永大輔『課徴金制度』（第一法規，2020）

山本慎・松本博明『独占禁止法における新しい課徴金減免制度 —— 調査協力減算制度の導入 —— 』（公正取引協会，2021）

原山康彦・吉川昌平・染谷隆明編著『詳説 景品表示法の課徴金制度』（商事法務，2016）

・法人処罰論

甲斐克則『企業犯罪と刑事コンプライアンス ——「企業刑法」構築に向けて』（成文堂，2018）

川崎友巳『企業の刑事責任』（成文堂，2004）

郷原信郎編著『企業法とコンプライアンス〔第3版〕"法令遵守"から"社会的要請"へ』（東洋経済新報社，2017）

佐久間修『刑法からみた企業法務』197-209頁

田口守一・甲斐克則・今井猛嘉・白石賢編著『企業犯罪とコンプライアンス・プログラム』（商事法務，2007）

田口守一・松澤伸・今井猛嘉・細田孝一・池辺吉博・甲斐克則『刑法は企業活動に介入すべきか』（成文堂，2010）

樋口亮介『法人処罰と刑法理論［増補新装版］』（東京大学出版会，2021）

組織罰を実現する会『組織罰はなぜ必要か』（現代人文社，2021）

仲道祐樹「JR西日本福知山線事故と法人処罰」法学セミナー769号（2019）31-36頁

◆**第12章**◆

手続法上の諸問題

本章で学ぶこと

- 経済犯罪を捜査・起訴するには，どのような問題点があるか。
- 経済犯罪を弁護するには，どのような問題点があるか。
- 経済犯罪を裁判するには，どのような問題点があるか。
- 経済犯罪を予防・抑止するには，どのような方策が考えられるか。

I　経済犯罪に対する手続

1　経済犯罪の特色

　ここではまず，これまで見てきた経済犯罪の特色について今一度確認したうえで，刑事手続上の問題点を概観しよう。

　経済犯罪の特色として，①正当な経済活動との限界が微妙な場合が多いこと，②犯罪遂行の仕組み・手段が複雑な場合が多いこと，③被害者を特定することが困難あるいは不在の場合が少なくないこと，④預託契約を悪用した詐欺的商法のようないわゆる悪質商法においては，現実の被害発生の時点と犯罪行為の時点とにタイムラグが生じる場合があること，⑤被害者が全国規模の広範囲にわたり，個別に損害回復のための法的手段（損害賠償請求訴訟の提起など）に訴えるには経済的にも困難を伴うことが多いこと加え，騙し取られた金員等は犯人らによってほとんど費消されつくしてしまい，あるいはマネー・ローンダリングによって被害回復が現実にも困難な場合が多いことなどが挙げられる。このような特徴から，経済犯罪の捜査・立証において様々な手続上の問題が生じてくる。

2　手続上の問題点

　上記①については，たとえばインサイダー取引における内部情報が「投資者の投資判断に著しい影響を及ぼす重要事実」かどうか，軽微基準を超えるものかどうか，といった点について訴追側が客観的証拠に基づいて立証する必要があるとともに，このような規範的構成要件要素といわれる実質的・価値的要素については，投資者自身が判断を誤ることもあり，その場合には「違法性の錯誤の相当性」についても訴訟の場で争うことになろう。

　②については，捜査当局においても当該分野における取引実態，取引慣行に精通した高度の専門的知識が求められることになり，事案によってその分野の専門家に協力を依頼する体制が組まれる必要があるだろう。

　③については，たとえば独占禁止法における不当な取引制限については，具体的な被害者を特定することができず，犯罪被害者等からの告訴・告発あるいは情報提供を受けた形での捜査はほとんど期待できない。その意味で，内部告発・公益通報者保護制度（⇒コラム12-2），あるいは課徴金減免制度（⇒第8章，第11章）や協議・合意制度（⇒コラム12-3）を利用したかたちでの捜査協力・情報提供の重要性が増してくる。

　④については，悪質商法をはたらく事業者等の経営が破綻するまでは，被害者がその被害に気づくことはほとんどなく，事態は手遅れになっており，また，先行する加入者は，当該事業者やマルチ組織が破綻する前に自分の利益だけは確保しようとの行動に出ることもあり，刑事司法の早期介入が極めて困難である（⇒第2章）。ここではむしろ，消費者教育，犯罪被害防止のための広報活動を徹底することにより被害を未然防止するほかないであろう。

　⑤については，確実な損害回復制度，被害救済制度を構築することが必要であり，このため，消費者法の分野では，消費者裁判手続特例法（「消費者の財産的被害の集団的な回復のための民事の裁判手続の特例に関する法律」），振り込め詐欺救済法（「犯罪利用預金口座等に係る資金による被害回復分配金の支払等に関する法律」⇒第1章コラム1-1）などが制定されているところである。

Ⅱ　行政機関による犯則調査手続

1　概　要

　ところで，特定の経済犯罪を専門に監視・監督する機関として，国税や関税に関する違反行為については**国税庁**や**税関**，独占禁止法上の違反行為について

は**公正取引委員会**（公取委），金融商品取引法上の違反行為については**証券取引等監視委員会**（監視委）があるが，これらの行政機関は，違反行為に対して独自に行政処分を執行するだけでなく，場合によっては，犯罪立件のための調査を行い，犯罪だと考える場合にこれを検察官に告発する，といった手続がある。このようなものとして，国税犯則調査制度が古くから機能してきたが，近時の金融商品取引法（旧証券取引法）や独占禁止法の改正によって，監視委や公取委にも犯則調査権限が付与され，その監視機能が一層高められている。

　ここでは，この 3 種の犯則調査に触れたうえで，経済犯罪に対する一般的な刑事手続上の問題について考えることにしよう。

2　国税犯則調査手続

(1)　概　要

　租税法上の犯罪（租税犯）の処罰（⇒第 9 章）も刑事訴訟法の定める手続に従って行われるが，租税犯については従前，「**国税犯則取締法**」によって規律されてきたが，もはや時代遅れとなったため，2017(平成29)年度改正によって廃止され，租税犯に関する手続規定はすべて「**国税通則法**」（税通法）第11章（131条以下）に移された（2018〔平成30〕年 4 月 1 日施行）。地方税についても，同趣旨の改正を施した手続規定が「地方税法（昭和25年法律第226号）」の総則に規定されるに至った（同法22条の 3 以下）。

(2)　手　続

　租税犯の嫌疑がある場合に事件解明のために行う調査を**租税犯則調査**という。改正国税通則法は，国税に関する犯則調査手続（**国税犯則調査手続**）について詳細な規定を置いている。

　事件の調査は当該職員（国税庁・国税局または税務署の職員のうち，租税犯則調査の権限を与えられた職員）が行うこととされており，直接国税（間接国税以外の国税のこと。ただし，資産の譲渡等に対する「消費税」を含む。以下同じ）の犯則調査は，国税庁調査査察部（いわゆる「**マルサ**」）の指揮のもとに，各国税局の調査査察部所属の査察官および税務署の直接税担当の職員が行っており，間接国税の犯則調査は，各国税局所属の調査官と各税務署の間接税担当の職員が行うことになっている（税通法131条以下）。

　租税犯則調査について当該職員が行うこととされている理由は，①租税犯について専門的知識・経験が必要となること，②犯則事件の発生件数が極めて多

く，検察官のみに捜査をまかせるには負担が大きすぎることがあげられている。

　犯則調査には任意調査と強制調査があり，捜索・差押え等の手続をふんで証拠が収集され，犯則の心証を得た場合には，直接国税の場合は当該職員が，間接国税の場合は所轄国税局長または税務署長が，検察官に告発を行う（155条以下）。

　直接国税の犯則事件であれ間接国税の犯則事件であれ，告発がされると，事件は当該職員の手を離れて，検察官の手に移り，刑事訴訟法の定める手続によって処理されることになる。

3　証券取引等監視委員会による犯則事件調査

(1) 概　要

　金融商品取引法（金商法）における証券取引等監視委員会（監視委）による犯則調査手続は，1992(平成4)年の旧証券取引法改正により導入されたものである（⇒第7章）。

(2) 手　続

　金商法では，監視委の職員は，「犯則事件」の調査のため，犯則嫌疑者等（犯則嫌疑者・参考人）に対して出頭を求め，質問し，物件を検査・領置でき（金商法210条，224条），また，裁判官の発する許可状により臨検・捜索・差押えをすることができる（同211条）。

　調査対象となる違反行為は，虚偽有価証券報告書等提出，インサイダー取引，風説の流布，偽計や相場操縦などの罪が中心である（金商法施行令45条参照⇒第3章Ⅲ2，第7章）。

　監視委の職員は犯則事件の調査結果を同委員会に報告し（金商法223条），委員会は犯則事件調査により犯罪の心証を得たときは告発しなければならない（金商法226条）。

　監視委には検察官が出向しており，また，監視委職員と検察庁検事は，**告発問題協議会**の場で情報交換や協議を行っているとされる。

4　公正取引委員会による犯則調査

(1) 概　要

　「私的独占の禁止及び公正取引の確保に関する法律」（独禁法）における公正

取引委員会（公取委）の調査制度は，2005(平成17)年改正により導入されたものである（⇒第8章）。

　公取委では，通常の審査局と犯則審査部との間にはファイアウォール（相互に情報が行かないようにすること）が設けられており，犯則事件調査職員は犯則審査部の職員に限られる。

(2) 手　続

　公取委の指定を受けた犯則事件調査職員（犯則事件審査官）は，犯則事件（独禁法89条から91条までの罪に係る事件）調査のために必要があるとき，裁判官が発する許可状により，臨検，捜索・差押え（102条），通信事務取扱者の保管物等の差押え（103条），電磁的記録に係る記録媒体の差押え（103条の3），または，行政調査で収集した証拠（留置物件，供述調書等）の差押え，還付物の領置，犯則嫌疑者・参考人の出頭の求め，質問，物件の検査，・領置など（101条）をすることができる。

　公取委は，犯則調査の結果として刑事告発した場合，差押物件および領置物件を検察官に引き継ぐ（116条）。録取した供述調書は，引継ぎ規定の対象物（領置物件・差押物件）に含まれていないが，引継ぎ物件に準じて供述調書原本が検察官に引き渡されている。

(3) 告 発 方 針

　なお，公取委は「独占禁止法違反に対する刑事告発及び犯則事件の調査に関する公正取引委員会の方針」（平成17年10月7日。令和2年12月16日改訂）（告発方針）を公表している。これによれば，公取委は，「ア　一定の取引分野における競争を実質的に制限する価格カルテル，供給量制限カルテル，市場分割協定，入札談合，共同ボイコット，私的独占その他の違反行為であって，国民生活に重大な影響を及ぼすと考えられる悪質かつ重大な事案」，「イ　違反を反復して行っている事業者・業界，排除措置に従わない事業者等に係る違反行為のうち，公正取引委員会の行う行政処分によっては独占禁止法の目的が達成できないと考えられる事案」について，積極的に刑事処分を求めて告発を行う方針である，とし，ただし，調査開始日前に最初に課徴金減免申請を行った事業者とその役員・従業員等であって当該事業者と同様に評価すべき事情が認められる者については，刑事告発を行わないとしている（⇒第8章Ⅳ）。

　刑事告発については，公取委に一定の裁量が認められている（この点につき，東京高判平成5年5月21日高刑集46巻2号108頁〔ラップカルテル事件〕参

照）。犯則事件手続により事件を処理する場合，刑事告発を行った後，公正取引委員会はさらに，行政調査手続に基づいて必要な調査を行い，排除措置命令と課徴金納付命令を行う。行政調査手続において用いられる調査権限は，犯罪捜査のために認められたものと解釈してはならない（47条4項）とされており，行政調査権限に基づいて収集した証拠を犯則事件処理に直接用いることはできないが，逆に，犯則事件調査手続に基づいて収集した証拠は行政調査手続において用いることができるとされている。犯則事件は，刑事告発後に公正取引委員会の行政調査部門に移管される。

5　犯則調査制度における法整備の意義

　犯則調査における証拠収集・分析手続については，先にみた国税通則法改正において電磁的記録の差押えが可能とされるなど手続規定の整備がはかられ（税通法132条，134条，136条，138条，152条，146条，147条など），同旨の法整備が，2019（令和元）年の金商法および独禁法改正でもなされた。後にみる刑事訴訟法における法整備だけでなく，行政機関による犯則調査においても，経済犯罪の調査・捜査のための武器が一定程度整備された，ということができるだろう。

　◇　国税犯則調査手続
　・国税庁 HP：税部大学校＞税務大学講本＞国税通則法（令和3年度版）第11章（同章129頁に「国税犯則調査手続の体系図」が示されている。）
　https://www.nta.go.jp/about/organization/ntc/kohon/tuusoku/mokuji.htm
　◇　証券取引等監視委員会の犯則調査
　・証券取引等監視委員会 HP「犯則調査」＞告発の状況
　https://www.fsa.go.jp/sesc/actions/koku_joukyou.htm
　◇　公正取引委員会の犯則調査手続と「告発方針」
　・公取委 HP：犯則調査権限
　https://www.jftc.go.jp/dk/seido/hansoku.html
　・公取委 HP：公正取引委員会の犯則事件の調査に関する規則
　https://www.jftc.go.jp/dk/guideline/shinsa/hansokukisoku.html

---
コラム *12-1*：マルサと「マルサの女」

　国税局査察部のこと俗に「マルサ」（またはマル査）という。犯則調査を扱う部署であり，東京国税局・大阪国税局・名古屋国税局の３局にだけ設置されている。それ以外の国税局では調査査察部が設置されている。

　このマルサの活動状況については，たびたび映画やドラマで取り上げられており，その中でもとくに有名な映画が，伊丹十三監督，宮本信子主演の『マルサの女』シリーズである

Ⅲ　捜 査 手 続

事例1

　薬品卸会社Ａ株式会社（以下「Ａ社」という）の従業員Ｘは，国立大学法人Ｂ大学附属病院の内科部長Ｙに対して，薬品納入の便宜をはかってもらうために30万円相当のゴルフクラブのセットをＡ社の経費で支出し，また，製薬会社Ｃ社の公開買付けを計画しているＡ社の内部情報を知ったＸは，その事実が公表される前に買付け公表後にＡ社株が値上がりした後に売付けることにより，その差額260万円の利益を得た。

　一連の事件の捜査にあたった甲警察署の警察官Ｐら数名が，Ｘが会社で使用しているパソコンを押収するため，Ａ社を訪れることになった。

[設問１]　甲警察署の捜査員ＰからＡ社に対し「これから捜索・差押手続を行う」旨を告げられた場合，Ａ社としてはどのような対応を取ればよいか。

[設問２]　また，Ｘのパソコンを押収されると業務に支障を来すおそれがある場合，Ａ社はパソコンの押収を拒否することはできるか。

1　概　要

　それでは次に，刑事訴訟法にもとづく経済犯罪に対する刑事手続上の問題について考えてみよう。

　刑事事件の手続は，大きく分けると，①事件の発見（捜査の端緒），②捜査・証拠の収集，③公訴提起（起訴・不起訴の判断），④公判前整理手続，⑤公判手続（立証，心証形成），⑥裁判，⑦上訴といった流れをたどるが，ここでは，経済犯罪に対する刑事手続としてとくに問題となる論点に絞って，検討することにしよう。

2　事件の発見・捜査の端緒

　先にもふれたように，経済犯罪とりわけ企業ぐるみの犯罪は，その犯行が秘密裡に行われ，証拠が隠され，犯罪を見聞きした人に対しても有形無形の圧力を加えて押し黙らせる，などといったものが多く，なかなか発見にはつながらない性質のものである。そのような場合，組織内の職員等による**内部告発**や独占禁止法違反行為を行ったものによる公取委への違反事実の自己申告が重要な意味をもっている。

　その意味で，**公益通報者保護法**改正による公益通報者保護の強化や独占禁止法改正による課徴金制度の見直しといった最近の立法動向は，このような問題の解消をはかるためのものである。

コラム *12-2*：公益通報者保護法と内部通報制度

1　公益通報者保護法

(1) 概　要

　会社内あるいは会社ぐるみで違法行為が行われる場合には，これに関与した者やその事実を知った従業員等による内部告発や内部通報がなければ，その事実が外部に知られることはない。これまでに発覚した事件でも，内部告発が契機となって事件化したものが少なくない。内部告発は重要な捜査の端緒でもある。

　しかし，内部告発者は会社にとっては「裏切り者」であることから，会社が内部告発者に解雇，降格，減給その他不利益な取扱いを行うおそれがある。そこで，公益通報を行う従業員・労働者の法的地位を保護するために，2004(平成16)年に「**公益通報者保護法**」が制定された（2006〔平成18〕年4月1日施行）。

(2) 内　容

　本法の趣旨は，公益に資する通報を行った公益通報者・労働者を保護することによって，企業のコンプライアンス（法令遵守）を高めるとともに，市民社会の健全な発展を促すことにあり（1条参照），同法は，「公益通報」を行ったことを理由とする労働者の解雇ないし派遣労働契約解除を無効とし（3条，4条），その他の不利益な取扱いを使用者（事業者）に禁止している（5条）。

　本法において「公益通報」とは，①労働者が，②不正の目的でなく，③その「労務提供先」またはそこの業務に従事する者について通報対象事実が生じ，またはまさに生じようとしている旨を，④労務提供先等，行政機関，またはその者に対し当該通報対象事実を通報することがその発生若しくはこれによる被害の拡大を防止するために必要であると認められる者に，⑤通報することをいう（2条1項）。

　通報対象事実は，「個人の生命又は身体の保護，消費者の利益の擁護，環境の保全，公正な競争の確保その他の国民の生命，身体，財産その他の利益の保護にかかわる法律」であって，別表 1 号ないし 7 号所定の法律（刑法ほか）と，8 号所定の政令「公益通報者保護法別表第八号の法律を定める政令（平成17年政令第146号）」1 号ないし457号所定の法律が規定する犯罪行為の事実をいう（2 条 3 項 1 号・2 号）。通報行為については，通報先に応じて具体的な要件が設定されている（3 条 1 号～3 号）。

(3) 令和 2 年改正

　なお，本法は2020(令和 2)年，①事業者の内部通報対応体制整備の義務化，②行政機関等への通報要件の緩和，③保護範囲の拡大（保護対象者に退職者・役員を追加し，通報対象事実を行政罰対象事実にも拡大）を柱とする法改正（令和 2 年法律第51号）がなされた。本改正は，2021(令和 3)年内に指針・ガイドラインが作成され，2022(令和 4)年 6 月頃までに施行される予定である。

2　内部通報制度

　経済刑法の視点からいえることは，密行して行われる企業内・企業ぐるみの犯罪を摘発することは極めて困難であることからすれば，内部告発は捜査当局にとってはある意味で「決定打」ともいえる機会である。しかし，それが，会社経営者（事業者）の圧力によって押しつぶされ，犯罪行為が隠ぺいされ，繰り返されるならば，われわれ国民・消費者の権利・利益は侵害され続けることになる。その意味で，刑事告発の端緒となるべき内部告発者・公益通報者を保護することは，犯罪抑止の点から極めて重要である。

　しかしながら，わが国の著名大企業による不正会計事件（オリンパス不正会計事件〔⇒第11章コラム11- 1 〕，東芝不正会計事件など）や性能偽装・検査不正事件（免震ゴム性能偽装事件，自動車メーカーによる燃費・排ガス性能等データ改ざん事件など）が相次いで発覚していることからすれば，会社の内部統制システムが十分に機能していないことが明かとなっている。

　企業の**コンプライアンス**（**法令遵守**）の観点からは，単に公益通報者保護法に従うだけでなく，より積極的に，企業内に実効的な**内部通報制度**を導入・構築し，企業内にある不祥事・違反行為をいち早く知ることによって迅速かつ適正な対応・対策を講じることが，企業価値の低下を最小限にとどめる上でも非常に重要である。今や，企業にとって，内部通報制度を設けてこれを適正に運用していくことが求められているのである（⇒弁護士法人中央総合法律事務所編『内部通報制度の理論と実務』）（⇒第11章）。

　◇　公益通報者保護法と令和 2 年改正

　・消費者庁 HP：公益通報者保護制度

　　https://www.caa.go.jp/policies/policy/consumer_system/whisleblower_

protection_system/
・消費者庁 HP：公益通報者保護法と制度の概要「令和 2 年改正について」
https://www.caa.go.jp/policies/policy/consumer_system/whisleblower_
protection_system/overview/#012
・政府広報オンライン HP：暮らしに役立つ情報「組織の不正を未然に防
止！」
https://www.gov-online.go.jp/useful/article/201701/ 4 .html

3　捜　査

　経済犯罪の捜査を担う捜査機関（ここでは，司法警察職員・検察官・検察事務官〔刑訴法189・191条〕をいう）には，経済活動の実情に通じ，その法的規制に精通していることが求められている。とくに重大な経済犯罪については，公判維持の観点から，検察官が捜査の当初から直接事件に関与することも多い。

　警察の活動には刑事警察，保安警察，警備警察，交通警察の 4 種があるといわれるが，70年代に入って，サラ金・ネズミ講・マルチ商法等のいわゆる悪徳商法によって多くの国民が被害を被る事件が多く発生したことから，警察庁は，保安警察部門に経済調査官を配置し，あるいは生活経済課を設置するなどの対応をし，また，刑事警察部門においても民事介入暴力に対する取り組みを強化してきた。検察庁では，東京，大阪，名古屋の各地検に特別捜査部（特捜部）を設置し，経済犯罪の摘発にあたっている。

　経済犯罪の捜査を難しくしている要因として，①帳簿等の書類や電磁的記録（電子データ）を中心とする膨大な物証を収集し，それを分析検討する必要があること，②経済活動の実情・法規制等の内容に関する知識が求められること，③関係者が多数の場合には供述を確保することに困難をともなうこと，④犯罪がグローバル化する中で国際な捜査共助が必要不可欠となり，また捜査が広域化すること，⑤罪証隠滅工作が巧みになされ，あるいは証拠内容の解明に手間取ること，などがあげられている。

　とりわけ，経済事犯はコンピューターを用いた会計処理記録等，電磁的記録が証拠物件であることが多い。電磁的記録は差押えの対象物件といえるか（電磁的記録自体は「物」でない）という点については，理論上も実務上も難点があったことから，2011(平成23)年の刑事訴訟法改正により，電磁的記録の差押えを可能とする等の改正がなされた。これにより，記録命令付差押（刑訴218

条1項）や，リモートアクセスによる電子データの差押え（同218条2項）など
の行為ができるようになった。とくに後者は，データが複数のサーバーに蔵
置・秘匿されているような場合にリモートアクセスにより差し押さえることが
できることから，有効な捜査手段であるといえよう（もっとも，海外所在のサー
バーに蔵置されているデータにリモートアクセスすることについては，国際司法共
助の観点から問題となっている。これを違法としたものとして，東京高判平28年12
月7日高刑集69巻2号5頁（裁判所ウェブサイト掲載），適法としたものとして，最
決令和3年2月1日裁時1761号4頁〔事案はわいせつ画像データに関するもの〕が
ある）。

4　［事例1］の解決にむけて

(1) 問題の所在

［事例1］では，まず，Xが会社の資金を賄賂として支出した行為につい
て，横領罪（または業務上横領罪）ないし特別背任罪が成立するのか，あるい
は，会社ぐるみの贈賄行為だとすれば，A社の他の従業員とXとの贈賄罪の
共同正犯が成立しうるか，が問題となろう。また，A社によるC社株の公開
買付け計画の事実の公表前にA社株（自社株）を買い付け公表後に売り付けて
利益を得た行為についてはインサイダー取引罪の成否が問題となろう。この点
の解決については，本書の関係する章（⇒第4章，第7章）を振り返って考え
みてほしい。

ここで問われているは，A社は警察によるパソコン押収に対してどのよう
な対応をすべきか，あるは，A社の社内弁護士・法務部担当者・顧問弁護士
あるいは相談を受けた弁護士であれば，どのようなアドバイスをすべきか，と
いう点である。

(2) 解決への道筋

捜査機関（警察）が犯罪捜査のために捜索・差押えを行う場合には，証拠隠
滅のおそれがあることから，通常，事前に訪問を打診をするようなことはない
が，Xの犯罪行為について事前にA社が警察署員に相談しているような場合
に［設問1］のような事態もないわけではない。

捜査員が幾つかの区画ないしフロアーに分かれて捜索する場合には，それぞ
れに対応する責任者を用意する必要がある場合もある。差押によって業務に支
障を来すような場合には，当該パソコン内のデータをあらかじめコピーしてお

くことも必要である。捜索・差押えの執行の際に，被疑者（X）の上司や同僚等の事情聴取が求められる場合には，事情聴取のための部屋・区画を用意することも必要となる。

　捜索・差押えは，原則として，「処分を受ける者」（会社の代表者等）に対してなされ，その際，捜索差押許可状が示されなければならない（刑訴法222条1項，110条，犯罪捜査規範141条1項）。会社の代表者等が不在の場合には，代表者に代わるべき者である立会人に対して許可状を示せば足りる（犯罪捜査規範141条2項参照）。捜索差押許可状を示された者は，許可状に記載された被疑者の氏名，罪名，差押対象物，捜索すべき場所等（刑訴法219条1項）を確認する。

　すでにみたように，2011（平成23）年の刑事訴訟法改正により，捜査機関は，パソコンやサーバに保存されている電磁的記録，すなわちデータを差し押さえることが可能となり，このようなデータが捜査上必要である場合に，捜査機関は，パソコンやサーバー内に保存されているデータを，捜査機関が用意した，あるいは会社が用意した別の記録媒体に複写等をした上で，同記録媒体を差し押さえることができる（刑訴法222条1項，99条の2）。

　捜索差押許可状が提示されて捜索が開始されてしまうと，被疑事実とは無関係の重要なデータが当該パソコン内に保存されているからといって，差押えを拒否することはできない（ただし，刑訴法105条）。また，当該パソコン内にしか保存されていないデータがあり，当該パソコンを差し押さえられてしまうと業務に支障を来す場合であっても，従業員がパソコンを操作することは認められない。この場合には，押収後，捜査機関が被疑事実と無関係なパソコンだと判断した場合に，還付（刑訴法222条1項，123条1項）や還付請求にもとづく仮還付（同法222条1項，123条2項）によるほかは手立てがない。

　なお，差押処分が違法な場合には，準抗告により（同法430条1項，同2項），処分の取消しが認められれば，押収物が返還される。

⑶［設問1］の解決

　以上より，捜索・差押えに際し，警察から立会人を出すように求められたなら，A社の代表者等は，差押対象物がパソコン等の端末であればそのフロアの責任者，サーバーに保存されているデータ等であればシステム管理者等をそれぞれ指定して立ち会わせることになろう。また，システム管理者は，警察から記録命令付差押えを命じられる場合があるので，データの保存場所等を確認し，警察に対しては，どの記録媒体に複写するのか，印刷するのかを確認する

ことになる。

　Xが使用しているパソコンを押収されると，業務に支障を来すおそれがある場合であっても，捜索差押許可状に記載された差押対象物である限り，A社はこれを拒否することはできない。

(4)［設問2］の解決

　［設問2］については，捜索・差押えの拒否は認められず，業務に支障を来すのであれば，仮還付を請求するしかない。もっとも，この請求が認められる可能性は実務上高くないため，あらかじめ差押対象物であるパソコンからデータのコピーを常に保存しておくような運用システムを構築しておく必要がある。

Ⅳ　公訴提起・公判・裁判

事例2

　海外で事業展開する発電機器メーカー甲株式会社（以下「甲社」という）は，タイ王国において受注した火力発電所建設工事について，建設許可を超える重さのはしけを仮桟橋に接岸させて貨物を陸揚げするにあたり，同国運輸省港湾局の支局長Aからその許可を与える見返りとして賄賂を要求された。Xは，同社の執行役員兼調達総括部長として，火力発電所の建設に関して部品・資材の調達や輸送等の業務を所轄する同部門の最高責任者の地位にあり，また，Yは，同社における調達総括部ロジスティクス部長として，火力発電所に設置する機器設備等の輸送業務を総括する部門の最高責任者であったところ，XとYは協議の上，この要求を受けることとし，Aに対して現金1,100万タイバーツ（当時の円換算3,993万円相当）を供与した。

［設問1］　XとYはどのような罪責を負うか。

［設問2］　このことが甲社内で発覚したことから，甲社とX・Yは，その対応を迫られた。

　　甲社，XおよびYは，刑事責任の追及を逃れるためにどのような対応をすればよいか。

1　公訴提起

　公訴は検察官がこれを行うものとされ（**国家訴追主義**）（刑訴法247条）。また，犯罪事実が認められるとしても，検察官は一定の事情を考慮して公訴を提

起しないこともできる（**起訴便宜主義**）（同248条）。もっとも，たとえば脱税事件（⇒第9章）や独占禁止法違反事件（不当な取引制限の罪）（⇒第8章）あるいは金融商品取引違反事件（相場操縦罪やインサイダー取引罪など）（⇒第7章）については，それぞれの監視機関の告発を受けて起訴することになっており，この種の事件では，これら行政機関と検察官との間に情報の共有等がはかられている。

　他方で，独占禁止法や金融商品取引法等の課徴金制度には**課徴金減免制度**（リーニエンシー）が採り入れられており（⇒第8章，第11第），それが違反行為者にとって違反行為の中止・離脱のための大きなインセンティヴとなっており，また，それは，規制当局・監視機関にとっては，違反行為の調査・判断に有益な証拠等を確保する有効な手段でもある。これを，広い意味での**司法取引**ということができる。

　そして2016(平成28)年の刑事訴訟法改正により，「日本版司法取引」といわれる**協議・合意制度**または**合意制度**（刑訴法350条の2以下）および**刑事免責制度**（刑訴法157条の2以下）が導入されるに至ったのである（⇒コラム12-3）。

　ここでは，合意制度が経済犯罪の捜査・裁判にとってどのような意義があるか，少し考えてみよう。たとえば，企業内部からの告発や監査などによって刑事事件が発覚した場合に，企業自らが本制度を利用して捜査に協力し，企業に対する起訴を免れるという形で本制度を利用することも想定される。企業内あるいは企業ぐるみの刑事事件が世間に知れ渡る事態は企業の社会的信用にとって大きなダメージとなるが，それゆえにこそ，当該企業が事件の全容解明に全面協力するという誠実な態度が求められ，迅速的確な対応を取ることが肝要である。その意味で，企業が司法取引を利用し，これに積極的に応じることは，国民一般にとっても見やすいかたちで企業の対応姿勢が示されることとなり，信頼回復の一助ともなりうるであろう。

　司法取引と類似の制度はすでに，課徴金減免制度（リーニエンシー）によって取り入れられていたが，これがいよいよ刑事事件にも導入されるに至った。その意味でも，日本の刑事司法制度は大きな変容を遂げつつある，といえる。

コラム *12-3*：日本版司法取引と経済犯罪？

1　協議・合意制度の概要

　いわゆる**司法取引**とは，被疑者・被告人が捜査機関に犯罪に関する供述・証拠等を提供するなどの協力行為を行うことにより，自らの犯罪について不起訴や減刑などの恩典・利益処分を受ける取引をいう。これには，①自己の犯罪に関する供述等を提供するタイプ（自己負罪型）と②他人の犯罪について供述等を提供するタイプ（捜査協力型）がある。欧米諸国では，①タイプの司法取引が一般的であるのに対し，わが国に導入されたのは②タイプの司法取引である（このことから「日本版司法取引」といわれることがある。）。

　2016(平成28)年の法改正により，刑事訴訟法第2編に「第四章　証拠収集等への協力及び訴追に関する合意」（刑事訴訟法350条の2以下）が追加され，2018(平成30年6月1日から施行されている。これを**協議・合意制度**または**合意制度**という。なお，本制度は，2010年から刑事司法制度の抜本改革に向けた議論の過程で，取調べの録音録画を一部で導入することとの交換条件として，**刑事免責制度**（刑訴法157条の2以下）とともに導入されたものである。

　合意制度は，「**特定犯罪**」（同350条の2第2項）に係る事件の被疑者・被告人が，特定犯罪に係る「他人の刑事事件」について所定の行為（取調・証人尋問の際の真実の供述，証拠提出その他の必要な協力のうちの一つまたは二つ以上の行為。同350条の2第1項1号）を行った場合に，検察官が当該被疑者・被告人にとって有利な行為（不起訴，公訴取消，より軽い犯罪での訴因・罰条による公訴提起，より軽い犯罪への訴因・罰条の追加，撤回または訴因・罰条への変更，より軽い犯罪での求刑意見の陳述，即決裁判手続の申立て，略式命令の請求のうちの一つまたは二つ以上の行為。同350条の2第1項2号）を行うことについて，検察官と被疑者・被告人との間で，合意をすることができる（もっとも，不起訴処分になった場合であっても，検察審査会の審議を経て起訴議決された場合には，司法取引の合意は効力を失う。同350条の11）。この合意には弁護士の同意・関与が必要であり（同350条の3第1項，同350条の4）。

　合意の相手方に合意違反があった場合に，合意から離脱・破棄することができる（同350条の10第1項）。検察官が合意に反して起訴した場合は，裁判所が公訴を棄却する（同350条の13第1項）。合意が成立しなかった場合，検察官は，被疑者・被告人の供述等を証拠とすることはできない（同350条の5第2項）。

　本制度は他人の刑事事件に関する供述等を対象とすることから冤罪の危険（被疑者・被告人は自らの罪責を軽く，他人〔共犯者〕の罪責を重く見せる傾向がある，といわれる。）も否定できないことから，被疑者・被告人が偽証等をした場合に5年以下の懲役を科すこととされている（同350条の15）。

　本制度の対象となる**特定犯罪**は，刑法で規定されている一部の犯罪（競売妨

害，詐欺恐喝，贈収賄，横領，文書偽造等），組織的犯罪処罰法に規定されている一部の犯罪（組織的詐欺，マネーロンダリング等），覚醒剤取締法，大麻取締法，麻薬及び向精神薬取締法，銃砲刀剣類所持等取締法等の違反行為である。経済刑法の領域で問題となる犯罪としては，租税法違反（脱税等），独占禁止法違反（談合等），金融商品取引法違反（粉飾決算等），会社法違反（特別背任等），破産法違反（詐欺破産等），貸金業法（無登録営業等）などである（同350条の2第2項。なお，同条2項3号所定の「その他の財政経済関係犯罪として政令で定めるもの」については「平成30年3月22日政令第51号」に列挙されている）。

　本制度の導入によって，複雑かつ密行性の高い経済犯罪や組織的犯罪について事案の解明がし易くなり，捜査・裁判の短縮化，費用等の節約が可能となったといわれる。他方で，本制度は「他人」の刑事事件について証言等を提出するものであることから，偽証や証拠偽造の可能性も払拭できず，冤罪の危険性をはらんでいる。また，被疑者・被告人に対する利益誘導や黙秘権侵害のおそれも指摘されている。それゆえ，弁護人や捜査機関は，供述等の信用性を裏付ける客観的資料があるか，利益誘導はなされていないか等を慎重に吟味する必要がある。加えて，日本では，アメリカにおける「量刑ガイドライン」のようなシステムがないことから，被疑者・被告人が期待しているほどの刑の減免を受けることができないこともありうる，との指摘もある。

2　適用例

(1)　タイ贈賄事件（1例目）

　本件は，M社が受注したタイの発電所建設事業について，M社とH社が双方の火力発電事業を統合してつくられたMH社（2014年2月発足）がこれを引き継ぎ，同社の社員X・Yらが現地公務員に賄賂を渡したとされる疑惑が浮上し，不正競争防止法違反（外国公務員に対する贈賄罪）に問われた事件で，MH社は，東京地検特捜部との間に，捜査に協力し情報を提供する司法取引に合意したというものである。同社は不起訴とされ，事件に関わった元幹部X・Yおよび元本社取締役Zらが有罪判決を受けたという事件である（⇒市川ほか『実務と展望』201頁以下，齊藤監修『ケーススタディ』94頁以下，山口・入江『ゼミナール』14頁以下）。

　元幹部Xについては，懲役1年6月，執行猶予3年（求刑は懲役1年6月），Yについては，懲役1年4月，執行猶予3年（求刑は懲役1年6月）の有罪判決が言い渡され確定している（東京地判平成31年3月1日LEX／DB25562724）。

　元取締役Zについては，第1審において，X・Yとの共謀共同正犯として，懲役1年6月，執行猶予3年（求刑懲役1年6月）とされたが（東京地判令和元年9月13日LEX／DB25564384），Zが控訴し，控訴審において，原判決が破棄され，Zは幇助犯にとどまるとして，罰金250万円が言い渡された（東京高判令和

2 年 7 月 21 日 LEX／DB 25571014）。

　本件は，事例 2 の素材とした事件である。本件では，会社側が合意制度を利用して，従業員が刑事訴追を受けており，合意制度が本来目指したものとは「逆転」した運用になっている，との指摘もある。

(2) 日産自動車事件（2 例目）

　日産自動車会長の X 容疑者（64）が報酬を過少申告したとして金融商品取引法違反（有価証券報告書の虚偽記載）容疑で逮捕された事件で，X 会長がベンチャー投資名目で海外子会社をつくり，自宅用の高級住宅を購入させていた疑いがあることが20日，関係者への取材で分かった。東京地検特捜部も同様の事実を把握しているもようだ。（関連記事 3 面，社会面に）

　関係者によると，特捜部は日産関係者との間で，捜査に協力する見返りに刑事処分を免除したり軽くしたりする司法取引に合意していたことが判明した。

　（2018年11月20日付け日本経済新聞夕刊 1 面より）

　その後，日産自動車は，金融商品取引法違反などについて不起訴処分を受け，X はレバノンに国外逃亡をしており，現在，同社元取締役 Y の事件（X との共同正犯とされる）が東京地裁に係属中である（⇒市川ほか『実務と展望』206頁以下，齊藤監修『ケーススタディ』106頁以下，山口・入江『ゼミナール』14頁以下）。

(3) アパレル会社業務上横領事件（3 例目）

　東京都のアパレル会社「G」社の代表取締役 X と同社社員 Y が会社の売り上げの一部を着服した疑いが強まったとして，東京地検特捜部は2019(令和元)年11月26日，同社本社など複数の関係先を業務上横領容疑で家宅捜索した。特捜部は不正行為に関わった，実行役とされる社員 A と「司法取引」で合意したという。司法取引の合意は制度導入後 3 例目とみられる（2019年11月26日付け日本経済新聞夕刊11面より）。

　2020(令和 2)年 4 月28日には，東京地検特捜部が A を不起訴（起訴猶予）としたことが分かった（2020年 4 月29日付け日本経済新聞朝刊より）。

　X と Y は A と共謀して G 社から売上金約3300万円を着服したとして業務上横領罪で起訴され，東京地裁は，X に懲役 3 年 6 月の実刑（求刑懲役 5 年），Y に懲役 2 年 6 月，執行猶予 5 年（求刑懲役 3 年）を言い渡した（東京地判令和 3 年 3 月22日 LEX／DB 25590400）。東京地裁は，検察と司法取引をした A の証言について「相当慎重な姿勢で信用性を判断する必要があり，極力，判断材料に用いない」と説示したという（2021年 3 月22日付け日本経済新聞夕刊，2021年 3 月23日付け朝日新聞朝刊より）

1 概　要

　発展途上国をはじめ多くの国々で，海外進出企業等が外国における商取引の機会を取得するために外国公務員等に対して利益を供与するなど，国際商取引上の公正な競争を阻害する行為が横行していたことから，1997（平成 9 ）年に，OECD諸国29ヵ国とブラジル，アルゼンチンなど 5 カ国間で「国際商取引における外国公務員に対する贈賄の防止に関する条約」（外国公務員に対する贈賄防止条約）が採択された。

　不正競争防止法はこれを受けて，18条 1 項において，「何人も，外国公務員等に対し，国際的な商取引に関して営業上の不正の利益を得るために，その外国公務員等に，その職務に関する行為をさせ若しくはさせないこと，又はその地位を利用して他の外国公務員等にその職務に関する行為をさせ若しくはさせないようにあっせんをさせることを目的として，金銭その他の利益を供与し，又はその申込み若しくは約束をしてはならない。」とし，その違反者に対して，.5 年以下の懲役または500万円以下の罰金を科している（21条 2 項 7 号）。法人に対しては 3 億円以下の罰金が科せられる（22条 1 項 3 号）（以下「**外国公務員贈賄罪**」または「**本罪**」という）。

2 成立要件

　本罪の主体に限定はない。日本国民でも外国人でもよい。21条 8 項が，本罪については刑法 3 条（国民の国外犯）の例に従うと規定していることから，日本国民が日本国外で本罪を犯した場合でも処罰される。

　「国際的な商取引」とは，貿易や対外投資など国境を越えた経済活動に係る行為をいう。

　禁止される行為は，外国公務員等に対する利益の供与・申込・約束である。利益の供与等の相手方である外国公務員等は，18条 2 項 1 号ないし 5 号で列挙されている。外国政府や地方公共団体の公務に従事する者（司法・立法・行政の公務員が含まれる）だけでなく，わが国における政府関係機関や特殊法人に相当する外国の政府機関の職員（同 2 号・ 3 号）やその他の国際機関の職員（同 4 号）や外国政府から委任を受けた指定検査機関の職員（同 5 号）なども含まれる。

3 裁判例

　裁判例として，土木建築業のコンサルティング業務等を目的とする日本法人の従業員が，ベトナム国ホーチミン市における幹線道路建設事業に関するコンサルタント業務を受注した謝礼等として，この事業の担当機関の幹部に対して金銭を供与したという事案において，当該従業員 3 名にそれぞれ 1 年 6 月， 1 年 8 月， 2 年の懲役，執行猶予 3 年，当該法人に7000万円の罰金を科したものがある（東京地判平成21年 1 月29日判時2046号159頁）。

2　公判・裁判

経済犯罪では事件関係者が多数であることも少なくない。それが否認事件と
もなると，多数人の証人尋問が必要になり，審理が長期化する傾向にある。証
拠物の証拠価値判断にも困難を伴う場合がある。

また，経済刑法に関する刑罰法規には，条文の解釈が必ずしも一義的に確定
されておらず，また，具体的事案への適用が経済政策ないし刑事政策的に問題
となることも少なくない。事実認定の場面でも，裁判官は必ずしも経済活動の
実務に明るいとは限らず，事案解決のための妥当な経験則がどのようなものか
についても十分な情報をもっていない，経済犯罪事件の件数自体が少ないこと
から，先例の集積は乏しい一方で，事案の規模や被害額等が大きく社会的影響
も多大であることもあり，量刑判断も含めて難しい判断を迫られることが多い
といわれている。

法令の解釈や事実認定に関して裁判所間で判断が分かれた判例として，①同
和商品事件（最決平成 4 年 2 月18日刑集46巻 2 号 1 頁）（⇒第 2 章），②協同飼料
事件（最決平成 6 年 7 月20日刑集48巻 5 号201頁），③日本商事事件（最判平成11年
2 月16日刑集53巻 2 号 1 頁）（⇒第 7 章），④日本織物加工事件（最判平成11年 6 月
10日刑集53巻 5 号415頁（⇒第 7 章），⑤國際航業事件（最決平成13年11月 5 日刑集
55巻 6 号546頁），⑥大阪証券取引所事件（最決平成19年 7 月12日刑集61巻 5 号456
頁），⑦北海道拓殖銀行事件（最決平成21年11月 9 日刑集63巻 9 号1117頁）（⇒第 4
章），⑧長銀事件（最判平成21年12月 7 日刑集63巻11号2165頁），⑨村上ファンド
事件・ニッポン放送事件（最決平成23年 6 月 6 日刑集65巻 4 号385頁）（⇒第 7 章）
などがあり，そこでは，法令の解釈や適用についての判断基準・規範の定立，
事実認定の基盤となるべき経験則や取引慣行・取引実態についての理解，相当
な量刑とは何かなどについても見解が分かれているのである。

3　［事例 2 ］の解決にむけて

(1)　［設問 1 ］について

X・Y について，不正競争防止法の外国公務員贈賄罪（不競法21条 2 項 7 号，
18条）の成否が問題となる。また，甲社については，同法の両罰規定（同22条
1 項 3 号，21条 2 項 7 号，18条）が適用されるか否かが問題となる（⇒コラム12-
4 ）。

まず，A はタイ王国運輸省港湾局の支局長であり，同国の公務員，日本か

らみれば外国公務員であることに疑いはなく，X・Yは，Aが便宜をはかる見返りとして賄賂の提供を求められ，二人は共謀の上，これに応じている。二人は，同国での仕事を他国企業に先んじて自社の仕事を有利に運ぼうとしてこれに応じたものといえ，「国際的な商取引に関して営業上の不正の利益を得る」目的もあったといえる。

以上より，X・Yには外国公務員贈賄罪の共同正犯が成立する（刑法60条，不競法18条）。

また，X・Yは，甲社の業務を行うにあたり，本罪を実現していることから，事業主である甲社に両罰規定の適用可能性がある。甲社がX・Yが業務を行うにあたり，本件のような違法行為を行わないように，事前に十分な防止策をとっていたにもかかわらず，二人がこのような犯罪を行ってしまったなどといった，甲社の二人に対する監督上の過失を否定するような特段の事情があれば，本罪についての責任を免れる（過失推定説⇒第11章Ⅲ）。

　　［補足説明］

　　［設問1］では，実体法としての外国公務員贈賄罪の成否が問われている。これに対して，［設問2］では，成立した犯罪について，甲社，X，Yらにその責任追及を免れる訴訟法上の手立てはあるか，が問われている。したがって，ここでの議論の中心は［設問2］にある。

(2)［設問2］について

X・Yおよび甲社には，刑事訴訟法の合意制度を利用して刑事訴追を免れる可能性がある。

不正競争防止法の犯罪は刑事訴訟法が規定する「特定犯罪」であり（刑訴法350条の2第2項3号所定の「その他の財政経済関係犯罪として政令で定めるもの」として「平成30年3月22日政令第51号」の30号は不正競争防止法を掲げている），不正競争防止法18条が規定する外国公務員贈賄罪は合意制度の対象犯罪である。

本事例においては，X，Y，甲社のそれぞれについて，合意制度を利用する可能性があり，場合によっては（あるいは，むしろ多くの場合），相互に利害が対立することになろう。そうすると，「われ先に」検察官と連絡・交渉できた者に有利にはたらきそうでもある。いわば「早い者勝ち」の状況である，独占禁止法における課徴金減免制度の状況とも似た状況だといえる。

しかし他方で，検察官が真相の解明あるいは事案の解決にとって何が重要な情報・証拠と考えるか，あるいは「誰が事件解明のカギを握っているか」，さ

らには，検察官が最終的に「誰を訴追したい」と考えているかは，被疑者・被告人の思惑とは別のところにあるだろう。

　いずれにしても，X，Y，甲社は，一刻も早く，担当の検察官と連絡を取る必要があるだろう。

Ⅴ　刑法学の視点から

　経済犯罪の捜査・立件には，経済犯罪固有の特性も加わって，証拠収集等で多くの困難を伴う。組織犯罪や経済犯罪の捜査をより効果的・実効的なものとするために，司法取引や刑事免責の制度が導入されたのであり，今後の捜査実務にとっても大きな期待が寄せられているところである。

　このようなプラグマティックな制度は，すでに独占禁止法の課徴金減免制度が導入されていることもあり，さほどの違和感もなく受け入れられているのかもしれない。

　もっとも，刑事責任の本質論からすると，訴追側の都合によって，刑事責任を追及しうる対象者の一方を有利に，他方を不利に扱うことは，ある種の「不公平」ではないか，との疑問もわいてこよう。比較文化論的にいえば，果たしてこのような制度はわが国の法文化・法意識に馴染むのだろうか，という点も検討を要するのかもしれない。

　ただ，わが国の法制度においても，刑法典に自首減軽（刑法42条）や中止犯減免（同43条ただし書）の規定が存在し，罪数処理についても，犯罪個数を単純に加算して刑罰の枠組みを決定するような制度ではないし，何よりも，刑事訴訟法において起訴便宜主義が採用されていることからすれば，本制度の導入はむしろ遅かったのかもしれない。

Ⅵ　ま　と　め

- 経済犯罪の特色として，犯罪の全体像や手段が複雑で，具体的な被害者を特定することが困難であり，密行して行われることが多いなど，その捜査・立証に様々な困難がある。犯罪の特性に応じて。国税通則法など，専門的な調査・監視システムが用意されている。
- 証拠収集の困難を解消する方策として，刑事訴訟法に合意制度や刑事免責制度が導入されるなど，制度改革が続いている。。
- 経済犯罪については，司法取引制度を活用する企業が増加するものと見込まれ，弁護士等に対しても，企業等に的確なアドバイスができるように対応することが求められている。
- 経済犯罪を裁判するには，とくに，適用すべき法令の解釈じたいが自明でないものが多く，また量刑判断においても，事件数が相対的に少ないこともあり，適正な量刑基準が確立されているわけでもないことから，困難を伴う。
- 経済犯罪を予防・抑止するには，企業等が絶えずコンプライアンス制度や内部通報制度等の確立に努めることが求めており，市民が内部告発をするなど，犯罪・不祥事を見逃さないことが求められている。

〈参考文献〉

■ 講義にむけて

斉藤ほか・入門125-135頁［松原英世］，136-151頁［辻本典央］，152-171頁［齋藤司］

芝原ほか・経済刑法23-83頁［西野吾一・森本宏・大田洋・渡邊国佳］，157-229頁［川出敏裕・葉玉匡美・越智保見・金光旭］

茶園成樹編『不正競争防止法［第2版］』（有斐閣，2019）185-187頁［茶園成樹］

■ 深化のために

・公益通報者保護法

外井裕志『2020年度改正法対応　企業不祥事と公益通報者保護法の研究と分析』（とりい書房，2020）

弁護士法人　中央総合法律事務所編『内部通報制度の理論と実務』（商事法務，2021）

日野勝吾『企業不祥事と公益通報者保護』（有信堂，2020）

山本隆司・水町勇一郎・中野真・竹村知己『解説　改正公益通報者保護法』（弘文堂，2021）

・経済犯罪の行政調査・捜査・立証・裁判

越智保見『独禁法事件・経済犯罪の立証と手続的保障 —— 日米欧の比較と民事・行政・刑事分野の横断的研究 ——』（成文堂，2013）384-421頁，423-539頁

高橋郁夫ほか編『デジタル法務の実務 Q & A』（日本加除出版，2018）417-446頁［山岡裕明，北條孝佳］

中野目善則・四方光編著『サイバー犯罪対策』（成文堂，2021）119-210頁［北條孝佳，中村真利子，島田健一，川澄真樹］

川出敏裕「サイバー犯罪の捜査」同『刑事手続法の論点』（立花書房，2019）97-122頁

・司法取引

市川雅士・土岐俊太・山口翔太『日本版司法取引の実務と展望』（現代人文社，2019）

齊藤雄彦監修・三浦亮太・板崎一雄編著『ケーススタディ　日本版司法取引制度』（ぎょうせい，2019）

山口幹生・入江源太『ゼミナール企業不正と日本版司法取引への実務対応』（民事法研究会，2019）

川出敏裕「企業犯罪における協議合意制度の運用」刑事法ジャーナル64号（2020）3頁

・外国公務員贈賄罪

小野昌延・松村信夫『新・不正競争防止法概説［第 3 版］下巻』（青林書院，2020）360-365頁

事項索引

判例索引

〈著者紹介〉

穴沢大輔（あなざわ・だいすけ）

担当：イントロダクション，
1，3，5，6，8，9章

1979年生まれ
2002年立教大学法学部卒業
2007年上智大学法学研究科博士課程単位
　　　取得満期退学
2007年大東文化大学法学部専任講師
2010年明治学院大学法学部専任講師
2014年明治学院大学法学部准教授
　　　（現在に至る）
〈主要著作〉
「窃盗罪における権利者排除意思につい
て」長井圓先生古稀記念『刑事法学の未
来』（信山社，2017年）

長井長信（ながい・ちょうしん）

担当：イントロダクション，
2，4，7，10，11，12章

1953年生まれ
1977年北海道大学法学部卒業
1983年北海道大学法学研究科博士課程単
　　　位取得満期退学
1983年北海道大学法学部助手
1987年富山大学経済学部専任講師，助教授
1990年南山大学法学部助教授，教授
2002年北海道大学大学院法学研究科教授
2012年明治学院大学法学部教授
　　　（現在に至る）
〈主要著作〉
『故意概念と錯誤論』（成文堂，1998年）

入門経済刑法

2021（令和3）年10月25日　第1版第1刷発行

著　者　　穴　沢　大　輔
　　　　　長　井　長　信
発行者　　今井　貴・稲葉文子
発行所　　株式会社 信　山　社
〒113-0033 東京都文京区本郷6-2-9-102
Tel 03-3818-1019　Fax 03-3818-0344
info@shinzansha.co.jp
笠間才木支店 〒309-1611 茨城県笠間市笠間515-3
Tel 0296-71-9081　Fax 0296-71-9082
笠間来栖支店 〒309-1625 茨城県笠間市来栖2345-1
Tel 0296-71-0215　Fax 0296-71-5410
出版契約 No.2021-7525-4-01010 Printed in Japan

● 判例プラクティスシリーズ ●

判例プラクティス刑法Ⅰ〔総論〕
〔第2版〕
成瀬幸典・安田拓人 編

判例プラクティス刑法Ⅱ〔各論〕
成瀬幸典・安田拓人・島田聡一郎 編

判例プラクティス民法Ⅰ〔総則・物権〕
判例プラクティス民法Ⅱ〔債権〕
判例プラクティス民法Ⅲ〔親族・相続〕
〔第2版〕
松本恒雄・潮見佳男 編

判例プラクティス憲法〔増補版〕
憲法判例研究会 編
淺野博宣・尾形健・小島慎司・宍戸常寿・曽我部真裕・中林暁生・山本龍彦

信山社

プロセス演習 刑法〔総論・各論〕
　町野朔・丸山雅夫・山本輝之 編

刑法ガイドマップ〔総論〕
　辰井聡子・和田俊憲 著

授業中 刑法講義
　高橋則夫 著

授業中 刑法演習
　高橋則夫 編

刑事訴訟法基本判例解説〔第 2 版〕
　椎橋隆幸・柳川重規 編

プロセス講義 刑事訴訟法
　亀井源太郎・岩下雅充・堀田周吾・中島宏・安井哲章

変動する社会と格闘する判例・法の動き
　── 渡辺咲子先生古稀記念
　京藤哲久・神田安積 編集代表

信山社

法律学の森シリーズ
変化の激しい時代に向けた独創的体系書

信山社